普通高等教育房地产开发管理类专业“十三五”规划教材

本书得到“嘉应学院出版基金”资助

建设工程经济

主　编　张　豫
副主编　何　俊　朱　珠　李春红
　　　　李英田　邹坚引　莫雪菲
主　审　姚宝林

中国轻工业出版社

图书在版编目（CIP）数据

建设工程经济/张豫主编．—北京：中国轻工业出版社，2020.6
普通高等教育房地产开发管理类专业“十三五”规划教材
ISBN 978-7-5184-2189-3

Ⅰ．①建…　Ⅱ．①张…　Ⅲ．①建筑经济—高等学校—教材
Ⅳ．①F407.9

中国版本图书馆 CIP 数据核字（2019）第 256046 号

责任编辑：张文佳　　责任终审：劳国强　　封面设计：锋尚设计
版式设计：砚祥志远　　责任校对：晋　洁　　责任监印：张　可

出版发行：中国轻工业出版社（北京东长安街 6 号，邮编：100740）
印　　刷：三河市国英印务有限公司
经　　销：各地新华书店
版　　次：2020 年 6 月第 1 版第 1 次印刷
开　　本：787×1092　1/16　印张：14.5
字　　数：350 千字
书　　号：ISBN 978-7-5184-2189-3　定价：39.80 元
邮购电话：010-65241695
发行电话：010-85119835　传真：85113293
网　　址：http://www.chlip.com.cn
Email：club@chlip.com.cn
如发现图书残缺请与我社邮购联系调换
171363J1X101ZBW

前　言

当前，我国的应用型本科教育正处在改革浪潮之中，培养方向、培养模式、专业设置及课程建设等，无一不在探索和变革之中。在房地产开发类、工程建设类人才培养方面，培养既懂技术，又懂经济和管理的复合型技能人才；在课程设置方面，将技术、经济和管理知识相融合，基本上形成了共识。许多院校的房地产类、工程建设类专业，都开设了经济类、管理类课程，将建设工程经济作为专业基础课开设（名称、内容多有不同）。同时，许多工程类执业资格考试中都将其作为一项考试内容。为了适应21世纪应用型本科的建筑、房地产及相关专业学生学习及教学改革的需要，我们组织编写了这本教材。

本书的主旨是满足教学改革的需要，贯彻技术与经济相融合的思想理念，通过列举经济学在工程项目建设过程中的实际做法，介绍我国的工程项目管理制度，充分体现经济学知识的不可或缺。同时，本书又将经济理论知识同实践紧密结合，突出强化学生对经济理论知识的应用能力和动手能力，使学生通过对本课程的学习，初步掌握建设工程经济的理论及经济评价方法，并能运用这些基本原理和方法分析、解决建设项目经济评价中的实际问题。

本书在内容的编排上力图满足应用型本科学生学习的要求及特点，力求做到理论的完整性、系统性，内容的可操作性和新颖性，同时兼顾同其他专业课程的联系性，克服了教材之间重复过多的缺陷。本书概念准确，章节顺序合理，重点突出，信息量大，紧跟国家政策、行业政策和行业发展现状。

本书内容丰富，涉及面较广，采用了大量的工程项目实例，适合与房地产开发、工程建设有关的各类专业学生学习的需要，以及执业资格培训需要。

本书由张豫任主编，由何俊、朱珠、李春红、李英田、邹坚引、莫雪菲任副主编，姚宝林任主审。此外，谢正峰、雷汝林、张晓娟、莫雪菲、张鹏飞等参与了部分内容的编写。

本书在编写过程中，参考了大量的国内外书籍、资料和文献，在此向它们的作者表示衷心的感谢！在编写此书的过程中得到了嘉应学院、华南农业大学、广州大学相关部门和个人的大力支持，在此一并表示由衷的谢意！

由于编者水平所限，书中如有不足之处敬请使用本书的师生与读者批评指正，以便修订时改进。如读者在使用本书的过程中有其他意见或建议，恳请向编者（149043513@qq.com）踊跃提出宝贵意见。

编　者

2020.4

目 录

1 总论 …… 1
1.1 工程技术与经济的关系 …… 1
1.1.1 工程 …… 1
1.1.2 技术 …… 2
1.1.3 经济 …… 2
1.1.4 工程技术与经济的关系 …… 2
1.1.5 建筑工程经济的研究对象 …… 3
1.1.6 建筑工程经济的研究内容 …… 3
1.2 建筑工程经济分析的原则和方法 …… 4
1.2.1 建筑工程经济的特点 …… 4
1.2.2 建筑工程经济分析的基本原则 …… 5
本章小结 …… 7
思考题 …… 8

2 经济评价要素 …… 9
2.1 工程项目投资及构成 …… 9
2.1.1 投资的概念 …… 9
2.1.2 投资的构成 …… 9
2.1.3 投资的来源 …… 13
2.1.4 投资的估算 …… 13
2.2 工程项目生产经营期的成本和费用 …… 14
2.2.1 成本和费用的概念与意义 …… 14
2.2.2 成本和费用的联系与区别 …… 14
2.2.3 总成本费用 …… 15
2.2.4 工程产品成本的分类 …… 15
2.2.5 成本和费用的估算 …… 17
2.3 收入和销售税金及附加 …… 19
2.3.1 收入 …… 19

2.3.2 销售税金及附加 …… 20
2.3.3 销售收入、总成本费用、利润和税金各要素之间的关系 …… 20
2.4 固定资产折旧 …… 21
2.4.1 固定资产概述 …… 21
2.4.2 固定资产折旧 …… 22
2.5 建设产品的利润 …… 26
2.5.1 建设产品利润的概念 …… 26
2.5.2 建设产品利润的意义 …… 26
2.5.3 建设产品利润的来源及计算 …… 26
本章小结 …… 27
思考题 …… 28

3 资金的时间价值及等值计算 …… 30
3.1 现金流量的概念及构成 …… 30
3.1.1 现金流量 …… 30
3.1.2 现金流量图 …… 31
3.2 资金的时间价值 …… 31
3.2.1 资金的时间价值 …… 31
3.2.2 资金时间价值的计算 …… 32
3.3 资金的等值计算 …… 34
3.3.1 资金等值的概念 …… 34
3.3.2 资金等值的计算方法 …… 34
3.3.3 名义利率与有效利率 …… 43
本章小结 …… 46
思考题 …… 46

4 投资方案的评价与选择 …… 48
4.1 静态经济评价指标 …… 48
4.1.1 静态投资回收期法 …… 49
4.1.2 投资收益率法 …… 50
4.1.3 静态评价方法小结 …… 51
4.2 动态经济评价指标 …… 52
4.2.1 现值法 …… 52
4.2.2 年值法 …… 57

4.2.3　净现值率法 …… 59
4.2.4　动态投资回收期法 …… 60
4.2.5　内部收益率法 …… 61
4.3　投资方案的选择 …… 64
4.3.1　互斥方案的选择 …… 65
4.3.2　独立方案的选择 …… 73
4.3.3　混合型方案的选择 …… 74
本章小结 …… 75
思考题 …… 76

5　设备更新分析 …… 79
5.1　设备更新的原因及特点 …… 79
5.1.1　设备更新的概念 …… 79
5.1.2　设备更新的原因分析 …… 80
5.1.3　设备更新分析的特点 …… 80
5.1.4　设备的寿命形态 …… 81
5.2　设备经济寿命的确定 …… 82
5.2.1　静态模式下的经济寿命 …… 82
5.2.2　动态模式下的经济寿命 …… 84
5.3　设备更新的分析方法及其应用 …… 87
5.3.1　设备更新 …… 87
5.3.2　设备更新的分析方法 …… 88
5.3.3　设备更新分析方法的应用 …… 88
5.4　设备更新方案的综合比较 …… 92
5.4.1　新购设备的优劣比较 …… 92
5.4.2　购置设备与租赁设备的优劣比较 …… 96
本章小结 …… 98
思考题 …… 99

6　项目不确定性及风险分析 …… 101
6.1　盈亏平衡分析法 …… 101
6.1.1　线性盈亏平衡分析 …… 102
6.1.2　优劣盈亏平衡分析 …… 105
6.2　敏感性分析 …… 106

6.2.1 敏感性分析的一般步骤 …… 106
6.2.2 敏感性分析的方法 …… 107
6.3 概率分析 …… 109
6.3.1 投资方案经济效果的概率描述 …… 109
6.3.2 投资方案的概率分析 …… 111
6.4 风险决策 …… 112
6.4.1 决策的概念 …… 112
6.4.2 决策的总体目标——适当满足标准 …… 113
6.4.3 决策程序 …… 114
6.4.4 决策的四项准则 …… 114
6.4.5 决策技术 …… 116
本章小结 …… 119
思考题 …… 119

7 价值工程 …… 121
7.1 价值工程概述 …… 121
7.1.1 价值工程的产生和发展 …… 121
7.1.2 价值工程的概念 …… 122
7.1.3 价值工程的工作程序 …… 123
7.2 对象的选择及信息资料的收集 …… 124
7.2.1 选择价值工程对象的原则和方法 …… 124
7.2.2 情报资料的搜集 …… 127
7.3 功能分析、整理及评价 …… 128
7.3.1 功能分析 …… 128
7.3.2 功能整理 …… 130
7.3.3 功能评价 …… 131
7.4 方案的创新与评价 …… 132
7.4.1 方案的创新 …… 132
7.4.2 方案的评价 …… 133
本章小结 …… 135
思考题 …… 136

8 工程项目的可行性研究及项目后评价 …… 139
8.1 可行性研究的含义和作用 …… 139

8.1.1 可行性研究的含义 …… 139
8.1.2 可行性研究的特点 …… 139
8.1.3 可行性研究的作用 …… 140
8.2 可行性研究的阶段划分 …… 140
8.2.1 投资机会研究 …… 140
8.2.2 初步可行性研究 …… 141
8.2.3 详细可行性研究 …… 141
8.2.4 评估和投资决策 …… 141
8.3 可行性研究的依据、内容和步骤 …… 142
8.3.1 可行性研究的原则和依据 …… 142
8.3.2 可行性研究的内容 …… 143
8.3.3 可行性研究的步骤 …… 144
8.4 可行性研究报告的格式与内容要点 …… 144
8.4.1 总论 …… 144
8.4.2 项目背景 …… 144
8.4.3 市场预测和拟建规模 …… 144
8.4.4 原材料、能源及公共设施情况 …… 145
8.4.5 工艺技术和设备选择 …… 145
8.4.6 厂址选择 …… 145
8.4.7 环境保护 …… 145
8.4.8 企业组织、劳动定员和人员培训 …… 145
8.4.9 项目实施进度的建议 …… 146
8.4.10 投资、成本估算与资金筹措 …… 146
8.4.11 项目财务评价 …… 146
8.4.12 项目国民经济评价 …… 147
8.4.13 结论与建议 …… 147
8.5 工程项目后评价 …… 147
8.5.1 工程项目后评价的概念 …… 147
8.5.2 工程项目后评价的作用 …… 148
8.5.3 工程项目后评价的主要内容 …… 149
8.5.4 工程项目后评价的程序和方法 …… 151
8.5.5 工程项目后评价报告 …… 154
本章小结 …… 156
思考题 …… 156

9 工程项目的财务评价及国民经济评价 …… 157
9.1 财务评价 …… 158
9.1.1 财务评价的目的和主要内容 …… 158
9.1.2 费用与收益的识别 …… 158
9.1.3 价格和汇率 …… 158
9.1.4 资金规划 …… 159
9.1.5 财务基本报表 …… 161
9.1.6 财务评价指标 …… 164
9.1.7 财务评价案例分析 …… 167
9.2 工程项目的国民经济评价 …… 174
9.2.1 国民经济评价的含义 …… 174
9.2.2 国民经济评价与财务评价的关系 …… 174
9.2.3 效益与费用 …… 175
9.2.4 国民经济评价的其他重要参数 …… 181
9.2.5 国民经济评价的步骤及指标 …… 182
本章小结 …… 189
思考题 …… 189

附录 …… 190
参考文献 …… 221

1 总 论

【知识目标】

- 了解基本建设的概念、作用及基本建设项目的分类。
- 明确工程项目、技术与经济的概念及其相互关系。
- 掌握建筑工程经济评价原则。

1.1 工程技术与经济的关系

1.1.1 工程

工程是人们综合应用科学的理论和技术的手段去改造客观世界的具体实践活动，以及它所取得的实际成果。随着人类文明的发展，人们可以建造出比单一产品更大、更复杂的产品，这些产品不再是结构或功能单一的东西，而是各种各样的所谓“人造系统”（比如，建筑物、轮船、飞机等），于是工程的概念就产生了，并且它逐渐被发展为一门独立的学科和技艺。

在现代社会中，“工程”一词有狭义和广义之分。就狭义而言，工程的定义为“以某组设想的目标为依据，应用有关的科学知识和技术手段，通过一群人的有组织活动将某个（或某些）现有实体（自然的或人造的）转化为具有预期使用价值的人造产品的过程”。就广义而言，工程则定义为一群人为达到某种目的，在一个较长时间周期内进行协作活动的过程。工程是将自然科学的理论应用到具体工农业生产部门中形成各学科的总称，如水利工程、化学工程、土木建筑工程、遗传工程、系统工程、生物工程、海洋工程、环境微生物工程。工程是由较多的人力、物力来进行的较大而复杂的工作，需要一个较长的时间周期来完成，如城市改建工程、京九铁路工程、菜篮子工程。

本书主要探讨的是有关建设工程技术与经济方面的问题。所谓建设工程是人类有组织、有目的、大规模的经济活动，是固定资产在生产过程中形成综合生产能力或发挥工程效益的工程项目。建设工程包括以下两方面：

（1）建筑工程。建筑工程包括房屋建筑工程、线路管道工程、设备安装工程、装修工程。

（2）其他工程。其他工程包括道路、桥梁、公路铁路、隧道等，甚至包括水坝在内都归为其他工程。

1.1.2 技术

一般认为，技术是人类在利用自然和改造自然的过程中积累起来，并在生产劳动中体现出来的经验和知识以及操作技巧的科学总结，它是人类改造自然的手段和方法。也可以这样理解，技术是在生产和生活领域中，运用各种科学所揭示的客观规律，进行各种生产和非生产活动的技能，以及根据科学原理改造自然的一切方法，如施工技术、维修技术等。

1.1.3 经济

一般认为，经济是个多义词，其内涵包括以下内容：

(1) 指生产关系。经济是人类社会发展到一定阶段的社会经济制度，是生产关系的总和，是政治和思想意识等上层建筑赖以建立起来的基础。

(2) 指国民经济的总称，或指国民经济的各部门，如工业经济、农业经济和运输经济等。

(3) 指社会生产和再生产。即指物质资料的生产、交换、分配、消费的现象和过程。

(4) 指“节约”或“节省”。也是人们日常所说的“经济不经济”。

在工程经济研究中，应用较多的概念是第（3）和第（4）种，是指对人、财、物和时间等资源的节约和有效使用。例如，在工程建设中，以较少的费用建成具有同样效用的工程，或以同样数量的费用，建成更多、更好的工程等。不论哪一种情况，都是为了表现节约单位消耗的费用。

1.1.4 工程技术与经济的关系

一个工程能被人们所接受必须做到有成效，即必须具备两个条件：一是技术上的可行性；二是经济上的合理性。经济是技术进步的目的和动力，技术则是经济发展的手段和方法。技术的先进性与经济的合理性是社会发展中一对相互促进、相互制约的，既统一又矛盾的统一体。

(1) 工程技术与经济互为基础、条件。技术是变革物质代谢过程的手段，是科学与生产联系的纽带。技术变革了劳动手段、劳动对象和劳动工具，改善了劳动环境，使我们能够更加合理有效地利用资源，提高劳动生产率，推动社会经济的发展。同时，应该认识到，任何一项新技术的产生都是由于经济上的需要引起的，并且该技术要在一定的社会经济条件下才能得以推广和应用。

(2) 在技术和经济活动中，经济占支配地位。技术是人类改造自然、改善生活的手段和方法，其生产具有经济目的。随着经济的发展和人类生活水平的提高，人们的需求也在不断增长，对生产和生活提出新的要求，如三峡工程、智能建筑等，工程技术循此方向而进步、发展。因此，在工程技术与经济的关系中，经济始终居于支配地位，工程技术的进步是为经济发展服务的。

(3) 工程技术与经济协调发展。技术与经济之间的关系可能会出现两种情况：一种情况是技术进步通常能够推动经济的发展，技术与经济是协调一致的；另一种情况是，先进的技术方案有时会受到自然、社会条件以及人等因素的制约，不能充分发挥作用和实现最佳的经济效果，技术与经济之间存在矛盾。

为了保证工程技术很好地服务于经济，最大限度地满足社会的需要，就必须研究在具体条件下采用何种技术才是最合适的，这个问题单单由技术上的先进或落后来决定显然是不够的，必须要通过对经济效果的计算和比较才能够解决。

建筑工程经济的任务就是研究工程技术方案的经济性问题，在工程技术方案的先进性与经济的合理性之间建立联系的桥梁，使两者能够协调发展。

1.1.5 建筑工程经济的研究对象

建筑工程经济（Engineering Economics）的实质是寻求建筑工程技术与经济效果的内在联系，揭示二者协调发展的内在规律，促进建筑工程技术的先进性与经济的合理统一。建筑工程经济的对象是各种工程项目，而这些项目可以是已建项目、新建项目、扩建项目、技术引进项目和技术改造项目等。建筑工程经济的核心是工程项目的经济性分析。它的研究对象可概括为以下三个方面：

(1) 建筑工程经济是研究工程技术实践的经济效果，寻求提高经济效果的途径与方法的科学。

(2) 建筑工程经济是研究工程技术和经济的辩证关系，探讨工程技术与经济相互促进、协调发展途径的科学。技术和经济是人类社会发展不可缺少的两个方面，其关系极为密切。

(3) 建筑工程经济是研究如何通过技术创新推动技术进步，进而获得经济增长的科学。

1.1.6 建筑工程经济的研究内容

在实践中经常碰到的建筑工程经济问题主要有以下几个：

(1) 如何计算某方案的经济效果？

(2) 几个相互竞争的方案应该选择哪一个？

(3) 在资金有限的条件下，应该选择哪一个方案？

(4) 正在使用的技术、设备是否应该更新换代？

(5) 当公共工程项目的预期效益多大时，才能接受其建设费用？

据此，建筑工程经济研究的主要内容包括以下几方面：

(1) 方案评价方法。研究方案的评价指标，以分析方案的可行性。

(2) 投资方案选择。投资项目往往会有多个方案，分析多个方案之间的关系，进行多方案选择是建筑工程经济研究的重要内容。

（3）筹资分析。研究在市场经济体制下，如何建立筹资主体和筹资机制，怎样分析各种筹资方式的成本和风险。

（4）财务分析。研究项目对各投资主体的贡献，从企业财务角度分析项目的可行性。

（5）经济分析。研究项目对国民经济的贡献，从国民经济角度分析项目的可行性。

（6）风险和不确定性分析。任何一项经济活动，由于各种不确定性因素的影响，会使期望的目标与实际状况之间出现差异，可能会造成经济损失。为此，需要识别和估计风险，进行不确定性分析。

（7）建设项目后评估。在项目建成后，衡量和分析项目的实际情况与预测情况的差距，并为提高投资效益提出对策措施。

（8）技术选择。为了实现一定的经济目标，就要考虑客观因素的制约，对各种可能采用的技术手段进行分析比较，选取最佳方案。因此，需要研究各种客观条件是如何影响技术选择的，怎样进行对技术手段的分析比较来选取最佳方案。

1.2 建筑工程经济分析的原则和方法

1.2.1 建筑工程经济的特点

建筑工程经济立足于研究经济技术方案，它已成为一门独立的综合性学科，其主要特点如下。

（1）综合性。建筑工程经济横跨自然科学和社会科学两大类。工程技术学科研究自然因素运动、发展的规律，是以特定的技术为对象的；而经济学科是研究生产力和生产关系运动、发展规律的一门学科。建筑工程经济既从技术的角度去考虑经济问题，又从经济的角度去考虑技术问题。技术是基础，经济是目的。在实际运用中，涉及的技术经济问题会很多，一个部门、一个企业有技术经济问题，一个地区、一个国家也有技术经济问题。因此，工程技术的经济问题往往是多目标、多因素的。它所研究的内容既包括技术因素和经济因素，又包括社会因素和时间因素。

（2）实用性。建筑工程经济之所以具有强大的生命力，在于它非常有用。建筑工程经济研究的课题及分析的方案都来源于生产建设实际，并紧密结合生产技术和经济活动进行；它所分析和研究的成果直接用于生产，并通过实践来验证分析结果是否准确。

建筑工程经济与经济的发展、技术的选择、资源的综合利用、生产力的合理布局等关系非常密切。它使用的数据、信息资料来自生产实践，研究成果通常以一个规划、计划或一个具体方案、具体建议的形式出现。

(3) 定量性。建筑工程经济的研究方法以定量分析为主。即使对于有些难以定量的因素，也要予以量化估计。通过对各种方案进行客观、合理、完善的评价，用定量分析的结果为定性分析提供科学的依据。不进行定量分析，对技术方案的经济性无法评价，对经济效果的大小无法衡量，在诸多方案中也无法进行比较和选优。因此，为了做好定量分析，在分析和研究过程中，要用到很多数学方法、计算公式，并建立数学模型，借助计算机计算结果。

(4) 比较性。建筑工程经济的实质是进行经济比较。建筑工程经济的分析就是通过经济效果的比较，从许多可行的技术方案中选择最优方案或满意的可行方案。技术方案的一个技术经济指标是先进还是落后，不通过比较是无法判断的。

(5) 预测性。建筑工程经济的分析活动大多在事件发生之前进行。在对将要实现的技术政策、技术措施、技术方案进行预先的分析评价时，首先要进行技术经济预测。通过预测，使技术方案更接近实际，避免盲目性。建筑工程经济的预测主要有两个特点：一是尽可能准确地预见某一经济事件的发展趋向和前景，充分掌握各种必要的信息资料，尽量避免由于决策失误所造成的经济损失；二是由于预见性包含一定的假设和近似性，因此只能要求对某项工程或某一方案的分析结果尽可能地接近实际，而不是要求其绝对的准确。

1.2.2 建筑工程经济分析的基本原则

1.2.2.1 建筑工程经济效果的评价原理

(1) 经济效果的概念。要研究工程技术的经济规律，就要计算工程技术方案的经济效果。在任何经济活动中，总是用一定的投入得到一定的产出，经济效果的科学概念应当是人们在实践活动中效益与费用及损失的比较。对取得一定有用的成果和所支付的资源代价及损失的对比分析，就是经济效果评价。

当效益与费用及损失为不同度量单位时，经济效果可以用下式表示：

$$\text{经济效果}=\frac{\text{效益}}{\text{费用}+\text{损失}}$$

当效益与费用及损失为相同度量单位时，经济效果可用下式表示：

$$\text{经济效果}=\text{效益}-(\text{费用}+\text{损失})$$

(2) 经济效果的类型。

1) 宏观经济效果与微观经济效果。宏观经济效果是从整个国民经济角度考察的经济效果。考察工程项目对国民经济的贡献是不能忽视的环节。社会主义所有制的性质是要求工程项目的经济评价应以整个国民经济或整个社会为出发点进行考察，这就是要研究工程项目的宏观经济效果。

微观经济效果是指从个体角度考察的效果。生产项目的直接投入、直接产出是微观经济效益的主要构成。利润最大化是企业追求的目标。微观经济效果的大小也是评价和选择项目的重要依据。

2）直接经济效果与间接经济效果。直接经济效果是指项目自身直接产生并得到的经济效果，即生产项目直接创造的经济效果，如产品的销售收入等。间接经济效果是指项目导致的自身之外的经济效果，即生产项目引起的其系统之外的效果。间接经济效果的分析只有在对项目进行国民经济评价时才会考虑。

3）短期经济效果与长期经济效果。短期经济效果是指短期内可以实现的经济效果，长期经济效果是指较长时期后能够实现的经济效果。

1.2.2.2 工程经济分析的基本原则

（1）预测分析原则。技术方案的经济效果评价主要采用的是预测的方法，以现有状况为基础，以统计资料为依据，通过事前分析作出预测，力求把系统的运行控制在最满意的状态。

（2）局部利益与整体利益相结合的原则。工程项目的经济性研究，既要考虑具体部门或企业的经济效果，更应从整个国民经济或整个社会来考察。作为完整的工程项目的经济评价应包括微观和宏观两个方面，并应以宏观效果作为评价的主要依据，局部利益应与整体利益相结合，并服从于整体利益。

（3）定量分析与定性分析相结合的原则。反映工程项目的技术经济指标，一般是以定量形式来表示的，定量分析是建筑工程经济分析的一个重要特点，但有些技术经济效果是不能以定量的形式来表示的，而必须凭借定性分析来表示。为了客观、全面、准确地反映工程项目的技术经济效果，必须注意坚持定量分析与定性分析相结合，以定量分析为主的原则。

（4）静态分析与动态分析相结合的原则。经济分析有静态分析和动态分析之分。静态分析是不考虑资金的时间价值的经济分析。动态分析是指考虑资金的时间价值和工程项目的服务年限等事件因素的一种投资效果的分析，它能较好地反映客观真实情况。因此，静态分析和动态分析应当结合，并以动态分析为主。

（5）全过程效益分析原则。项目的技术经济活动主要包括目标确定、方案提出、方案决策、方案实施以及生产经营活动的组织5个阶段，必须重视提高每一个阶段的经济效益，尤其要根据我国工程建设活动的实际状况，在进行技术经济分析时把工作重点转到建设前期阶段上来，以取得事半功倍的效果。

【延伸阅读】

我国最成功的、经济效益最好的工程
——都江堰

都江堰水利工程是全世界至今为止，年代最久、唯一留存、以无坝引水为特征的宏大水利工程。这项工程主要由鱼嘴分水堤、飞沙堰溢洪道、宝瓶口进水口三大部分和百丈堤、人字堤等附属工程构成，科学地解决了江水自动分流（鱼嘴分水堤四六分水）、自动排沙（鱼嘴分水堤二八分沙）、控制进水流量（宝瓶口与飞沙堰）等问题，消除了水患，使川西平原成为“水旱从人”的“天府之国”。目前灌溉面积达到6 687km^2，灌溉范围已达40余县。

公元前256年秦昭襄王在位期间，蜀郡郡守李冰率领蜀地各族人民创建了都江堰这项千古不朽的水利工程。都江堰水利工程充分利用当地西北高、东南低的地理条件，根据江河出山口处特殊的地形、水脉、水势，乘势利导，无坝引水，自流灌溉，使堤防、分水、泄洪、排沙、控流相互依存，共为体系，保证了防洪、灌溉、水运和社会用水综合效益的充分发挥。最伟大之处是建堰2 000多年来经久不衰，而且发挥着越来越大的效益。都江堰的创建，以不破坏自然资源，充分利用自然资源为人类服务为前提，变害为利，使人、地、水三者高度和谐统一。随着科学技术的发展和灌区范围的扩大，从1936年开始，逐步改用混凝土浆砌卵石技术对渠首工程进行维修、加固，增加了部分水利设施，古堰的工程布局和“深淘滩，低作堰”“乘势利导，因时制宜”“遇湾截角，逢正抽心”等治水方略没有改变，都江堰以其“历史跨度大、工程规模大、科技含量高、灌区范围大、社会经济效益大”的特点享誉中外、名闻遐迩，在政治、经济和文化上都有着极其重要的地位和作用。都江堰水利工程成为世界最佳水资源利用的典范。

英法两国联合试制“协和”号超音速客机

“协和”是原英国飞机公司（现为英国航宇公司，以下简称英航）和法国航宇公司（以下简称法航）联合研制的四发中程超音速客机。1956—1961年，英法两国就分别对超音速客机进行了研究，并各有一种设计方案，由于研制费用高，加上两国方案相近，因此两国决定联合试制。1962年11月，两国达成合作协议，并将飞机正式命名为“协和”，研制费用由两国平摊，1969年3月2日，协和客机在图卢兹实现了首次试飞，1976年1月12日，协和正式投入航线使用。但由于其噪声问题和经济性差，最终也只有英航和法航将协和投入航线飞行。2000年7月25日，法航的一架协和客机在巴黎戴高乐机场起飞后失事坠毁，给协和客机带来致命的打击。2003年10月24日，协和客机正式退役，标志着人类民用航空史上的超音速时代暂告一个段落。

“协和”超音速客机在技术上完全达到了原设计要求，是世界上最先进的。但是由于它耗油量大，噪声大，并不能吸引足够的客商，因此蒙受了极大的损失，再加上昂贵的机票价格远远超出了人们的接受能力，停飞是个必然的结果。

本章小结

本章讲述了工程经济的基础知识，主要有工程技术与经济的相互关系、工程经济的研究对象与工程经济的特点、工程经济分析的基本原则。

工程经济学是技术与经济的边缘学科，弄清技术与经济之间的关系非常重要。工程经济的研究对象是工程项目技术经济分析的最一般方法，只有清楚本学科研究的内容才能正确估价工程项目的有效性，才能寻求到技术与经济的最佳结合点。工程经济分析的基本原则是重中之重，是指导我们如何进行方案技术经济分析的基础。工程经济分析的基本原则主要有预测分析原则、局部利益与整体利益相结合的原则、定量分析与定性分析相结合的原则、全过程效益分析原则、静态分析与动态分析相结合的原则。

思 考 题

1. 简述“工程”“技术”“经济”的概念。
2. 简述工程技术与经济的相互关系。
3. 建筑工程经济分析的基本原则有哪些?
4. 请举国内外重大工程成功或失败的例子，并分析其原因。

2 经济评价要素

【知识目标】

- 掌握投资、成本、收入、折旧与利润的有关概念。
- 熟悉工程项目投资的构成。
- 明确工程项目成本、收入与利润之间的关系。
- 掌握固定资产折旧的计算方法及计提折旧的范围。
- 掌握降低工程成本的途径。
- 熟悉经营成本、固定成本和变动成本、机会成本、沉没成本的概念。
- 掌握利润总额、所得税的计算。

2.1 工程项目投资及构成

工程项目的建设首先是一个投资活动，必须对其经济效益与社会效益进行分析与评价。作为投资主体而言，经济效益首先具有相对重要的意义，任何项目如果不能取得良好的经济效益，投资方就会受到损失，投资、费用、收益、利润和税金是工程建设项目经济分析的基本要素，下面详细介绍。

2.1.1 投资的概念

投资是技术经济分析中重要的经济概念，是人类重要的经济活动之一，一般有广义和狭义两种理解。广义的投资是指一切为了获得收益或避免风险而进行的资金经营活动；狭义的投资是所有投资活动中最基本的，也是最重要的投资，是指投放的资金，是为了保证项目投产和生产经营活动的正常进行而投入的活劳动和物化劳动价值的总和，即为了未来获得报酬而预先垫付的资金。投资活动是投资主体、投资环境、资金投入、投资产出和投资目的等诸多要素的统一。

2.1.2 投资的构成

投资是一个极为复杂的经济系统。工程项目的投资也称为总投资，是用于工程项目全过程（建设阶段及经营阶段）的全部活劳动和物化劳动的投资总和，按其性质可分为固定资产投资、流动资产投资、无形资产投资（专利权）和递延资产投资（开办费）。一般情况下，将投资划分为固定资产投资和流动资产投资两大部分；按工程项目的进度可划分为基本建设投资、投产前的支出和流动资金三部分。其中，基本建设投资主要指用于固定资产的费用；投产前的支出指项目投产前的准备费用，包括开办费、可行性研究费、咨询服务费、人员培训费和项目规划费等；流动资金指项目投产后，为进行正常生产所需要的周转资金。它用于购买原材料，形成生产储备，然后投入生产，经加工，制成产品，通过销售环节收回资金。根据现行工程造价的规定，工程项目中所指的工程造价不含流动资产投资。工程项目的总投资构成见表 2-1。

表 2-1　工程项目的总投资构成

<table>
<tr><td rowspan="15">工程项目总投资</td><td rowspan="14">固定资产投资</td><td rowspan="4">建筑安装工程费</td><td colspan="2">直接费</td></tr>
<tr><td colspan="2">间接费</td></tr>
<tr><td colspan="2">计划利润</td></tr>
<tr><td colspan="2">税金</td></tr>
<tr><td rowspan="3">设备及工、器具购置费</td><td rowspan="2">设备购置费</td><td>设备原价</td></tr>
<tr><td>设备运杂费</td></tr>
<tr><td colspan="2">工具、器具及生产家具购置费</td></tr>
<tr><td rowspan="3">工程建设其他费用</td><td colspan="2">土地使用费</td></tr>
<tr><td colspan="2">与项目建设有关的其他费用</td></tr>
<tr><td colspan="2">与未来企业生产经营有关的其他费用</td></tr>
<tr><td rowspan="2">预备费</td><td colspan="2">基本预备费</td></tr>
<tr><td colspan="2">涨价预备费</td></tr>
<tr><td colspan="3">建设期贷款利息</td></tr>
<tr><td colspan="3">固定资产投资方向调节税</td></tr>
<tr><td>流动资产投资</td><td colspan="3">流动资金</td></tr>
</table>

（1）建筑安装工程费是指建设单位支付给从事建筑安装工程的施工单位的全部生产费用。建筑安装工程费由直接费、间接费、计划利润和税金四部分组成。建筑安装工程费可分为建筑工程费和安装工程费。建筑工程是指各种建筑物、构筑物的建造工程，如各种房屋、设备基础、为施工而进行的建筑场地的布置、原有建筑物和障碍物的拆除、平整场地及建筑场地的清理及绿化等。所谓建筑工程费是指构成固定资产实体的各种工程费，它是建设项目投资的主要部分，占投资的比例很大。安装工程是指永久性的需要安装设备的装配、装置工程，包括给排水、电气照明、空调通风、弱电设备及电梯和实验等各种需要安装的机械设备的装配与装置工程；与设备相连的工作台、梯子等装设工程；附属于被安装设备的管线敷设工程；被安装设备的绝缘、保温与油漆等工程和为测定安装工程质量而对单个设备进行的试车工作，在上述工程中投入的耗

费，就是安装工程费。

直接费是指在工程施工过程中直接耗费的构成工程实体或有助于工程形成的各种费用。它由直接工程费和措施费组成。直接工程费是指在施工过程中耗费的构成工程实体的各项费用，包括人工费、材料费、施工机械使用费。措施费是指为完成工程项目施工，发生于该工程施工前和施工过程中非工程实体项目的费用。措施费主要包括环境保护费、文明施工费、安全施工费、临时设施费（包括临时设施的搭设、维修、拆除费或摊销费）、夜间施工费、二次搬运运费、大型机械设备进出场及安装费、混凝土模板及支架费、脚手架费、已完工程及设备保护费和施工排水降水费。

间接费是指建筑安装企业为组织施工和进行经营管理，以及间接为建筑安装生产服务的各项费用，包括企业管理费、财务费用和其他费用。

计划利润和税金是建筑安装企业职工为社会劳动所创造的那部分价值在建筑安装工程造价中的体现，计划利润等于一定的基数乘以计划利润率，土建工程和安装工程基数不一，其中土建工程的基数为直接工程费和间接费之和，安装工程的基数为人工费；税金即为建筑安装企业根据国家税法规定所应缴纳的税金，主要包括营业税、城市维护建设税及教育费附加。

（2）设备及工、器具购置费由设备购置费和工具、器具及生产家具购置费组成。设备购置费是指按照项目设计文件要求，建设单位购置或自制达到固定资产标准的设备和扩建项目配置的首套工、器具及生产家具所需的费用。工具、器具及生产家具购置费是指新建或扩建项目初步设计规定的，保证初期正常生产必须购置的没有达到固定资产标准的设备、仪器、工卡模具、器具、生产家具和备品备件等的购置费用。

工具、器具及生产家具购置费=设备购置费×定额费率

在生产工程建设中，设备及工、器具购置费用占建设投资比重的增大，意味着生产技术的进步和资本有机构成的提高。

（3）工程建设其他费用。工程建设其他费用是指未纳入以上两项的，由项目投资支付的，为保证工程建设顺利完成和交付使用后能够正常发挥效用而发生的各项费用的总和，主要包括土地使用费、与项目建设有关的其他费用、与未来企业生产经营有关的其他费用。其中，与项目建设有关的其他费用包括建设单位管理费（指建设项目立项、筹建、建设、联合试运转、竣工验收、交付使用及建后评估等全过程管理所需费用）、勘察设计费、研究试验费、建设单位临时设施费、工程监理费、工程保险费、引进技术和进口设备其他费用、专利费、科学研究费和职工培训费等。

与未来企业生产经营有关的其他费用包括联合试运转费、生产准备费、办公和生活家具购置费。

（4）预备费，又称不可预见费。预备费是指在初步设计文件及概算中难以事先预料而在建设期可能发生的工程费用，包括：

1）在设计和施工过程中，在批准的初步设计和概算范围内所增加的工程费用。

2）由于一般自然灾害造成的损失和预防自然灾害所采取的预防措施费用。

3）竣工验收时，竣工验收组织为鉴定工程质量，必须开挖和修复隐蔽工程的费用。

4）涨价预备费。预备费分为基本预备费和涨价预备费。

基本预备费是指在初步设计及概算内难以预料的工程费用；涨价预备费是指建设项目在建设期内由于价格等变化引起工程造价变化的预测预留费用。不可预见费按上述各项费用的3%～7%估算。但应当注意以下三种不属于不可预见费：一是因技术政策、地质条件发生重大变化，需对原批准的初步设计作全面修改而增加的工程费用；二是在建设项目施工过程中，因发生不可抗拒的重大自然灾害所造成的损失；三是因管理不善或设计、施工质量低劣造成的返工、窝工等所发生的费用。这三种费用不构成工程成本，而由责任单位承担。

（5）建设期贷款利息，也称为资本化利息。建设期贷款利息包括向国内银行和其他非银行金融机构贷款、出口信贷、外国政府贷款、国际商业银行贷款以及在境内发行的债券等在建设期内应偿还的借款利息。按我国财务规定，在筹建期间应计利息支出，计入开办费；与购建固定资产或者无形资产、递延资产有关的，在资产尚未交付使用或已投入使用但尚未办理竣工决算之前，计入购建固定资产、无形资产、递延资产的价值；在生产期间的，计入财务费用；在清算期间的，计入清算损益。

（6）固定资产投资方向调节税，是指国家对在我国境内进行固定资产投资的单位和个人，就其固定资产投资的各种资金征收的一种税。

1991年4月16日国务院发布《中华人民共和国固定资产投资方向调节税暂行条例》，从1991年起施行。自2000年1月1日起新发生的投资额，暂停征收固定资产投资方向调节税。

固定资产投资方向调节税征税范围也称固定资产投资方向调节税“课税范围”。凡在我国境内用于固定资产投资的各种资金，均属固定资产投资方向调节税的征税范围。各种资金包括国家预算资金、国内外贷款、借款、赠款、各种自有资金、自筹资金和其他资金。固定资产投资，是指全社会的固定资产投资，包括基本建设投资、更新改造投资、商品房投资和其他固定资产投资。

（7）流动资金是指项目投产后为维持正常经营，用于购买原材料、燃料动力、支付工资等所必不可少的周围资金。

流动资金=流动资产-流动负债

流动资产是指企业可以在一年内或超过一年的一个营业周期内变现或者运用的资产，包括现金及各项存款、应收账款及预付款、存货和短期投资等。

1）现金。指企业的库存现金，其中包括企业内部各部门周转使用的备用金。

2）各项存款。指企业的各种不同类型的银行存款。

3）应收账款。指企业因销售商品、提供劳务等，应向购货和受益单位收取的款项，是购货单位所欠企业的短期债务。

4）预付款。指企业按照购货合同规定预付给购货单位的购货定金或部分货款，以及企业预交的各种税、费等。

5）存货。指企业的库存材料、在产品、产成品和商品等。

6）短期投资。指企业购入的各种能随时变现、持有时间不超过一年的投资，包括不超过一年的股票、债券等。

流动负债是指将在一年（含一年）或者超过一年的一个营业周期内偿还的债务，包括短期借款、应付票据、预收账款、应付工资、应付福利费、应付股利、应交税金、其他暂收应付款项、预提费用和一年内到期的长期借款等。

2.1.3 投资的来源

建设项目的投资来源从国别上可分为国外投资和国内投资；从资金来源的性质上分为投入资金和借入资金，其中投入资金形成建设项目的资本金，借入资金形成项目的负债。资金总额的构成如图 2-1 所示。

资本金可以通过争取国家财政预算投资、发行股票、自筹资金和利用外资直接投资等方式获取。借入资金可以通过银行贷款，发行债券，设备租赁，国际金融组织贷款，国外商业银行贷款，吸收外国银行、企业和私人存款及利用出口信贷等渠道取得。

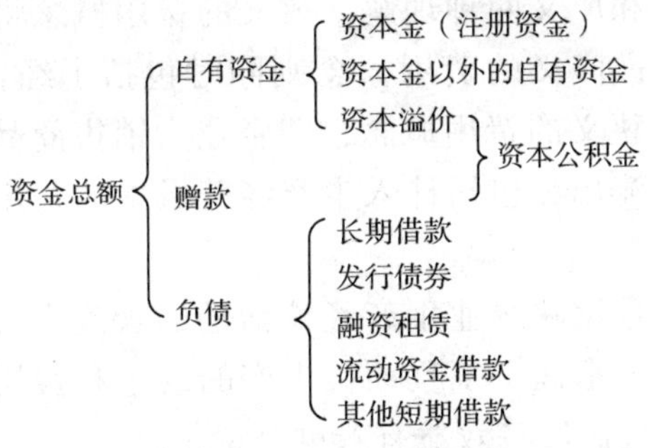

图 2-1 资金总额的构成

2.1.4 投资的估算

投资的估算主要包括固定资产投资的估算和流动资金的估算。固定资产投资的估算方法主要有扩大指标法和详细估算法两种，如图 2-2 所示。流动资金的估算方法主要有扩大指标法和分项详细法两种，如图 2-3 所示。

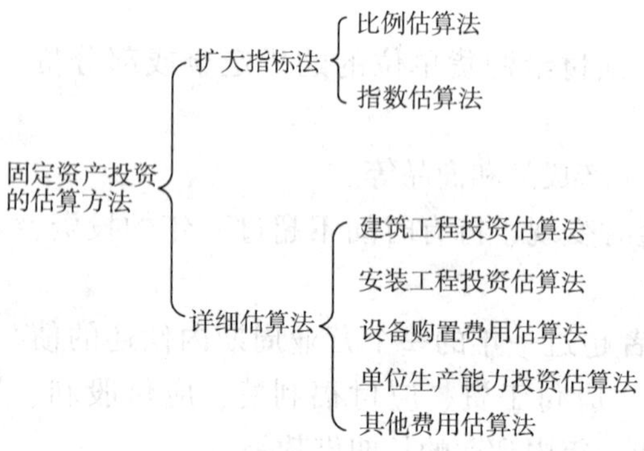

图 2-2　固定资产投资的估算方法

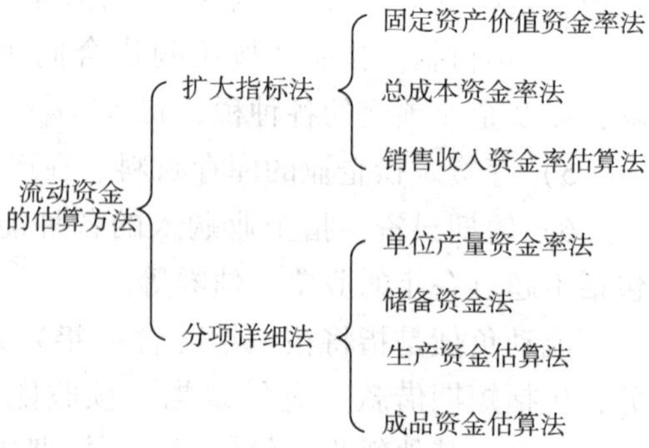

图 2-3　流动资金的估算方法

2.2　工程项目生产经营期的成本和费用

2.2.1　成本和费用的概念与意义

成本是商品生产中所耗费的活化劳动和物化劳动的货币表现，它保证简单再生产能够顺利进行下去，是将成本从价值的货币形态中划分出来的理论基础。

费用是指企业为承包工程、销售商品、提供劳务等日常活动所发生的经济利益的流出，一般有狭义和广义两种理解。狭义的费用概念将费用限定于获取收入过程中发生的资源耗费；广义的费用概念则同时包括了经营成本和非经营成本。我国现行制度采用的是狭义的费用概念，即企业为销售商品、提供劳务等日常活动所发生的经济利益的流出，包括计入生产经营成本的费用和计入当期损益的期间费用。

成本和费用可以综合反映企业生产经营活动的管理水平、技术水平、资金利用效率、劳动生产率等。掌握了工程项目生产的成本和费用，对于改进经营管理工作、降低工程成本、提高经济效益有着重要意义。

2.2.2　成本和费用的联系与区别

（1）联系。企业在一定时期（月、季、年）内所发生的费用是构成产品成本的基础，产品成本是企业为生产一定种类和数量的产品所发生的生产费用的归集，是对象化了的费用，二者在经济内容上是一致的，都是企业除偿债性支出和分配性支出以外的支出的构成部分；费用和成本都是企业为达到生产目的而发生的支出，都需要企业用在生产经营过程中实现的收入来补偿；费用和成本在一定情况下可以相互转化，如产品的成本在销售以前是被以其制造成本列为资产，在销售以后其制造成本转化为当期费用。

（2）区别。费用一般与一定的会计期间相联系，而成本一般与一定种类和数量的具体产品相关联，而不论费用是否发生在当期。企业在一定会计期间发生的费用构成企业本期完工产品的成本，但是本期完工的产品成本并不都是由本期发生的费用组成的，它可能包括以前期间所发生而由本期产品负担的费用，如待摊销费；也可能包括本期尚未发生，但应由本期产品成本负担的费用，如预提费。另外，企业本期投入生产的产品，本期不一定完工；本期完工的产品成本，也可能是以前期间投入生产的。因此，本期完工产品的成本可能还包括部分期初结转的未完工产品成本，即以前期间所发生的费用。同样，本期发生的费用也不都形成本期完工产品成本，它还包括一些结转到下期的未完工产品上的支出，以及一些不由具体产品负担的期间费用。期间费用包括营业费用、管理费用和财务费用。企业一定要合理划分期间费用和成本的界限，期间费用应当直接计入当期损益，冲减当期实现的收入。同时，企业还应当将已销售的产品或已提供的劳务的成本转入当期费用，直接冲减当期实现的收入；而没有销售的产品成本不能转化成当期费用，也就不能冲减当期实现的收入。

2.2.3 总成本费用

总成本费用是指工程项目在一定时期内为生产而耗费的全部成本和费用。总成本费用包括生产成本和期间费用，生产成本又包括直接材料、直接人工、其他直接支出和制造费用；期间费用包括管理费用、财务费用和营业费用，具体如图2-4所示。

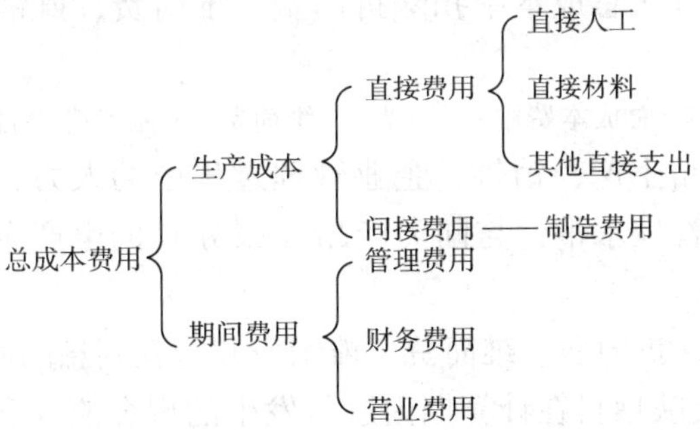

图2-4 总成本费用构成

2.2.4 工程产品成本的分类

（1）在工程经济分析中，最常用的是按成本的作用将工程产品成本划分为预算成本、计划成本和实际成本。其中，预算成本是根据已完工（或已结算）工程实物量和预算单价等资料计算的工程成本；计划成本是在工程项目建设施工前预计将会发生的成本总额；实际成本是将工程施工过程中发生的施工费用，按各项成本项目进行归集和分配，从而计算出各个工程项目在一定时期及自开工至竣工期间所发生的工程成本。

在这三种成本中，预算成本控制着工程成本的最高限额，以其作为中间结算的依据，同时将其作为工程供工、料和考核工程活动的经济效果、降低工程成本的依据。

计划成本反映的是企业的成本水平，是企业内部进行经济评价和考核工程经济活动效果的依据。实际成本相比计划成本来看，它可作为企业内部考核的依据，能较准确地反映工程活动和企业经营管理的水平。

（2）按成本与工程量的习性划分，工程产品成本可分为固定成本和变动成本。固定成本是指成本总额在一定时期和一定产量范围内，不受产量增减变动影响的成本，如固定资产折旧费等。在实践中，固定成本还可以根据其支出数额是否能改变，进一步分为酌量性固定成本和约束性固定成本两类。凡成本总额随着产量变化而变化的叫作变动成本，如直接工人的工资、直接材料费用等。

（3）按经营决策的需要，工程产品成本可分为边际成本、机会成本、经营成本和沉没成本。

边际成本是指在一定产量水平上，产量增加一个单位，给总成本带来多大的变化。

机会成本是资源用于某种用途而放弃其他用途所付出的代价。机会成本和财务管理上的成本不同，它是经济分析与决策中的概念，并非实际的支出或收益。例如，甲用自己的钱（1 000元）办工厂，如果这笔钱借出去，每年可得利息100元，则甲的机会成本就是100元。

经营成本是指项目从总成本中扣除折旧费、维简费、摊销费和利息支出以后的成本，即

经营成本=总成本费用-折旧费-（维简费）-摊销费-利息支出

经营成本涉及产品生产、销售、企业管理过程中的人力、物力投入，能准确地反映企业的生产和管理水平，与同类产品（服务）的生产企业具有可比性，是经济分析的重要指标。

经营成本中不包括折旧费、维简费、摊销费和贷款利息的原因如下：

1）现金流量表反映项目在计算期内逐年发生的现金流入和流出。与常规会计方法不同，现金收支何时发生，就何时计算，不作分摊。由于投资已按其发生的时间作为一次性支出被计入现金流出，因此不能再以折旧费、维简费和摊销费的方式计为现金流出，否则会发生重复计算。所以，作为经常性支出的经营成本中不包括折旧费和摊销费，同理也不包括维简费。

2）因为全部投资现金流量表以全部投资作为计算基础，不分投资资金来源，利息支出不作为现金流出，而自有资金现金流量表中已将利息支出单列，所以经营成本中也不包括利息支出。

沉没成本是指不因决策而变化的成本（即与决策无关的成本）。例如，一个项

目过去的投资，对于现在的投资决策就是沉没成本。从经济学角度来看，在进行投资决策时常以沉没成本为出发点，不考虑过去实际发生的损益情况。

2.2.5 成本和费用的估算

成本和费用的估算是制定经营决策的必然要求，成本和费用估算的误差大小对于决策及项目的经济效益有着重要意义。

成本的估算方法总体上分为定量估算法和定性估算法。其中，定量估算法主要应用的有两种，其一是概略估算法，一般用于项目的初步可行性研究。实践中所采用的大致有三种：一是分项类比法，即按照相关产品的类似程度及分项费用的比例关系估算产品的生产成本；二是差额调整法，即比较两种工程产品的差异，而后确定成本修正系数，以修正系数和可比实例的乘积作为估算成本；三是统计估算法，即通过收集工程产品的成本统计资料，计算成本与某些参数的相互关系，然后以工程项目的相应参数要求估算。其二是详细估算法，即按照成本和费用的构成项目，根据有关规定和详细的资料逐项进行估算。其具体估算法如下：

（1）建筑工程费的估算。通常采用单位综合指标（每 m^2、m^3、m、km 的造价）估算法进行估算。

（2）安装工程费的估算。

$$安装工程费=设备原价\times安装费率$$

$$安装工程费=设备吨位\times每吨安装费$$

（3）设备及工、器具购置费的估算。

$$设备购置费=国产设备原价（进口设备到岸价）+设备运杂费$$

$$工、器具及生产家具购置费=设备购置费\times费率$$

1）国产设备原价的确定。包括国产标准设备原价的确定和国产非标准设备原价的确定。

2）进口设备到岸价的确定。进口设备到岸价是指进口设备的原价，即抵达买方边境港口或边境车站，且交完关税等税费后形成的价格。进口设备到岸价的构成与进口设备的交货类别有关。

①进口设备的交货类别。进口设备的交货类别可分为内陆交货类、目的地交货类和装运港交货类。

内陆交货类，即卖方在出口国内陆的某个地点交货。在交货地点，卖方及时提交合同规定的货物和有关凭证，并负担交货前的一切费用和风险，买方按时接受货物，交付货款，负担接货后的一切费用和风险，并自行办理出口手续和装运出口。货物的所有权也在交货后由卖方转移给买方。

目的地交货类，即卖方在进口国的港口或内地交货，有目的港船上交货价、目的港船边交货价和目的港码头交货价（关税已付）及完税后交货价（进口国的指定地点）等几种交货价。它们的特点是买卖双方承担的责任、费用和风险是以目的地约定交货点为分界线的，只有当卖方在交货点将货物置于买方控制下才算交货，才能向买方收取货款。这种交货类别对卖方来说承担风险较大，在国际贸易中卖方一般不愿采用。

装运港交货类，即卖方在出口国装运港交货，主要有装运港船上交货价（Free On Board，FOB），也称离岸价格。其特点是卖方按照约定的时间在装运港交货，只要卖方把合同规定的货物装船后提供货运单据便完成交货任务，可凭单据收回货款。

装运港船上交货价（FOB）是我国进口设备采用最多的一种货价。采用船上交货价时卖方的责任是：在规定的期限内，负责在合同规定的装运港口将货物装上买方指定的船只，并及时通知买方；负担货物装船前的一切费用和风险，负责办理出口手续，提供出口国政府或有关方面签发的证件，负责提供有关装运单据。买方的责任是负责租船或订舱，支付运费，并将船期、船名通知卖方，负担货物装船后的一切费用和风险；负责办理保险及支付保险费，办理在目的港的进口和收货手续，接受卖方提供的有关装运单据，并按合同规定支付货款。

②进口设备原价的构成及计算。

进口设备原价=FOB+国际运费+运输保险费+银行财务费+外贸手续费+关税+（消费税）+进口设备增值税+（海关监管手续费）+车辆购置附加费

设备FOB价分为原币货价和人民币货价，其中原币货价一律折算为美元表示；人民币货价按原币货价乘以外汇市场美元兑换人民币中间价确定。FOB价按有关生产厂商询价、报价、订货合同价估算。

3）设备运杂费的估算。

设备运杂费=国产设备原价（进口设备到岸价）×费率

（4）工程建设其他费用的估算。工程建设其他费用按各项费用科目的费率或者取费标准估算。

（5）预备费的估算。

基本预备费：

基本预备费=（设备及工、器具购置费+建筑、安装工程费+工程建设其他费用）×基本预备费率

涨价预备费：

$$PC = \sum_{t=1}^{n} I_t[(1+f)^t - 1] \tag{2-1}$$

式中 PC ——涨价预备费；

I_t——第 t 年的建筑工程费、安装工程费、设备及工、器具购置费之和；

f——建设期价格平均上涨率；

n ——建设期。

（6）建设期贷款利息的估算。建设期贷款利息包括向国内银行和其他非银行金融机构贷款、出口信贷、外国政府贷款、国际商业银行贷款以及境内外发行的债券等在建设期间内应偿还的贷款利息。建设期贷款利息实行复利计算。

建设期贷款利息的计算方法分为以下两种情况。

第一种情况：当总贷款是分年均衡发放时，建设期利息的计算按当年借款在年中支用考虑，即当年贷款按半年计息，上年贷款按全年计息。公式为：

$$q_j = \left(p_{j-1} + \frac{A_j}{2}\right) \times i \tag{2-2}$$

式中 q_j——建设期第 j 年应计利息；

p_{j-1}——建设期第（j-1）年年末贷款累计金额与利息累计金额之和；

A_j——建设期第 j 年贷款金额；

i——年利率。

【例 2-1】某建设项目，建设期为 3 年，分年均衡发放贷款。第一年贷款 300 万元，第二年 600 万元，第三年 400 万元，年利率为 12%，建设期内利息只计息不支付，求建设期间贷款利息。

解：在建设期内，各年利息计算如下。

第一年 $=\frac{1}{2}\times300\times12\%=18$（万元）；

第二年 =（$300+18+600\times\frac{1}{2}$）$\times12\%=74.16$（万元）；

第三年 =（$318+600+74.16+400\times\frac{1}{2}$）$\times12\%=143.06$（万元）；

所以，建设期贷款利息 = 18+74.16+143.06 = 235.22（万元）。

第二种情况：贷款总额一次性贷出且利率固定的贷款利息，公式为：

$$I=F-P \tag{2-3}$$

式中 I——利息；

F——复利计算后的本利和；

P——本金。

2.3 收入和销售税金及附加

2.3.1 收入

销售收入是指建设项目提供劳务或建成投产后销售产品取得的收入，主要包括产品销售收入和其他销售收入。产品销售收入包括销售产成品、半成品、自制半成品和提供工业性劳务等取得的收入；其他销售收入包括材料销售、资产出租、外购商品销售、无形资产转让及提供非工业性劳务等取得的收入。

销售收入的计算公式为：

$$S = \sum_{i=1}^{n} P_i \cdot X_i \tag{2-4}$$

式中　S——销售收入；

P_i——第 i 种产品单位；

X_i——第 i 种产品销售量。

对于施工企业而言，其收入是指企业承包工程、销售商品、提供劳务和让渡资产使用权等日常活动中所形成的经济利益的总流入。收入可按不同的标准进行分类：按照收入的性质可以分为工程结算收入、商品销售收入、劳务收入和让渡资产使用权收入等；按照企业经营业务的主次可以分为主营业务收入和其他业务收入。不同行业的主营业务收入所包含的内容不同，施工企业的主营业务收入主要是建造合同收入，而其他业务收入主要包括销售商品、销售材料、提供机械作业和运输作业、出租固定资产、出租无形资产等取得的收入。主营业务收入一般占企业收入的比重比较大，对企业的经济效益产生的影响比较大。

2.3.2　销售税金及附加

税金是国家凭借其政治权力，用法律强制手段，参与国民收入的分配与再分配的一种形式。税金是国家依法向有纳税义务的单位或个人征收的财政资金。工程项目应按规定计算并缴纳税金，税金在经济分析中是一种现金流出，在国民经济分析中是一种转移支付。

销售税金及附加是指建设项目在生产经营期内销售产品（营业或提供劳务）而发生的营业税、消费税、资源税、城市维护建设税及教育费附加。销售税金及附加是指根据国家税法规定的税目、税率、税种和计税依据估算项目投资后每年产品销售所应缴纳的各种税金。现行的税收制度包括几十个税种，企业缴纳的税收主要有流转的增值税、营业税、消费税、所得税类的企业所得税、外商投资企业和外国企业所得税等。

增值税是以生产、经营、进口应税商品和应税劳务的增值额作为征税对象的一种税。计算公式如下：

增值税应纳税额＝当期销项税额－当期进项税额

企业所得税是指国家对境内实行独立经营核算的各类企业，来源于我国境内、境外的生产、经营所得和其他所得依法征收的一种税。

纳税人应纳所得税额按应纳税所得额和适用税率计算，公式如下：

所得税应纳税额＝应纳税所得额×适用税率

2.3.3　销售收入、总成本费用、利润和税金各要素之间的关系

对于一般工程项目而言，销售收入、总成本费用、利润和税金之间的关系如下：

销售利润＝销售净额－销售成本－销售费用－销售税金及附加

其中：　销售净额＝产品销售总额－（销货退回＋销货折扣与折让）

营业利润＝销售利润＋其他业务利润－期间费用

期间费用=销售费用+管理费用+财务费用

利润总额=营业利润+投资收益+营业外收入-营业外支出

净利润=销售利润-所得税额

对于建筑工程项目来讲，销售收入、总成本费用、利润和税金之间的关系为：

工程结算利润=工程结算收入-工程实际成本-工程结算税金及附加

营业利润=工程结算利润-期间费用

利润总额=营业利润+投资收益+营业外收入-营业外支出

净（税后）利润=利润总额-所得税额

2.4 固定资产折旧

2.4.1 固定资产概述

（1）固定资产的概念。固定资产是指使用期限较长，单位价值较高，并且能在使用过程中保持原有实物形态的资产。对于生产经营中使用的固定资产，只要使用期限在一年以上，就可以认为是固定资产，而对单位价值不加以限制；对于非生产经营领域中使用的固定资产，期限要长于两年，并且单位价值在 2 000 元以上，两个条件同时满足才能被认定为固定资产。

（2）固定资产的分类。

1）按照固定资产的使用情况可分为如下几类：

①使用中的固定资产。包括季节性停用和大修理停用的固定资产，也包括经营性租出的固定资产。

②未使用的固定资产。指已经完工但尚未交付使用的固定资产。

③不需用的固定资产。指本企业多余或不适用的固定资产。

2）综合分类：

①生产经营用固定资产。

②非生产经营用固定资产。

③租出固定资产。

④不需用固定资产。

⑤未使用固定资产。

⑥土地。指过去已经估价单独入账的土地，不提折旧。

⑦融资租入固定资产。

3）按固定资产的所有权来划分，可分为如下几类：

①租入固定资产。

a. 融资租入固定资产。视为自有固定资产计提折旧。（实质重于形式）

b. 经营租入固定资产。不计提折旧。

②自有固定资产。指拥有所有权的固定资产，计提折旧。

4）按经济用途来划分，可分为生产经营用固定资产和非生产经营用固定资产。

2.4.2 固定资产折旧

2.4.2.1 折旧的概念

折旧是指在资产的使用过程中，随着资产损耗而逐渐转移到产品成本、费用中的那部分价值。折旧费计入成本费用是企业回收固定资产投资的一种手段。按照国家规定的折旧制度，企业把已发生的资本性支出转移到产品成本费用中去，然后通过产品的销售，逐步回收初始的投资费用。固定资产折旧是指固定资产在使用过程中，由于损耗而逐渐转移到成本、费用中去的那部分价值。固定资产的损耗分为有形损耗和无形损耗。有形损耗指固定资产在使用过程中由于使用和自然力的影响而引起的使用价值和价值上的损耗；无形损耗指由于科学技术进步、劳动生产率的提高而使原有固定资产再使用已不经济或其生产出的产品已失去竞争力而引起的价值损失。

2.4.2.2 折旧的性质

固定资产长期参与生产经营而保持原有形态不变，其价值不是一次性转入产品成本或费用，而是随着固定资产的使用逐渐转移的，转移的价值就是通过计提折旧的形式，形成折旧费用，计入各期成本费用，并从当期收入中得到补偿。因此，折旧是对固定资产由于损耗而转移到产品成本或企业费用部分价值的补偿。从本质上讲，折旧也是一种费用，只不过这一费用没有在计提期间付出实实在在的货币资金，属于非付现费用。不提折旧或不正确地计提折旧，都将对企业计算产品成本（或营业成本）、计算损益产生错误影响，所以正确地计提折旧很有必要。

2.4.2.3 影响折旧的因素

固定资产折旧的过程，实际上是一个持续的成本分配过程，即公司采用合理而系统的分配方法将固定资产的取得成本（原始成本）逐渐分配于各受益期。因此，企业计算各期折旧额的依据或者说影响折旧的因素主要有以下三个方面。

（1）固定资产原价。企业会计准则规定，企业的固定资产折旧以固定资产账面原价为计算依据。

（2）固定资产的净残值。固定资产的净残值是指固定资产报废时预计可以收回的残值收入扣除预计清理费用后的数额。固定资产的账面原价减去预计净残值即为固定资产应提折旧总额。

由于在计算折旧时，对固定资产的残余价值和清理费用只能人为估计，因此不可避免地存在主观性，为了避免人为调整净残值的数额从而人为地调整计提折旧额，根据我国现行企业财务制度的规定，固定资产的预计净残值一般应在固定资产原值的3%~5%，由企业自行确定；由于特殊情况，需调整残值比例的，应报主管财政机关备案。

$$固定资产净残值=残余价值-预计清理费用=固定资产原值\times净残值率$$

（3）预计使用年限。固定资产预计使用年限是指固定资产预计经济使用年限，即折旧年限，它通常短于固定资产的实物年限。以经济使用年限作为固定资产的折旧年限是因为企业在计算折旧时，不仅需要考虑固定资产的有形损耗，还要考虑固定资产的无形损耗。由于固定资产的有形损耗和无形损耗也很难估计准确，因此固定资产的使用年限也只能预计，同样具有主观随意性。企业应根据国家的有关规定，结合本企业的具体情况合理地确定折旧年限，作为计算折旧的依据。

2.4.2.4 固定资产折旧的方法

由于折旧率和折旧基数的确定方法不同，因此折旧的方法也不同，目前我国会计上常用的有平均年限法、工作量法、年数总和法和双倍余额递减法等。下面主要介绍平均年限法、工作量法、年数总和法及双倍余额递减法。

（1）平均年限法。平均年限法又称直线法，是根据固定资产的原值、预计净残值率和规定的预计使用年限平均计算固定资产折旧额的一种方法。采用这种方法计算的每期折旧额均是等额的。

折旧率按个别固定资产单独计算，即某项固定资产在一定期间的折旧额与该项固定资产原价的比率。

$$年折旧额=\frac{固定资产原值-预计净残值}{预计使用年限}$$

$$\begin{aligned}年折旧率&=年折旧额/固定资产原值\\&=[(1-预计净残值率)/预计使用年限]\times100\%\end{aligned}$$

$$月折旧率=年折旧率/12$$

$$月折旧额=固定资产原值\times月折旧率$$

【例2-2】某固定资产的原价为20 000元，预计使用年限为5年，预计净残值为200元。按直线法计提折旧。

解：年折旧率 = (1 − 200 ÷ 20 000) ÷ 5 × 100% = 19.8%

年折旧额 = 20 000 × 19.8% = 3 960(元)

采用平均年限法计算固定资产折旧虽然比较简单，但它也存在着一些明显的局限性。首先，固定资产在不同使用年限提供的经济效益是不同的。一般来讲，固定资产在其使用前期，工作效率相对较高，所带来的经济利益也较多；而在其使用后期，工作效率一般呈下降趋势，因而所带来的经济利益也就逐渐减少。平均年限法不考虑这一事实，明显不合理。其次，固定资产在不同的使用年限发生的维修费也不一样，固定资产的维修费用将随其使用时间的延长而不断增多，而平均年限法也没有考虑这一因素。

若固定资产各期的负荷程度相同，则各期应分摊相同的折旧费，这时采用平均年限法计算折旧是合理的。但是，若固定资产各期负荷程度不同，采用平均年限法计算折旧时，则不能反映固定资产的实际使用情况，提取的折旧数与固定资产的损耗程度也不相符。

（2）工作量法。工作量法是指根据设备实际工作量计提折旧的一种方法。这种方法弥补了平均年限法只重时间，不考虑使用强度的不足，工作量法主要包括三种方法：行驶里程折旧法、工作台班折旧法和工作时数折旧法。

行驶里程折旧法是根据运输设备实际行驶的里程计算各期折旧额的方法。它只适用于运输设备。其计算公式为：

$$单位里程折旧额=\frac{固定资产原值\times（1-预计净残值率）}{预计的总行驶里程数}$$

$$月折旧额=月实际行驶里程\times单位里程折旧额$$

【例 2-3】某公司有一辆运输汽车，原值为 150 000 元，预计净残值率为 5%，预计总行驶里程为 600 000 千米，当月行驶 5 000 千米，则月计提折旧额是多少？

解：单位里程折旧额＝150 000×（1-5%）÷600 000＝0. 237 5（元/千米）

本月折旧额＝5 000×0. 237 5＝1 187. 50（元）

工作台班折旧法是指按固定资产实际工作的台班数计算各期折旧额的方法。它主要适用于大型建筑工程机械等按工作台班计算工作量的固定资产。其计算公式为：

$$每台班折旧额=\frac{固定资产原值\times（1-预计净残值率）}{预计的总工作台班数}$$

$$月折旧额=月实际工作台班数\times每台班折旧额$$

工作时数折旧法是指根据固定资产实际工作的小时数计算各期折旧额的方法。它主要适用于加工、修理设备等按工作小时数计算工作量的固定资产。其计算公式为：

$$每工作小时折旧额=\frac{固定资产原值\times（1-预计净残值率）}{预计的总工作小时数}$$

$$月折旧额=月实际工作小时数\times每工作小时折旧额$$

工作量法也是直线法的一种，只不过不是以时间来计算折旧额，而是以工作量来计算。其优点是简单明了，容易计算，而且计算的折旧额与固定资产的使用程度相联系，符合配比原则，充分考虑了固定资产有形损耗的影响；其缺点是忽视了无形损耗对固定资产的影响，同时在实务中要准确地预计固定资产的总工作量也存在困难。

（3）年数总和法。年数总和法又称合计年限法，是以固定资产的原值减去净残值后的净额为基数，以一个逐年递减的分数为折旧率，计算各年固定资产折旧额的一种方法。这种方法的特点是：计提折旧的基数是固定不变的，折旧率依据固定资产的使用年限来确定，且各年折旧率呈递减趋势，所以计算出的年折旧额也呈递减趋势。

计算时，折旧率的分子代表固定资产尚可使用的年数，分母代表使用年数的逐年数字总和。计算公式如下：

$$年折旧率=\frac{预计的使用年限-已使用年限}{年数总和}\times100\%$$

$$年数总和=预计的折旧年限\times\frac{预计的折旧年限+1}{2}$$

$$月折旧率=\frac{年折旧率}{12}$$

年折旧额=（固定资产原值-预计净残值）×年折旧率

月折旧额=（固定资产原值-预计净残值）×月折旧率

【例2-4】某公司购入设备一台，原值为60 000元，预计净残值率为5%，预计使用5年，采用年数总和法计算固定资产折旧。

该项资产各年计提折旧的基数为60 000×（1-5%）=57 000（元），年折旧率的分母计算为1+2+3+4+5=15或根据公式5×（1+5）/2=15，每年的折旧额计算见表2-2。

表2-2　每年的折旧额计算表（年数总和法）

年次	原值-净残值/元	折旧率	折旧额/元	累计折旧额/元	期末账面净值/元
1	57 000	5/15	19 000	19 000	41 000
2	57 000	4/15	15 200	34 200	25 800
3	57 000	3/15	11 400	45 600	14 400
4	57 000	2/15	7 600	53 200	6 800
5	57 000	1/15	3 800	57 000	3 000

（4）双倍余额递减法。双倍余额递减法是在不考虑固定资产残值的情况下，用直线法折旧率的两倍作为固定的折旧率乘以逐年递减的固定资产期初净值，得出各年应提折旧额的方法。这与加速折旧法类同，可让你在第一年折减较大金额。双倍余额递减法是加速折旧法的一种，是假设固定资产的服务潜力在前期消耗较大，在后期消耗较少，为此，在使用前期多提折旧，后期少提折旧，从而相对加速折旧。

双倍余额递减法计算公式如下：

年折旧率=（2÷预计的折旧年限）×100%

年折旧额=固定资产期初账面净值×年折旧率

月折旧率=年折旧率÷12

月折旧额=固定资产期初账面净值×月折旧率

固定资产期初账面净值=固定资产原值-累计折旧

由于在折旧率中不考虑预计净残值，这样会导致在固定资产预计使用期满时已提折旧总数超过应计折旧额。因此，在固定资产预计使用年限到期前的两年内，应将固定资产账面净值扣除预计净残值后的余额平均摊销。

【例 2-5】某建筑企业有施工设备一台，其账面原价为 50 000 元，预计净残值为 2 000 元，规定的折旧年限为 5 年，采用双倍余额递减法计提折旧。计算各年的折旧额。

解： 年折旧率 = 2/5×100% = 40%

第一年应提折旧额 = 50 000×40% = 20 000（元）

第二年应提折旧额 =（50 000-20 000）×40% = 12 000（元）

第三年应提折旧额 =（50 000-20 000-12 000）×40% = 7 200（元）

第四、五年应提折旧额 =（50 000-20 000-12 000-7 200-2 000）/2

= 4 400（元）

2.5 建设产品的利润

2.5.1 建设产品利润的概念

利润是企业在一定时期内从事生产经营活动所取得的财务成果。它能够综合地反映企业的生产经营各方面的情况，通常用利润总额和利润率来反映企业的利润水平。利润总额包括销售利润、投资净收益和营业外收支净额，即

实现利润（利润总额）= 销售利润+投资净收益+营业外收支净额

利润率是一定时期内利润额与相关指标的比率，用来反映工程项目经济效益的综合水平。企业利润率主要包括四种，即产值利润率、销售利润率、成本利润率和资本金利润率。

2.5.2 建设产品利润的意义

利润的最大化是企业经营者的主要目标，是项目经营目标的集中体现和项目在一定时期内的经营净成果，只有获取符合一定要求的利润，企业才可以持续发展。根据经济分析的需要，利润指标主要有销售利润、其他销售利润、利润总额和税后利润，它们的关系如下：

销售利润 = 产品销售利润+其他销售利润-管理费用及财务费用

产品销售利润 = 产品销售收入-产品销售成本-产品销售费用-产品销售税金及附加

其他销售利润 = 其他销售收入-其他销售成本-其他销售税金及附加

利润总额 = 销售利润+投资净收益+营业外收支净额

2.5.3 建设产品利润的来源及计算

对于工程项目来讲，利润的构成是相对简单的，按我国现行财务制度规定，建筑企业的产品利润即工程结算利润，是建筑施工企业的劳动者为社会和集体劳

动创造的价值，其计算公式为：

工程结算利润=工程价款收入-工程实际成本-工程结算税金及附加

营业利润=工程结算利润+其他业务利润

利润总额=营业利润+投资收益+营业外收支净额+补贴收入

（1）工程结算利润指企业向工程发包方办理工程价款结算而形成的利润，等于施工企业已结算的价款收入减去结算工程的实际成本和流转税金及附加后的余值。

（2）工程价款收入除包括预算价格中的直接工程费、间接费、计划利润和税金外，还包括工程索赔收入、向发包单位收取的临时设施基金、劳动保险基金和施工机构调遣费等。

（3）其他业务利润是指其他业务收入减去其他业务成本及应负担的税金及附加后的净值。

（4）投资收益主要指对外投资所得的股利、债券利息和所分利润等。

（5）营业外收入指与企业营业收入相对应的，和企业的生产经营活动没有因果关系，但与企业有一定的联系的收入。

（6）营业外支出指与企业生产经营没有直接关系，但却是企业必须负担的各项支出，如固定资产盘亏、非季节性停工损失、赔偿金和违约金等。

（7）补贴收入是施工企业收到的各种补贴收入，包括国家拨入的亏损补贴、退还的增值税等。

本章小结

投资、费用、收益、利润和税金是工程建设项目经济分析的基本要素。

投资是一个极为复杂的经济系统。工程项目的投资也称为总投资，是用于工程项目全过程（建设阶段及经营阶段）的全部活劳动和物化劳动的投资总和，按其性质可分为固定资产投资、流动资产投资、无形资产投资（专利权）和递延资产投资（开办费）。

建设项目的投资来源从国别上可分为国外投资和国内投资；从资金来源的性质上分为投入资金和借入资金，其中投入资金形成建设项目的资本金，借入资金形成项目的负债。

投资的估算主要包括固定资产投资估算和流动资金的估算。

成本是商品生产中所耗费的活化劳动和物化劳动的货币表现，它保证简单再生产能够顺利地进行下去，是将成本从价值的货币形态中划分出来的理论基础。

总成本费用是指工程项目在一定时期内为生产而耗费的全部成本和费用。总成本包括生产成本和期间费用，生产成本又包括直接材料、直接工资、其他直接支出和制造费用；期间费用包括管理费用、财务费用和销售费用。

建设期贷款利息包括向国内银行和其他非银行金融机构贷款、出口信贷、外国政府贷款、国际商业银行贷款以及境内外发行的债券等在建设期间内应偿还的贷款利息。

产品销售收入是指建设项目提供劳务或建成投产后销售产品取得的收入，主要包括产品销售收入和其他销售收入。产品销售收入包括销售产成品、半成品、自制半成品、提供工业性劳务等取得的收入；其他销售收入包括材料销售、资产出租、外购商品销售、无形资产转让及提供非工业性劳务等取得的收入。

销售税金及附加是指建设项目生产经营期内销售产品（营业或提供劳务）而发生的营业税、消费税、资源税、城市维护建设税及教育费附加。销售税金及附加根据国家税法规定的税目、税率、税种和计税依据估算项目投资后每年产品销售所应缴纳的各种税金。现行税收制度包括几十个税种，企业缴纳的税种主要有流转的增值税、营业税、消费税、所得税类的企业所得税、外商投资企业和外国企业所得税等。

对于一般工程项目而言，销售收入、总成本费用、利润和税金之间的关系如下：

销售利润=销售净额-销售成本-销售费用-销售税金及附加

其中：销售净额=产品销售总额-（销货退回+销货折扣与折让）

营业利润=销售利润+其他业务利润-期间费用

期间费用=销售费用+管理费用+财务费用

利润总额=营业利润+投资收益+营业外收入-营业外支出

净利润=销售利润-所得税额

对于建筑工程项目来讲，销售收入、总成本费用、利润和税金之间的关系为：

工程结算利润=工程结算收入-工程实际成本-工程结算税金及附加

营业利润=工程结算利润-期间费用

利润总额=营业利润+投资收益+营业外收入-营业外支出

净（税后）利润=利润总额-所得税额

固定资产折旧的过程，实际上是一个持续的成本分配过程，即公司采用合理而系统的分配方法将固定资产的取得成本（原始成本）逐渐分配于各受益期。

思考题

1. 成本的分类及构成是怎样的？
2. 利润的组成及分类是怎样的？
3. 工程投资费用是由哪几个部分组成的？
4. 固定资产折旧方法有几种？
5. 在决策时为什么不考虑沉没成本？
6. 机会成本和沉没成本的概念是针对什么目的提出来的？
7. 什么是机会成本？试举例说明。
8. 什么是经营成本？为什么要在技术经济分析中引入经营成本的概念？

9. 某固定资产的原价为 18 000 元，预计使用年限为 8 年，预计净残值为 200 元。按直线法计提折旧。

10. 某固定资产的原值为 1 000 万元，残值率为 10%，折旧年限为 5 年。请分别用平均年限法、年数总和法计算该固定资产的年折旧额。

3 资金的时间价值及等值计算

【知识目标】

- 掌握现金流量的概念，能够正确绘制现金流量图。
- 理解单利和复利的区别。
- 掌握资金等值、资金的时间价值的概念。
- 掌握资金等值的计算公式及应用。

3.1 现金流量的概念及构成

工程项目建设和生产运营的目的是通过投入资本、劳务和技术等生产要素，向社会提供有用的物品或服务。工程经济分析的任务就是要根据所考察系统的预期目标和所拥有的资源条件，分析该系统的现金流量情况，对工程项目进行经济评价，或选择合适的技术方案，以获得最佳的经济效果。这就需要用货币量化工程项目的投入和产出，通过分析比较投入与产出的经济价值来判断工程项目的效益。因此，分析工程项目投入和产出的经济价值是工程经济分析最重要的基础工作，也是正确计算工程项目经济效果评价指标的前提。

3.1.1 现金流量

在进行工程经济分析时，可把所考察的对象视为一个系统，这个系统可以是一个工程项目，也可以是一个企业，而投入的资金、花费的成本和获取的收入均可看成是以货币形式体现的该系统的资金流出或资金流入。这种考察对象在一定时期内各时点上实际发生的资金流出或资金流入称为现金流量。其中，流出系统的资金称为现金流出，一般表现为该系统的支出；流入系统的资金称为现金流入，一般表现为该系统的收入；现金流入与现金流出之差称为净现金流量或净收益。

现金流量的内涵和构成随工程经济分析的范围和经济评价方法的不同而不同。在对工程项目进行财务评价时，使用从项目的角度出发，按现行财税制度和市场价格确定的财务现金流量。在对工程项目进行国民经济评价时，使用从国民经济角度出发，按资源优化配置的原则和影子价格（具体内容见项目9）确定的国民经济效益费用流量。

3.1.2 现金流量图

对于一个经济系统，其现金流量的流向（支出或收入）、数额和发生时点都不尽相同，为了正确地进行经济效果评价，我们有必要借助现金流量图来进行分析。所谓现金流量图就是一种反映经济系统资金运动状态的图式，即把经济系统的现金流量绘入一个时间坐标图中，以反映出各现金流入、流出与相应时间的对应关系，如图 3-1 所示。

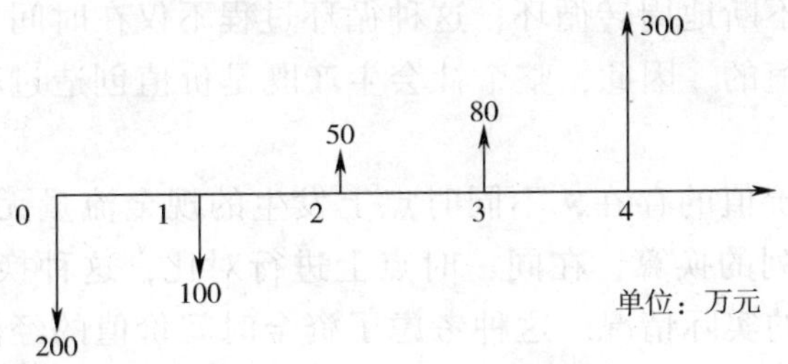

图 3-1 现金流量图

现以图 3-1 说明现金流量图的作图方法和规则：

（1）横轴为时间轴，轴上分布的是时点坐标，如第一年、第二年、第三年……或第一个月、第二个月……

（2）垂直向上的箭杆代表某一时点的现金流入量，如图 3-1 所示，该图上显示某项目在第 2、3、4 年年末的现金流入量分别为 50 万元、80 万元和 300 万元。

（3）垂直向下的箭杆代表某一时点的现金流出量，如图 3-1 所示，某项目在期初和第 1 年年末的支出分别为 200 万元、100 万元。

（4）箭杆长度与现金流量数值大小本应成比例，但由于经济系统中各时点现金流量的数额常常相差悬殊而无法成比例绘出，故在现金流量图绘制中，箭杆长短只是示意性地体现各时点现金流量数额的差异，并在各箭杆上方（或下方）注明其现金流量的数值即可。

（5）箭杆与时间轴的交点即为现金流量发生的时点。

从上述可知，要正确绘制现金流量图，必须把握好现金流量的三要素，即现金流量的大小（资金数额）、方向（资金流入或流出）和作用点（资金的发生时点）。

3.2 资金的时间价值

3.2.1 资金的时间价值

在进行工程经济分析时，不仅要着眼于方案资金数量的大小，而且也要考虑资金发生的时点。因为今天可以用来投资的一笔资金，比将来同等数量的资金更有价值，也就是说，随着时间的流逝，资金会逐渐增值。这是由于当前可用的资金能够立即用来投资，带来收益。举例说明：现在将 1 000 元存入银行，假设利率为 2%，一年以后可从银行取出 1 000×（1+2%）= 1 020 元。也就是说，经过一年的时间，1 000 元增值成了 1 020 元。增值的这 20 元资金就是原有 1 000 元资金的时间价值。资金时间价值的实质是资金作为生产要素，在扩大再生产及资金流通过程中，随时间的变化而产生增值。资金的增值过程是与生产和流通过程相结合的，离开了生产过程和流通领域，资金是不可能实现增值的。资金在生产过程和流通领域之间如此不断地周转循环，这种循环过程不仅在时间上是连续的，而且在价值上是不断增值的。因此，整个社会生产既是价值创造过程，又是资金增值过程。

由于资金时间价值的存在，不同时点上发生的现金流量无法直接加以比较。因此，要通过一系列的换算，在同一时点上进行对比，这种换算就是等值计算。这样才能符合客观的实际情况。这种考虑了资金时间价值的经济分析方法，使方案的评价和选择变得更加现实和可靠。它也就构成了工程经济学要讨论的重要内容之一。

3.2.2 资金时间价值的计算

资金时间价值的计算方法与资金计息的方法完全相同，因为利息就是资金时间价值的一种重要表现形式，而且通常用利息作为衡量资金时间价值的绝对尺度，用利率作为衡量资金时间价值的相对尺度。为了便于学习，我们也以利率来衡量资金时间价值。

3.2.2.1 利息和利息率

（1）利息

利息是借贷资本的增值额或使用借贷资本的代价，即在借贷过程中，债务人支付给债权人的超过原借款本金的部分。用公式表示为：

$$I=F-P \tag{3-1}$$

式中 I——利息；

F——本金与利息的总和，又称本利和；

P——本金。

在工程经济分析中，利息常常被看成是资金的一种机会成本。这是因为如果一笔资金投入到某一工程项目中，就相当于失去了在银行产生利息的机会，也就是说，使用资金是要付出一定的代价，当然投资于项目是为了获得比银行利息更多的收益。从投资者的角度来看，利息体现为对放弃现期消费的损失所作的必要补偿。比如，资金一旦用于投资，就不能用于现期消费，而牺牲现期消费又是为了能在将来得到更多的消费。所以，利息就成了投资分析中平衡现在与未来的杠杆，投资这个概念本身就包含着现在和未来两方面的含义。事实上，投资就是为了在未来获得更大的回收而对目前的资金进行某种安排，很显然，未来的回收应当超过现在的投资，正是这种预期的价值增长才能刺激人们从事投资。因此，在工程经济学中，利息是指占用资金所付的代价或者是放弃近期消费所得到的补偿。

（2）利息率

利息率就是在一定时期内所得利息额与借款本金之比，简称利率。即

$$i = \frac{I_t}{P} \times 100\% \tag{3-2}$$

式中 i——利率；

I_t——单位时间内的利息；

P——本金。

时间单位称为计息周期，计息周期通常为年、月或日。年利率一般按本金的百分之几表示，通常称为年息几厘；月利率一般按本金的千分之几表示，通常称月息几厘；日利率一般按本金的万分之几表示，通常称为日息几厘。

【例 3-1】某人年初借本金 1 000 元，一年后付息 20 元，试求这笔借款的年利率。

解：$i = \frac{I_t}{P} \times 100\% = \frac{20}{1\ 000} \times 100\% = 2\%$

3.2.2.2 单利和复利

（1）单利

单利是指在计算利息时，仅考虑最初的本金，而不计入在先前利息周期中所产生的利息，即通常所说的“利不生利”的计息方法。其公式如下：

$$R_t = P \cdot i \tag{3-3}$$

$$R = P \cdot i \cdot n \tag{3-4}$$

$$F = P\ (1+n \times i) \tag{3-5}$$

式中 R_t——第 t 个计息期的利息额；

R——n 个计息期的利息总额；

i——利率；

n——计息周期数。

其中，$(1+n\times i)$ 称为单利终值系数。由式（3-5）得

$$P = \frac{F}{1 + n \times i} \tag{3-6}$$

其中，$1/(1+n\times i)$ 称为单利现值系数。

【例 3-2】现有本金 1 000 元，年利率为 5%，单利计息，5 年末的利息总额、本利和分别是多少？

解：$R = P \cdot i \cdot n = 1\ 000 \times 5\% \times 5 = 250$（元）

$F = P\ (1+n\times i) = 1\ 000 \times (1+5\times 5\%) = 1\ 250$（元）

（2）复利

复利是指在计算利息时，某一计息周期的利息是由本金加上先前周期累积的利息总额来计算的，也就是平时所说的“利滚利”。计算公式如下：

$$F=P(1+i)^n \tag{3-7}$$

$$R=P[(1+i)^n-1] \tag{3-8}$$

在公式（3-7）、公式（3-8）中，F、P、R、i、n 的含义同前。对公式（3-7）的推导如下：

第一年的本利和：$F_1=P(1+i)$；

第二年的本利和：$F_2=F_1(1+i)=P(1+i)^2$；

第三年的本利和：$F_3=F_2(1+i)=P(1+i)^2(1+i)=P(1+i)^3$；

第 n 年的本利和：$F_n=F_{n-1}(1+i)=P(1+i)^{n-1}(1+i)=P(1+i)^n$。

【例 3-3】数据同【例 3-2】，现用复利计算。可得

$$F=P(1+i)^n=1\,000\times(1+5\%)^5=1\,276\text{（元）}$$

$$R=P[(1+i)^n-1]=1\,000\times[(1+5\%)^5-1]=276\text{（元）}$$

由【例 3-2】和【例 3-3】可以看出，在其他条件都相同的情况下，用复利计算出的利息总额和本利和，比用单利计算出的要大。这是因为在用复利计算的情况下，利息也要计算利息；而用单利计算时，利息不再计算利息。两者相比较，用复利计息更合理一些，所以复利的应用特别广泛，我们在本书中也以复利的方式进行计算。

3.3 资金的等值计算

3.3.1 资金等值的概念

由前述已知，资金有时间价值。即相同的金额，因其发生的时点不同，其价值就不相同；反之，不同时点绝对值不等的资金在时间价值的作用下却可能具有相等的价值。资金等值是指与某一时间点上的金额实际经济价值相等的另一时间点上的价值。例如，现将 1 000 元存入银行，年利率为 2%，一年后可取出 1 020 元。由此可知，一年后的 1 020 元与现在的 1 000 元是等值的。在工程经济分析中，资金等值是一个十分重要的概念，它为我们提供了一个计算某一经济活动有效性或者进行方案比较、优选的可能性。

3.3.2 资金等值的计算方法

资金等值的计算方法与利息的计算方法相同。根据支付的方式不同，可以分为一次支付系列、等额支付系列、等差支付系列和等比支付系列。

3.3.2.1 一次支付系列

一次支付又称整付，是指所分析系统的现金流量，无论是流入或是流出，均是一次性发生。

（1）一次支付终值（Future Value）公式

$$F = P(1+i)^n \tag{3-9}$$

其经济含义是期初发生的一笔资金 P，经过 n 次计息后的价值是多少。其中，$(1+i)^n$ 又被称为一次支付终值系数，用（F/P，i，n）表示，因此式（3-9）也可以表达为：

$$F = P(F/P, i, n) \tag{3-10}$$

公式中各符号含义同前，现金流量图如图 3-2 所示。

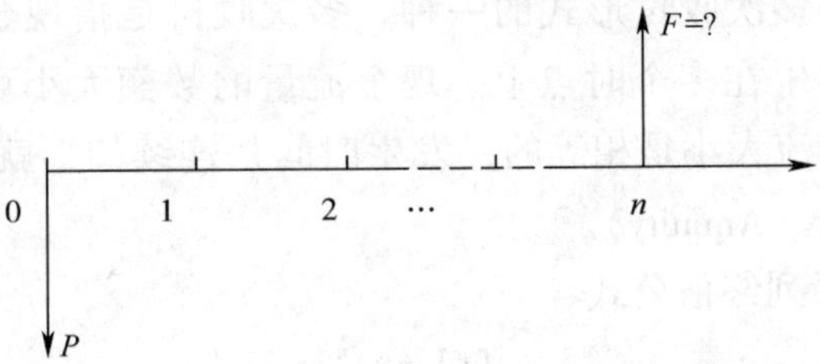

图 3-2　一次支付系列终值现金流量图

【例 3-4】某人年初借本金 1 000 元，年利率为 3%，借款期限 5 年。试求 5 年后该人应还的本息和是多少。

解：利用公式（3-9）可得

$$F = P(1+i)^n = 1\,000 \times (1+3\%)^5 = 1\,159 \text{（元）}$$

也可以查复利系数表得（F/P，i，n）= 1.159

$$F = P(F/P, i, n) = 1\,000 \times 1.159 = 1\,159 \text{（元）}$$

（2）一次支付现值（Present Value）公式

$$P = \frac{F}{(1+i)^n} \tag{3-11}$$

公式（3-11）可由公式（3-9）推导得出，其含义是 n 年后的一笔资金 F，折算成现在的价值是多少。$1/(1+i)^n$ 又被称为一次支付现值系数，用（P/F，i，n）表示，因此公式（3-11）也可以表达为：

$$P = F(P/F, i, n) \tag{3-12}$$

在复利系数公式中，括号内斜线上面的符号表示未知的，斜线下面的符号表示已知的。一次支付现值公式的现金流量图如图 3-3 所示。

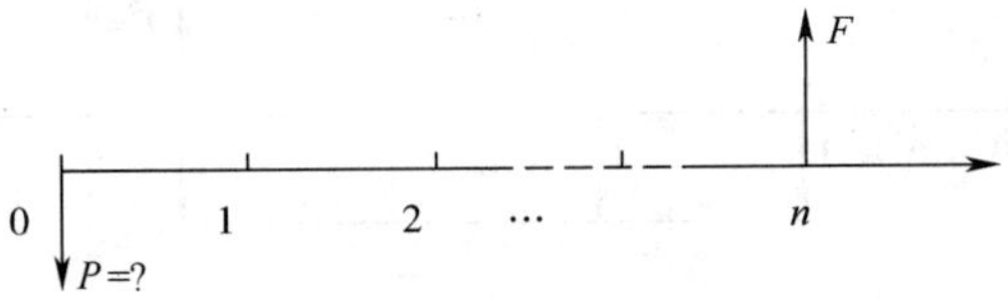

图 3-3　一次支付系列现值现金流量图

【例 3-5】某人 5 年前借了银行一笔钱，年利率为 3%，借款期限 5 年，5 年后一次性还给银行 1 000 元。试求 5 年前该人借了多少钱？

解：1）利用公式（3-11）计算。

$$P = F/(1+i)^n = 1\,000/(1+3\%)^5 = 862.6\text{（元）}$$

2）利用公式（3-12）计算。

查复利系数表得（P/F，3%，5）= 0.862 6

$$P = F(P/F,\ i,\ n) = 1\,000\times 0.862\,6 = 862.6\text{（元）}$$

3.3.2.2 等额支付系列

等额支付系列是多次收付形式的一种。多次收付是指现金流不是集中在一个时点上发生，而是发生在多个时点上。现金流量的数额大小可以是不等的，也可以是相等的。若现金流大小是相等的，发生时间是连续的，就称为等额支付系列，其现金流又叫作年金（Annuity）。

（1）等额支付系列终值公式

$$F = A\left[\frac{(1+i)^n - 1}{i}\right] \tag{3-13}$$

式中 F——本利和；

A——每个计息期末收支的等额资金；

i——利率；

n——计息期。

$\frac{(1+i)^n - 1}{i}$ 称为等额支付系列终值系数，也可用（F/A，i，n）来表示。因此，式（3-13）又可以被记作：

$$F=A\ (F/A,\ i,\ n) \tag{3-14}$$

该公式的含义是在一个时间系列中，在利率为 i 的情况下，连续在每个计息期末支付一笔等额的资金 A，在 n 个计息期后的本利和 F 应为多少。公式推导如下：

第一年的本利和：$F_1=A$；

第二年的本利和：$F_2=A+A(1+i)=A[1+(1+i)]$；

第三年的本利和：$F_3=A+A(1+i)+A(1+i)^2=A[1+(1+i)+(1+i)^2]$；

第 n 年的本利和：$F_n=A[1+(1+i)+(1+i)^2+\cdots+(1+i)^{n-1}]$，利用等比级数求和公式得 $F = A\left[\frac{(1+i)^n - 1}{i}\right]$。公式的现金流量图如图 3-4 所示。

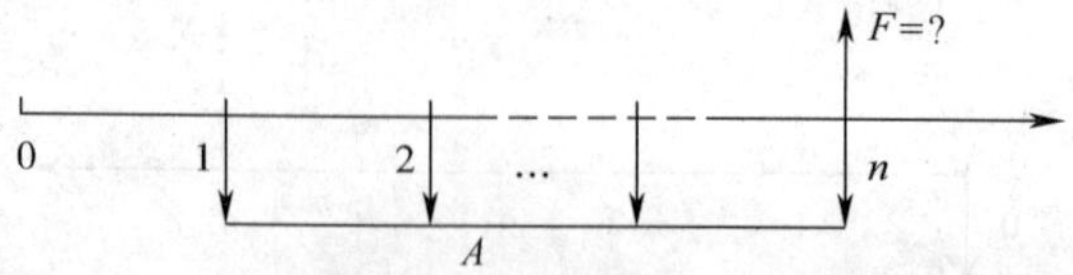

图 3-4 等额支付系列终值现金流量图

【例 3-6】某人每年定期存入银行 1 000 元，年利率为 2%，5 年后可从银行一次性取出多少钱?

解：利用公式（3-13）可得

$$F = A\left[\frac{(1+i)^n - 1}{i}\right]$$

$$= 1\,000 \times \left[\frac{(1+2\%)^5 - 1}{2\%}\right]$$

$$= 5\,204.04 \text{（元）}$$

所以，5 年后可一次性取出 5 204. 04 元。

（2）等额支付系列偿债基金公式

$$A = F\left[\frac{i}{(1+i)^n - 1}\right] \tag{3-15}$$

本公式可由公式（3-13）推导得出，式中 $\frac{i}{(1+i)^n - 1}$ 称为等额支付系列资金回收系数，也可用（A/F，i，n）来表示。因此，式（3-15）也可以被记作：

$$A = F\ (A/F,\ i,\ n) \tag{3-16}$$

该公式的含义是为了筹集未来 n 年后需要的一笔资金 F，在利率为 i 的情况下，每个计息期末应等额存储的金额 A 是多少，其现金流量图如图 3-5 所示。

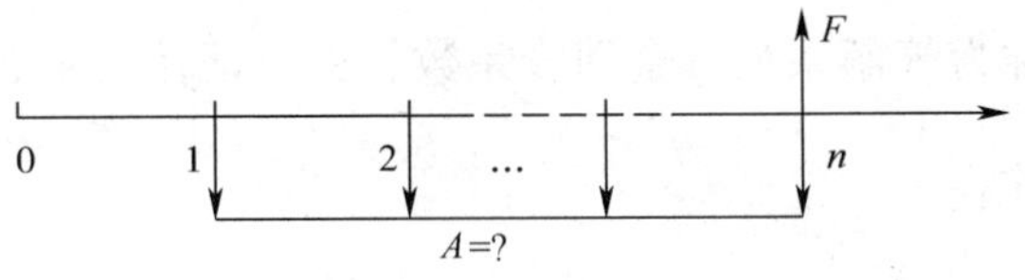

图 3-5　等额支付系列偿债基金现金流量图

【例 3-7】某企业 5 年后需要一笔 100 万元的资金用于固定资产的更新改造，若年利率为 2%，问从现在开始，该企业每年年末应存入银行多少钱?

解：

$$A = F\left[\frac{i}{(1+i)^n - 1}\right]$$

$$= 100\left[\frac{2\%}{(1+2\%)^5 - 1}\right]$$

$$= 19.22 \text{（万元）}$$

因此，该企业每年年末应存入银行 19. 22 万元。

（3）等额支付系列资金回收公式

在公式（3-15）中，因为 $F = P(1+i)^n$，所以由公式（3-15）可推导出等额支付系列资金回收公式：

$$A = P\left[\frac{i(1+i)^n}{(1+i)^n - 1}\right] \tag{3-17}$$

公式（3-17）的含义是期初一次性投资数额为 P，欲在 n 年内将投资全部收回，则在年利率为 i 的情况下，每年等额回收的资金 A 为多少，其现金流量图如图 3-6 所示。

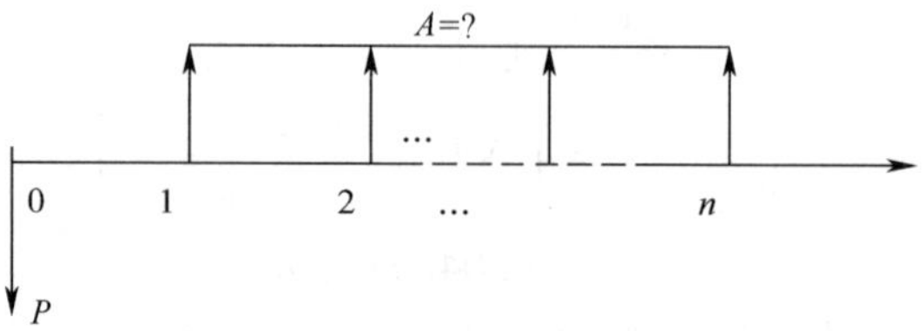

图 3-6　等额支付系列资金回收现金流量图

【例 3-8】某项目投资 100 万元，计划在 5 年内全部回收资金，若年利率为 5%，问该项目平均每年净收益至少应达到多少？

解：

$$A = P\left[\frac{i(1+i)^n}{(1+i)^n - 1}\right]$$

$$= 100 \times \left[\frac{5\% \times (1+5\%)^5}{(1+5\%)^5 - 1}\right]$$

$$= 23.079\ (\text{万元})$$

因此，该项目平均每年净收益至少应达到 23.097 万元。

$\dfrac{i(1+i)^n}{(1+i)^n - 1}$ 称为等额系列资金回收系数，亦可记作（A/P，i，n），所以公式（3-17）可以被写作：

$$A = P\ (A/P,\ i,\ n) \tag{3-18}$$

对于【例 3-8】可以查复利系数表得（A/P，5%，5）= 0.230 97

所以 $A = P\ (A/P,\ i,\ n) = 100 \times 0.230\ 97 = 23.097$（万元）

（4）等额支付系列年金现值公式

等额支付系列年金现值公式可由公式（3-17）推导出：

$$P = A\left[\frac{(1+i)^n - 1}{i(1+i)^n}\right] \tag{3-19}$$

公式（3-19）的含义是在年利率为 i 的情况下，在 n 年内每年等额收入一笔资金 A，则此等额收入的现值总额 P 应为多少，其现金流量图如图 3-7 所示。

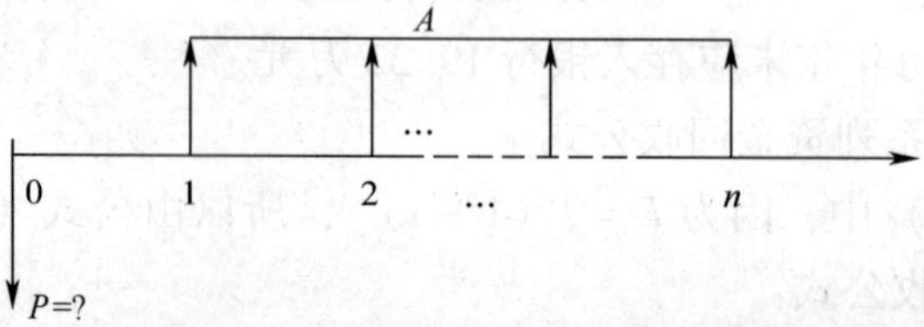

图 3-7　等额支付系列年金现值现金流量图

公式（3-19）中，$\frac{(1+i)^n-1}{i(1+i)^n}$称为等额系列年金现值系数，记作（$P/A$，$i$，$n$）。因此，公式（3-19）也可写成：

$$P=A(P/A,\ i,\ n) \tag{3-20}$$

【例 3-9】某项目连续 10 年每年年末净收益为 5 万元，若年利率为 5%，第 10 年恰好收回期初全部投资。问该项目期初投资是多少？

解：由公式（3-19）可直接得

$$P=A\left[\frac{(1+i)^n-1}{i(1+i)^n}\right]=5\times\left[\frac{(1+5\%)^5-1}{5\%\times(1+5\%)^5}\right]$$

$$=5\times4.329=21.645\text{（万元）}$$

也可查复利系数表得（P/A，5%，5）= 4.329，求得

$P=A(P/A,\ i,\ n)=5\times4.329=21.645$（万元）

3.3.2.3　等差系列公式

在很多技术经济分析中，常常会遇到这样的问题：其现金流量呈等差数列规律变化，可能递增，也可能递减。例如，工程的机器设备在使用过程中的折旧费、维修保养费等逐年增加，而收益却逐年递减，若每年增加或减少的量是相等的，就适合用等差系列公式。

（1）等差系列现值公式

$$P=\left(\frac{A}{i}+\frac{G}{i^2}\right)\left[1-\frac{1}{(1+i)^n}\right]-\frac{G}{i}\times\frac{n}{(1+i)^n} \tag{3-21}$$

式中　G——每年发生金额的等差值；

　　A——第 1 年年末发生的金额。

该公式的含义是第 1 年年末发生的金额为 A，此后每年发生金额的差额为 G，第 n 年年末发生的金额为（$n-1$）G，求这些金额的现值总额 P 为多少。现金流量图如图 3-8 所示。

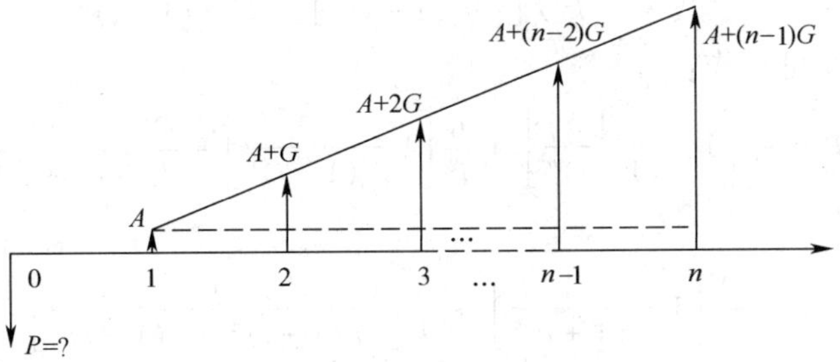

图 3-8　等差系列现值现金流量图

公式推导如下：

从第 1 年至第 n 年，每年发生的现金流量分别为：

$$A, A+G, A+2G, A+3G, \cdots, A+(n-2)G, A+(n-1)G$$

根据公式（3-19），将每年的现金流量分别折算成现值后相加可得

$$P=\frac{A}{1+i}+\frac{A+G}{(1+i)^2}+\frac{A+2G}{(1+i)^3}+\cdots+\frac{A+(n-2)G}{(1+i)^{n-1}}+\frac{A+(n-1)G}{(1+i)^n}$$

在上式两边各乘以 $\frac{1}{1+i}$，可得

$$\frac{P}{1+i}=\frac{A}{(1+i)^2}+\frac{A+G}{(1+i)^3}+\frac{A+2G}{(1+i)^4}+\cdots+\frac{A+(n-2)G}{(1+i)^n}+\frac{A+(n-1)G}{(1+i)^{n+1}}$$

由以上二式得

$$P-\frac{P}{1+i}=\frac{A}{(1+i)}+\frac{G}{(1+i)^2}+\frac{G}{(1+i)^3}+\cdots+\frac{G}{(1+i)^{n-1}}+\frac{G}{(1+i)^n}-\frac{A+(n-1)G}{(1+i)^{n+1}}$$

展开得

$$\frac{iP}{1+i}=\frac{A}{(1+i)}+\frac{G}{(1+i)^2}+\frac{G}{(1+i)^3}+\cdots+\frac{G}{(1+i)^{n-1}}+\frac{G}{(1+i)^n}-\frac{A}{(1+i)^{n+1}}-\frac{nG}{(1+i)^{n+1}}+\frac{G}{(1+i)^{n+1}}$$

两边再同时乘以（1+i）得

$$iP=A+\frac{G}{(1+i)}+\frac{G}{(1+i)^2}+\frac{G}{(1+i)^3}+\cdots+\frac{G}{(1+i)^{n-1}}+\frac{G}{(1+i)^n}-\frac{A}{(1+i)^n}-\frac{nG}{(1+i)^n}$$

化简得

$$\begin{aligned}iP&=A+\frac{G}{i}\left[1-\frac{1}{(1+i)^n}\right]-\frac{A}{(1+i)^n}-\frac{nG}{(1+i)^n}\\&=A\left(1-\frac{1}{(1+i)^n}\right)+\frac{G}{i}\left[1-\frac{1}{(1+i)^n}\right]-\frac{nG}{(1+i)^n}\\&=\left(A+\frac{G}{i}\right)\left[1-\frac{1}{(1+i)^n}\right]-\frac{nG}{(1+i)^n}\end{aligned}$$

两边同除以 i，得

$$P=\left(\frac{A}{i}+\frac{G}{i^2}\right)\left[1-\frac{1}{(1+i)^n}\right]-\frac{G}{i}\times\frac{n}{(1+i)^n}$$

公式（3-20）又可写作：

$$P=\frac{A}{i}\left[1-\frac{1}{(1+i)^n}\right]+\frac{G}{i^2}\left[1-\frac{1}{(1+i)^n}\right]-\frac{G}{i}\times\frac{n}{(1+i)^n}$$

因此可得

$$P=\frac{A}{i}\left[1-\frac{1}{(1+i)^n}\right]+\frac{G}{i}\left[\frac{(1+i)^n-1}{i(1+i)^n}-\frac{n}{(1+i)^n}\right] \quad (3-22)$$

当 $A=0$ 时，有

$$P=\frac{G}{i}\left[\frac{(1+i)^n-1}{i(1+i)^n}-\frac{n}{(1+i)^n}\right] \quad (3-23)$$

式中，$\frac{1}{i}\left[\frac{(1+i)^n-1}{i(1+i)^n}-\frac{n}{(1+i)^n}\right]$ 称为等差系列现值系数，用符号（P/G，

i，n）表示。于是，公式（3-23）又可记作：

$$P=G\ (P/G,\ i,\ n) \tag{3-24}$$

【例 3-10】某项目建成投产后第 1 年年末净收益为 5 万元，以后每年净收益会递增 2 万元。若年利率为 5%，10 年后其每年收益的现值总和是多少？

解：根据公式（3-22）得

$$P=\frac{A}{i}\left[1-\frac{1}{(1+i)^n}\right]+\frac{G}{i}\left[\frac{(1+i)^n-1}{i(1+i)^n}-\frac{n}{(1+i)^n}\right]$$

$$=\frac{5}{5\%}\left[1-\frac{1}{(1+5\%)^{10}}\right]+\frac{2}{5\%}\left[\frac{(1+5\%)^{10}-1}{5\%\times(1+5\%)^{10}}-\frac{10}{(1+5\%)^{10}}\right]$$

$$=101.913\ (万元)$$

因此，10 年后其净收益现值总和为 101.913 万元。

（2）等差系列终值公式

将 $F=P(1+i)^n$ 代入公式（3-22）得

$$F=\left(\frac{A}{i}+\frac{G}{i^2}\right)[(1+i)^n-1]-\frac{nG}{i} \tag{3-25}$$

该公式的经济含义是期初发生一笔现金流量 A，以后每期都以 G 的差额递增或递减，则经过 n 期以后，其现金流量的终值 F 是多少，其现金流量图如图 3-9 所示。

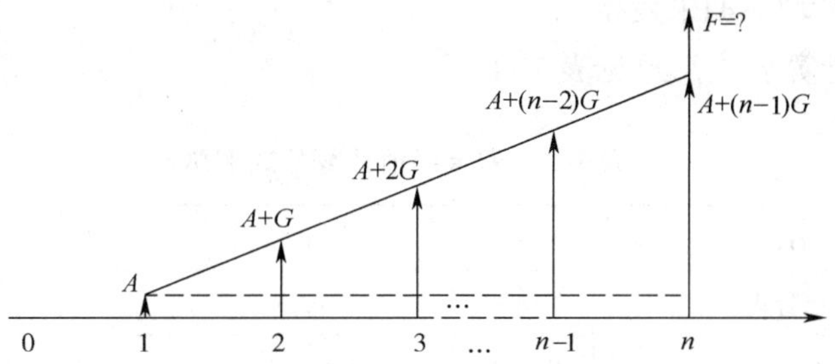

图 3-9　等差系列终值现金流量图

当 $A=0$ 时，

$$F=\frac{G}{i}\left[\frac{(1+i)^n-1}{i}-n\right] \tag{3-26}$$

式中，$\frac{1}{i}\left[\frac{(1+i)^n-1}{i}-n\right]$ 称为等差系列终值系数，用符号（F/G，i，n）表示，因此式（3-26）又可记作：

$$F=G\ (F/G,\ i,\ n) \tag{3-27}$$

【例 3-11】某设备投产后，第一年折旧 3 万元，以后每年折旧会递增 1 万元。若年利率为 5%，10 年后该设备的折旧总额是多少？

解：根据公式（3-25）可得

$$F=\left(\frac{A}{i}+\frac{G}{i^2}\right)[(1+i)^n-1]-\frac{nG}{i}$$

$$=\left(\frac{3}{5\%}+\frac{1}{5\%^2}\right)[(1+5\%)^{10}-1]-\frac{10\times 1}{5\%}$$

$$=89.292\ (万元)$$

所以，10 年后该设备的折旧总额为 89.292 万元。

(3) 等差系列年值公式

将公式 $F=A\left[\frac{(1+i)^n-1}{i}\right]$ 代入公式（3-25）可得等差系列年值公式：

$$A=G\left(\frac{1}{i}-\frac{n}{(1+i)^n-1}\right) \tag{3-28}$$

式中，$\left(\frac{1}{i}-\frac{n}{(1+i)^n-1}\right)$ 称为等差系列年值系数，用符号（A/G，i，n）表示，因此式（3-28）又可记作：

$$A=G\ (A/G,\ i,\ n) \tag{3-29}$$

3.3.2.4 资金等值系列公式中的基本假设条件

(1) 项目的期初投资 P 发生在现金流量图的 0 点。

(2) 本期的期末即是下期的期初。

(3) A 和 F 均在期末发生。

资金等值计算公式汇总见表 3-1。

表 3-1 资金等值计算公式汇总

类别	公式名称	已知	求	复利公式	复利系数公式
一次支付	终值公式	P	F	$F=P(1+i)^n$	$F=P\ (F/P,\ i,\ n)$
	现值公式	F	P	$P=F/(1+i)^n$	$P=F\ (P/F,\ i,\ n)$
等额支付	终值公式	A	F	$F=A\left[\frac{(1+i)^n-1}{i}\right]$	$F=A\ (F/A,\ i,\ n)$
	偿债基金公式	F	A	$A=F\left[\frac{i}{(1+i)^n-1}\right]$	$A=F\ (A/F,\ i,\ n)$
	现值公式	A	P	$P=A\left[\frac{(1+i)^n-1}{i(1+i)^n}\right]$	$P=A\ (P/A,\ i,\ n)$
	资金回收公式	P	A	$A=P\left[\frac{i(1+i)^n}{(1+i)^n-1}\right]$	$A=P\ (A/P,\ i,\ n)$
等差系列	终值公式	G	F	$F=\frac{G}{i}\left[\frac{(1+i)^n-1}{i}-n\right]$	$F=G\ (F/G,\ i,\ n)$

续表

类别	公式名称	已知	求	复利公式	复利系数公式
等差系列	现值公式	G	P	$P=\frac{G}{i}\left[\frac{(1+i)^n-1}{i(1+i)^n}-\frac{n}{(1+i)^n}\right]$	$P=G\ (P/G,\ i,\ n)$
	年值公式	G	A	$A=G\left(\frac{1}{i}-\frac{n}{(1+i)^n-1}\right)$	$A=G\ (A/G,\ i,\ n)$
	现值公式	$A,\ j$	P	$P=\frac{A}{i-j}\left[1-\left(\frac{1+j}{1+i}\right)^n\right]\ (i\neq j)$ $P=\frac{nA}{1+i}\ (i=j)$	$P=A\ (A/P,\ i,\ j,\ n)$

3.3.3 名义利率与有效利率

在现实生活中，当利率标明的时间单位与计息周期不一致时，就出现了名义利率（Nominal Interest Rate）和有效利率（Real Interest Rate）的区别。因此，名义利率仅存在于复利的计息中。假设现年利率为12%，每月计息1次，则月利率为12%÷12=1%，年末的有效利率 $i=(1+1\%)^{12}-1=12.68\%\neq12\%$，这就出现了不一致。其中，12%叫作名义年利率，12.68%叫作实际年利率。

3.3.3.1 间断式计息期内的有效年利率

设名义年利率为 r，在一年中计息 m 次，则每一计息周期的利率为 r/m。若年初借款为 P，则一年的本利和 $F=P\ (1+r/m)^m$，利息 $R=F-P=P\ (1+r/m)^m-P=P\times[(1+r/m)^m-1]$，实际年利率 $i=R/P=(1+r/m)^m-1$。

【例3-12】某企业向银行借款进行投资，有两种计息方式：A 年利率8%，按月计息；B 年利率8%，按半年计息。问该企业应选择哪一种计息方式进行贷款？

解： A 方式 $i_A=(1+8\%/12)^{12}-1=8.3\%$

B 方式 $i_B=(1+8\%/2)^2-1=8.16\%$

因为 $i_A>i_B$，所以应选 B 方案。

3.3.3.2 连续式计息期内的有效年利率

在企业或工程项目中，要是收入和支出几乎是在不间断流动的话，可以把它们看作连续的现金流。当涉及这个现金流的复利问题时，就是使用连续复利的概念，即在一年中按无限多次计息。此时可以认为 $m\to\infty$，求此时的有效利率，就是对 $i=(1+r/m)^m-1$ 求 $m\to\infty$ 时的极限，得 $i=e^r-1$。

3.3.3.3 名义利率和有效（年）利率的应用

（1）计息期为一年

此时，有效利率与名义利率相同，可直接运用资金等值计算的基本公式。

（2）计息期短于一年的等值计算

1）计息期与支付期相同。

【例 3-13】年利率为 12%，每半年计息一次，从现在起，连续 3 年，每半年为 1 000 元的等额支付，问与其等值的第 0 年的现值为多大？

解：$P=1\,000\times(P/A,\ 12\%/2,\ 2\times3)$

$=1\,000\times4.917\,3$

$=4\,917.3$（元）

2）计息期短于支付期。

【例 3-14】按年利率为 12%，每季度计息一次计算利息，从现在起连续 3 年的等额年末支付借款为 1 000 元，问与其等值的第 3 年年末的借款金额为多大？

解：

第一种方法：将名义利率转化为有效年利率，以一年为基础进行计算。

$$i=(1+12\%/4)^4-1=12.55\%$$

$$F=1\,000\text{元}\times(F/A,\ 12.55\%,\ 3)$$

$$=1\,000\text{元}\times3.392$$

$$=3\,392\text{（元）}$$

第二种方法：把等额支付的每一个支付看作为一次支付，求出每个支付的将来值，然后把将来值加起来，这个和就是等额支付的实际结果。有效利率 $i=12\%/4=3\%$，所以

$$F=1\,000\times(F/P,\ 3\%,\ 8)+1\,000\times(F/P,\ 3\%,\ 4)+1\,000$$

$$=3\,392\text{（元）}$$

第三种方法：取一个循环周期，使这个周期的年末支付转变成等值的计息期末的等额支付系列，其现金流量图如图 3-10 所示。

$$A=1\,000\times(A/F,\ 3\%,\ 4)$$

$$=1\,000\times0.239\,0$$

$$=239\text{（元）}$$

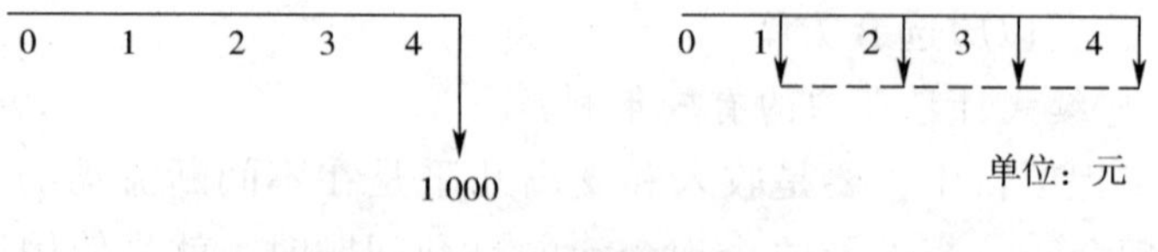

图 3-10　等值现金流量图

经转换后，支付期与计息期相同，可直接利用利息公式计算，并适用于其他两年。

$$F=239\times(F/A,\ 3\%,\ 12)$$

$$=239\times14.192$$

$$=3\,392\text{（元）}$$

通过三种方法计算表明，按年利率 12%，每季度计息一次，从现在起连续 3 年的 1 000 元等额年末借款与第 3 年年末的 3 392 元等值。

3）计息期长于支付期。以存款为例，通常规定存款必须满一个计息期时才计利息，即在计息期间存入的款项在该期不计息，要到下一期才计利息。因此，在计息期间存入的款项，相当于在下一个计息期初的存入；在计息期间提取的款项，相当于在前一个计息期末的支取。

【例 3-15】有一项财务活动的现金流量图如图 3-11 所示。如果年利率为 8%，按季计息，则这个现金流量年末的金额是多少？

解： $F=(400-200)\times(F/P,2\%,4)-100\times(F/P,2\%,3)+(300-250)\times(F/P,2\%,2)+100$

$=200\times1.082-100\times1.061+50\times1.040+100$

$=262.3$（元）

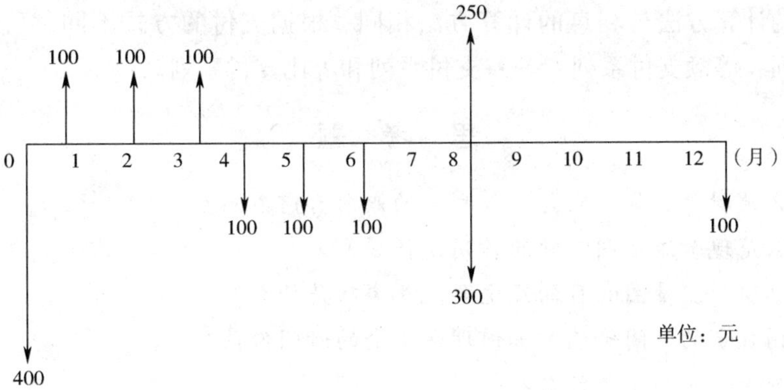

图 3-11　财务活动现金流量图

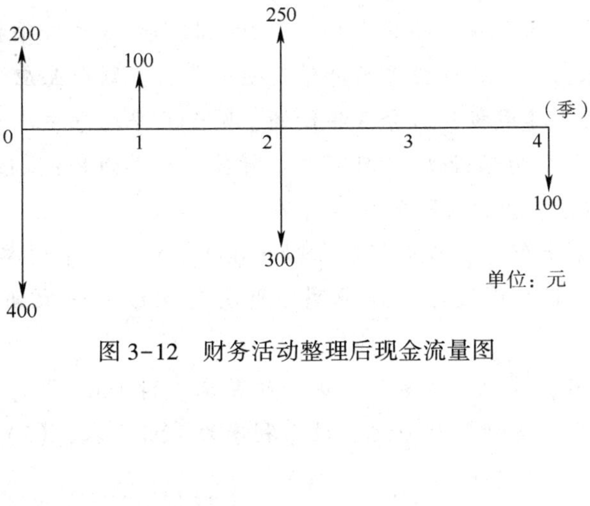

图 3-12　财务活动整理后现金流量图

本章小结

资金时间价值的含义表明资金在运动过程中增值的规律，这是项目投资的基础，同时也表明资金必须与时间因素相结合，才能体现出其真正的价值。从根本上说，资金时间价值是在社会生产和流通中随着时间的推移而产生的。

资金的时间价值是对建设项目、投资方案进行动态分析的出发点和依据，所有项目的经济评价都是基于资金时间价值这一原理的，因此研究资金的时间价值具有十分重要的现实意义。

衡量资金时间价值的绝对尺度是利息和利润，相对尺度是利息率和收益率。利息的计算分为单利和复利。

现金流量是拟建项目在整个项目计算期内各个时点上实际发生的现金流入、现金流出的统称。现金流量分为现金流入量、现金流出量和净现金流量。通常采用现金流量表和现金流量图的形式来描述特定系统在一段时间内发生的现金流量。资金等值的计算方法与利息的计算方法相同。根据支付的方式不同，可以分为一次支付系列、等额支付系列、等差支付系列和等比支付系列。

思 考 题

1. 什么是现金流量？它与会计利润的概念有何不同？

2. 什么是现金流量图？它的作用是什么？

3. 绘制现金流量图的目的及主要注意事项是什么？

4. 何谓资金的时间价值？如何理解资金的时间价值？

5. 资金等值的含义是什么？

6. 单利与复利的区别是什么？试举例说明。

7. 什么是终值、现值？

8. 什么是名义利率、有效利率？

9. 某项目建设期为 3 年，项目期初向银行贷款 100 万元，年利率为 10%。

求：(1) 若银行要求建成投产后即偿还全部贷款，则企业应还本利和多少钱？

(2) 若银行要求建成投产后分 3 年偿还，则企业平均每年应偿还多少钱？

10. 某企业于年初向银行借了 50 万元，贷款年利率为 8%，按季计息，到年底一次性还清。问该笔贷款的实际年利率为多少？

11. 某企业为扩大经营，现向银行贷款 1 000 万元，按年利率为 12% 的复利计算，若该企业在第 4 年的收益已经很高，则决定在该年一次还本付息，应偿还多少？

12. 现有一项目，其现金流量为：第一年年末支付 100 万元，第二年年末支付 150 万元，第三年年末支付 200 万元，设年利率为 12%，求：(1) 现值；(2) 第 3 年的终值。

13. 某设备价格为60万元，合同签订时付了20万元，然后采用分期等额付款方式，每半年付款一次，2年内全部付清。设年利率为12%，问每次应付多少钱?

14. 某项目采用分期还款的方式，连续5年每年年末偿还银行借款150万元，如果银行借款年利率为8%，按季计息，问截止到第5年年末，该项目累计还款的本利和是多少?

15. 某项目建成投产后第一年年末净收益为20万元，以后每年净收益会递增5万元。若年利率为6%，10年后其收益的现值总和是多少?

16. 某设备投产后，第一年折旧5万元，以后每年折旧会递增1万元。若年利率为6%，求：

(1) 10年后该设备的折旧总额是多少?

(2) 若每年折旧递增1%，则10年后该设备的折旧总额是多少?

17. 某家庭拟购买一套住宅，单价为3 000元/m^2，该家庭月收入为6 000元，其中30%可用来支付房款，银行可为其提供15年期的住房抵押贷款，贷款年利率为6%，抵押贷款价值比例最大为80%。问根据该家庭的支付能力最多可以购买多少平方米的住宅?

18. 某大学生为减轻家庭经济负担，申请了助学贷款，每年银行贷给学生6 000元，年利率为6%，按半年计息，则他在4年后毕业时，需还款总额为多少?若该生毕业后找到工作，每月的净收入预计为1 000元，每月月末按等额还款，还款额按净收入的50%计，问几年后，该大学生可还清贷款?

4 投资方案的评价与选择

【知识目标】

- 掌握工程项目静态经济评价指标。
- 掌握工程项目动态经济评价指标。
- 掌握投资方案的选择方法。

经济评价的指标是多种多样的，它们从不同角度反映项目的经济性。这些指标主要可以分为三大类：第一类是以时间单位计量的时间型指标，如借款偿还期、投资回收期等；第二类是以货币单位计量的价值型指标，如净现值、净年值、费用现值和费用年值等；第三类是反映资金利用效率的效率型指标，如投资收益率、内部收益率和净现值率等。由于这三类指标是从不同角度考察项目的经济性，因此，在对项目方案进行经济效益评价时，应当尽量同时选用这三类指标而不仅是单一指标。又由于项目方案的决策结构是多种多样的，因此各类指标的适用范围和应用方法也是不同的。

根据是否考虑资金的时间因素，经济评价方法可分为静态经济评价和动态经济评价。

静态评价方法是指在进行方案的效益和费用计算时，不考虑资金的时间价值，不进行复利计算的评价方法。因此，一般地讲，静态评价比较简单、直观、使用方便，但不够精确。该方法经常应用于可行性研究初始阶段的粗略分析和评价，以及方案的初选阶段。

动态评价方法在进行方案的效益和费用计算时，考虑了资金的时间价值，采用复利计算方法，把不同时间点的效益流入和费用流出折算为同一时间的等值价值，为方案的技术经济比较确立了相同的时间基础，并能反映未来时期的发展变化趋势。动态评价方法主要用于详细可行性研究中对方案的最终决策。动态评价是经济效益评价的主要评价方法。

4.1 静态经济评价指标

在经济效益评价中，不考虑资金时间因素的评价方法称为静态评价方法。静态评价方法主要有投资回收期法、投资收益率法、差额投资回收期法等。本任务主要讨论投资回收期法和投资收益率法，差额投资回收期法将在本项目任务 4.3 中讨论。

4.1.1 静态投资回收期法

4.1.1.1 静态投资回收期法的概念

投资回收期法，又叫投资返本期法或投资偿还期法。所谓投资回收期是指以项目的净收益抵偿全部投资所需时间，一般以年为计算单位，从项目投建之年算起，如果从投产年算起时，应予注明。投资回收期有静态和动态之分，关于动态投资回收期将在本项目任务 4.2 中介绍。

静态投资回收期是反映项目方案在财务上投资回收能力的重要指标，是考察项目盈利水平的经济效益指标。

4.1.1.2 静态投资回收期法的计算

静态投资回收期的计算公式为：

$$\sum_{t=0}^{P_t} (CI - CO)_t = 0 \tag{4-1}$$

式中 CI——现金流入量；

CO——现金流出量；

$(CI - CO)_t$——第 t 年的净现金流量；

P_t——静态投资回收期（年）。

静态投资回收期亦可根据全部投资的财务现金流量表中累计净现金流量计算求得，其详细计算公式为：

$$P_t = \left(\begin{matrix}\text{累计净现金流量}\\ \text{开始出现正值的年份数}\end{matrix}\right) - 1 + \frac{\text{上年累计净现金流量绝对值}}{\text{当年净现金流量}}$$

用投资回收期评价投资项目时，需要与同类项目的历史数据和投资者的意愿确定的基准投资回收期相比较。设基准投资回收期为 P_c，判别准则为：

若 $P_t \leq P_c$，则项目可以考虑接受；

若 $P_t > P_c$，则项目应予拒绝。

【例 4-1】某项目现金流量见表 4-1，基准投资回收期为 5 年，试用投资回收期法评价方案是否可行。

表 4-1 例 4-1 的现金流量表 单位：万元

年数	0	1	2	3	4	5	6
投资	1 000						
收入		500	300	200	200	200	200

解： $\sum_{t=0}^{P_t} (CI - CO)_t = -1\,000+500+300+200=0$

$P_t = 3$（年）

因为 $P_t < P_c$，所以方案可行。

【例 4-2】某项目现金流量见表 4-2，用投资项目财务分析中使用的现金流量表计算投资回收期。基准投资回收期为 9 年。

表 4-2 例 4-2 的现金流量表 单位：万元

项目 \ 年数	0	1	2	3	4	5	6	7	8~N
净现金流量	-6 000	0	0	800	1 200	1 600	2 000	2 000	2 000
累计净现金流量	-6 000	-6 000	-6 000	-5 200	-4 000	-2 400	-400	1 600	

解： $P_t = 7-1+\dfrac{400}{2\ 000} = 6.2$（年）<9，方案可以接受。

静态投资回收期的优点：第一，概念清晰，反映问题直观，计算方法简单；第二，也是最重要的，该指标不仅在一定程度上反映项目的经济性，而且反映项目的风险大小。项目决策面临着未来不确定因素的挑战，这种不确定性所带来的风险随着时间的延长而增加，因为离现实越远，人们所能确知的东西就越少。为了减少这种风险，就必然希望投资回收期越短越好。因此，作为能够反映一定经济性和风险性的投资回收期指标，在项目评价中具有独特的地位和作用，被广泛用作项目评价的辅助性指标。

静态投资回收期指标的缺点：第一，它没有反映资金的时间价值；第二，由于没有考虑回收期以后的收入与支出数据，故不能全面反映项目在寿命期内的真实效益，难以对不同方案的比较选择做出正确判断。

4.1.2 投资收益率法

4.1.2.1 投资收益率法的概念

投资收益率也叫作投资效果系数，是指项目达到设计生产能力后的一个正常年份的净收益额与项目总投资的比率。对生产期内各年的净收益额变化幅度较大的项目，则应计算生产期内年平均净收益额与项目总投资的比率。投资收益率法适用于项目处在初期勘察阶段或者项目投资不大、生产比较稳定的财务盈利性分析。

4.1.2.2 投资收益率法的计算

投资收益率的计算公式为：

$$R=\frac{NB}{K} \tag{4-2}$$

式中 K——投资总额，包括固定资产投资和流动资金等；

NB——项目达产后正常年份的净收益或平均净收益，包括企业利润和折旧；

R——投资收益率。

投资收益率指标未考虑资金的时间价值，而且没有考虑项目建设期、寿命期等众多经济数据，故一般仅用于技术经济数据尚不完整的初步可行性研究阶段。

用投资收益率指标评价投资方案的经济效果，需要与同类项目的历史数据及投资者意愿等确定的基准投资收益率作比较。设基准投资收益率为 R_b，判别准则为：

若 $R \geqslant R_b$，则项目可以考虑接受；

若 $R < R_b$，则项目应予以拒绝。

【例 4-3】某项目经济数据见表 4-3，假定全部投资中没有借款，现已知基准投资收益率为 15%，试以投资收益率指标判断项目取舍。

解：由表中数据可得

$$R=\frac{200}{750}\approx 0.27$$

由于 $R > R_b$，故项目可以考虑接受。

表 4-3 某项目的投资及年净收入 单位：万元

项目 \ 年数	0	1	2	3	4	5	6	7	8	9	10	合计
(1) 建设投资	180	240	80									500
(2) 流动资金			250									250
(3) 总投资 = (1) + (2)	180	240	330									750
(4) 收入				300	400	500	500	500	500	500	500	3 700
(5) 总成本				250	300	350	350	350	350	350	350	2 650
(6) 折旧				50	50	50	50	50	50	50	50	400
(7) 净收入 = (4) - (5) + (6)				100	150	200	200	200	200	200	200	1 450
(8) 累积净现金流量	-180	-420	-750	-650	-500	-300	-100	100	300	500	700	

4.1.3 静态评价方法小结

（1）工程技术经济分析的静态评价方法是一种在世界范围内被广泛应用的方法，它的最大优点是简便、直观，主要适用于方案的粗略评价。

（2）静态投资回收期、投资收益率等指标都要与相应的基准值比较，由此形成评价方案的约束条件。

（3）静态投资回收期和投资收益率是绝对指标，即只能判断方案可行与否，不能判断两个或两个以上的方案孰优孰劣。

（4）静态评价方法也有一些缺点：

1）不能客观地反映方案在寿命期内的全部经济效果。

2）未考虑各方案经济寿命的差异对经济效果的影响。

3）没有引入资金的时间因素，当项目运行时间较长时，不宜用这种方法进行评价。

4.2 动态经济评价指标

考虑资金时间价值的评价方法叫动态评价方法。它以等值计算公式为基础，把投资方案中发生在不同时点的现金流量转换成同一时点的值或者等值序列，计算出方案的特征值（指标值），然后依据一定的指标并在满足时间可比的条件下进行评价比较，以确定较优方案。

常用的动态评价方法主要有现值法、年值法、净现值率法、动态投资回收期法和内部收益率法等。

4.2.1 现值法

现值法即通过估算自然资源未来预期收益，并按一定的贴现率折算成现值，借以确定被评估自然资源价值的一种资产评估方法，也是内在价值的计算方法。

4.2.1.1 净现值法

（1）净现值法的概念

净现值法是在建设项目的财务评价中计算投资经济效果的一种常用的动态分析方法。净现值是指按一定的折现率（基准收益率），将方案寿命期内各年的净现金流量折现到计算基准年（通常是期初）的现值累加值。

（2）净现值法的计算

净现值的计算公式为：

$$NPV = \sum_{t=0}^{n} (CI - CO)_t (P/F, \ i_0, \ t) \tag{4-3}$$

式中　i_0——基准收益率（基准折现率）；

NPV——方案净现值；

n——计算期。

净现值的判别准则：由于是按基准收益率计算，因此净现值的大小是按基准收益率所表明的投资收益率来衡量项目方案的。对单一方案而言，若 $NPV \geqslant 0$，表示项目实施后的收益率不小于基准收益率，方案予以接受；若 $NPV<0$，表示项目的收益率未达到基准收益率，应拒绝方案。多方案比较时，以净现值大的方案为优。

【例 4-4】某企业基建项目设计方案总投资为 1 995 万元，投产后年经营成本为 500 万元，年销售额为 1 500 万元，第三年年末工程项目配套追加投资 1 000 万元，若计算期为 5 年，基准收益率为 10%，残值等于零。试计算投资方案的净现值。

解：现金流量图如图 4-1 所示。

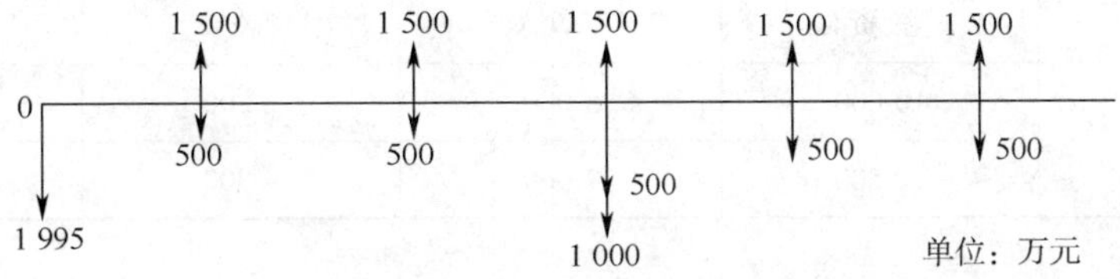

图 4-1　项目现金流量图

$$
\begin{aligned}
NPV &= -1\ 995+1\ 500\ (P/A,\ 0.1,\ 5)\ -500\ (P/A,\ 0.1,\ 5)\ -1\ 000\ (P/F,\ 0.1,\ 3) \\
&= -1\ 995+1\ 500\times 3.790\ 8-500\times 3.790\ 8-1\ 000\times 0.751\ 3 \\
&= -1\ 995+3\ 790.8-751.3 \\
&= 1\ 045>0
\end{aligned}
$$

该基建项目净现值 1 045 万元，说明该项目实施后的经济效益除达到 10%的收益率外，还有 1 045 万元收益现值。

净现值也可以采用财务现金流量表来计算，【例 4-4】的净现值见表 4-4。

表 4-4　财务现金流量表　　单位：万元

年限 ①	费用		销售收入 ④	净现金流量 ⑤=④-③-②	现值系数 (P/F, 10%, t) ⑥	第 t 年净值 ⑦=⑤×⑥	累计净现值 ⑧
	投资 ②	经营成本 ③					
0	1 995	0	0	-1 995	1. 000 0	-1 995	-1 995
1		500	1 500	1 000	0. 909	909	-1 086
2		500	1 500	1 000	0. 826	826	-260
3	1 000	500	1 500	0	0. 751	0	-260
4		500	1 500	1 000	0. 683	683	423
5		500	1 500	1 000	0. 621	621	1 044

【例 4-5】现有两种可选择的小型机床，其有关资料见表 4-5，它们的使用寿命相同，都是 5 年，基准折现率为 8%，试用净现值法评价选择最优可行机床方案。

解：

第一步：计算两方案 *NPV* 值。

$$
\begin{aligned}
NPV_A &= -10\ 000+\ (5\ 000-2\ 200)\ \times\ (P/A,\ 8\%,\ 5)\ +2\ 000\times\ (P/F,\ 8\%,\ 5) \\
&= -10\ 000+2\ 800\times 3.993+2\ 000\times 0.680\ 66\approx 2\ 542\ (\text{元})
\end{aligned}
$$

NPV_B =−12 500+（7 000−4 300）×（P/A，8%，5）+3 000×（P/F，8%，5）
=−12 500+2 700×3.993+3 000×0.680 66≈323（元）

表 4-5　机床有关资料　　单位：元

项目方案	投资	年收入	年支出	净残值
机床 A	10 000	5 000	2 200	2 000
机床 B	12 500	7 000	4 300	3 000

第二步：比较。

因为 NPV_A>0，NPV_B>0，所以机床 A、B 两个方案除均能达到 8%的基准收益率外，还能分别获得 2 541 元和 323 元的超额净现值收益，说明两个方案在经济上都是可行的，但由于 NPV_A>NPV_B，故机床 A 为较优方案。

（3）净现值函数

所谓净现值函数就是指 NPV 随折现率 i 变化的函数关系。从净现值的计算公式（4−3）可知，当方案的净现金流量固定不变而折现率 i 变化时，则净现值 NPV 将随 i 的增大而减小，若 i 连续变化，则可能得出 NPV 值随 i 变化的函数曲线，此即净现值函数。例如，某项目于第 0 年年投资 1 000 万元并投产，在寿命期 4 年内每年净现金流量为 400 万元，该项目的净现金流量及其净现值函数随折现率变化而变化的对应关系见表 4−6。

表 4-6　某项目净现金流量及其净现值函数　　单位：万元

年数	净现金流量/万元	折现率/%	NPV（i）=−1 000+400（P/A，i，4）
0	−1 000	0	600
1	400	10	268
2	400	20	35
3	400	22	0
4	400	30	−133
		40	−260
		50	−358
		∞	−1 000

根据表 4−6 的数据，用纵坐标表示净现值 NPV，横坐标表示折现率 i，绘制的净现值函数曲线如图 4−2 所示。

从图 4−2 中可以发现净现值函数具有以下特点：

1）同一净现金流量的净现值随 i 的增大而减小，故若基准折现率 i_0 越大，则净现值就越小，甚至为零或负值，因而可被接受的方案也就越少。

2）净现值随折现率的增大可从正值变为负值，因此，必然会有当 i 为某一数值 i^* 时，使得净现值 $NPV=0$，如图 4-2 所示，当 $i<i^*$ 时，$NPV(i)>0$；当 $i>i^*$ 时，$NPV(i)<0$；只有当净现值函数曲线与横坐标相交时（即图中 $i^*=22\%$），$NPV(i)=0$。i^* 是一个具有重要经济意义的折现率临界值，后面还要对它作详细分析。

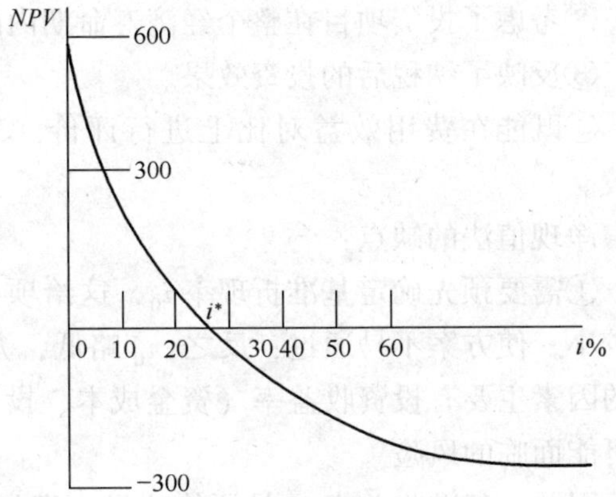

图 4-2　净现值函数曲线

（4）净现值对 i 的敏感性问题

表 4-7 中列出了两个互相排斥的方案 A 和方案 B 的净现金流量及其在折现率分别为 10%和 20%时的净现值。由表 4-7 可知，在 i 为 10%和 20%时，两方案的净现值均大于零。根据净现值越大越好的原则，当 $i=10\%$ 时，$NPV_A>NPV_B$，故方案 A 优于方案 B；当 $i=20\%$ 时，$NPV_A<NPV_B$，则方案 B 优于方案 A。这一现象对投资决策具有重要意义。例如，假设在一定的基准折现率 i_0 和投资总限额 K_0 下，净现值大于零的项目有 5 个，其投资总额恰为 K_0，故上述项目均被接受，按净现值的大小，设其排列顺序为 A、B、C、D、E。但若现在的投资总额必须压缩，减至 K_1 时，新选项目是否仍然会遵循 A、B、C、D、E 的原则顺序直至达到投资总额为止呢？一般是不会的。因为随着投资现额的减少，为了减少被选取的方案数（准确地说，是减少被选取项目的投资总额），应该提高基准折现率，但基准折现率提高到某一数值时，由于各项目方案净现值对基准折现率的敏感性不同，原先净现值小的项目，其净现值现在可能大于原先净现值大的项目。因此，在基准折现率随着投资总额变动的情况下，按净现值准则选择项目不一定会遵循原有的项目排列顺序。所以，基准折现率是投资项目经济效果评价中一个十分重要的参数。

表 4-7　方案 A、B 在基准折现率变动时的净现值　　单位：万元

项目 方案	0	1	2	3	4	5	NPV 10%	NPV 20%
A	-230	100	100	100	50	50	83.91	24.81
B	-100	30	30	30	30	30	75.40	33.58

（5）净现值法的优缺点

净现值法的优点：

①考虑了投资项目在整个经济寿命期内的收益，在决定短期利益时常常使用

某年的“净利润”一词，而净现值则往往在决定长期利益时使用。

②考虑了投资项目在整个经济寿命期内的更新或追加投资。

③反映了纳税后的投资效果。

④既能在费用效益对比上进行评价，又能和别的投资方案进行同收益率的比较。

净现值法的缺点：

①需要预先确定基准折现率 i_0，这给项目决策带来了困难。i_0 定得略高，NPV 比较小，使方案不易通过；反之，i_0 略低，方案容易被通过。影响基准折现率 i_0 大小的因素主要有投资收益率（资金成本、投资的机会成本等）、通货膨胀率以及项目可能面临的风险。

因此，基准收益率 i_0 是评价项目方案经济效益的合理性尺度，是选择方案的决策标准。国家发改委按照企业和行业的平均投资收益率，并考虑了产业政策、资源劣化程度、技术进步和价格变动等因素，分行业确定并颁布了基准收益率。基准收益率是国家对投资进行调控的一种手段。

②用净现值比选方案时，没有考虑到各方案投资额的大小，因而不能直接反映资金的利用效率。例如 A、B 两个方案，A 方案投资总额为 1 000 万元，净现值为 10 万元；B 方案投资总额为 50 万元，净现值为 5 万元。如按净现值比选方案，因为 $NPV_A > NPV_B$，所以 A 优于 B。但 A 方案的投资总额是 B 方案的 20 倍，但净现值却只有 B 的 2 倍，如果建 20 个 B 方案，净现值可达 100 万元，显然 B 方案的资金利用率高于 A 方案。为了考虑资金的利用效率，通常用净现值率作为净现值的辅助指标，此内容将在后面作进一步讨论。

4.2.1.2 费用现值法

（1）费用现值法的概念

在对多个方案比较选优时，如果诸方案产出价值相同，或者诸方案能够满足同样需要，但其产出效益难以用价值形态计量（如环保、教育、保健和国防）时，可以通过对各方案费用现值或费用年值的比较进行选择。

费用现值法就是把不同方案计算期内的各年年成本按基准收益率换算成基准年的现值和，再加上方案的总投资现值。费用现值越小，其方案经济效益越好。

（2）费用现值法的计算

考虑资金时间的费用现值公式为：

$$
\begin{aligned}
PC &= \sum_{t=0}^{n} CO_t(P/F,\ i_0,\ t) \\
&= \sum_{t=0}^{n} (K + c' - S_v - W)_t(P/F,\ i_0,\ t)
\end{aligned}
\tag{4-4}
$$

式中 PC——费用现值或现值成本；

c'——年经营成本；

S_v——计算期末回收的固定资产余值；

W——计算期末回收的流动资金。

【例 4-6】某项目有三个方案 A、B、C 均能满足同样的需要，其费用数据见表 4-8。在基准折现率为 10%的情况下，试用费用现值法确定最优方案。

解：$PC_A=200+80（P/A，10\%，10）=691.6$（万元）

$PC_B=300+50（P/A，10\%，10）=607.25$（万元）

$PC_C=500+20（P/A，10\%，10）=622.9$（万元）

根据费用最小的选优原则，方案 B 最优，C 次之，A 最差。

表 4-8　三个方案的费用数据　　单位：万元

方案	总投资 （第 0 年年末）	年费用 （第 1 年到第 10 年年末）
A	200	80
B	300	50
C	500	20

在运用费用现值法进行多方案比较时，应注意以下两点：

①各方案除费用指标外，其他指标和有关因素应基本相同，如产量、质量、收入应基本相同，在此基础上比较费用的大小。

②被比较的各方案，特别是费用现值只能反映费用的大小，而不能反映净收益情况，所以这种方法只能判断方案优劣，而不能用于判断方案是否可行。

4.2.2　年值法

年值（金）法是把每个方案在寿命周期内不同时点发生的所有现金流量都按设定的收益率（基准收益率）换算成与其等值的等额支付序列年值（金）。由于换算为各年的等额现金流量，满足了时间上的可比性，因此可据此进行不同寿命期方案的评价、比较和选择。

4.2.2.1　净年值法

（1）净年值法的概念

净年值法是将方案各个不同时点的净现金流量按基准收益率折算成与其等值的整个寿命期内的等额支付序列年值后再进行评价、比较和选择的方法。

（2）净年值法的计算

净年值的计算公式为：

$$
\begin{aligned}
NAV &= NPV(A/P,\ i_0,\ n) \\
&= \left[\sum_{t=0}^{n}(CI-CO)_t(A/P,\ i_0,\ t)\right](A/P,\ i_0,\ n) \qquad (4\text{-}5)
\end{aligned}
$$

式中　NAV——净年值。

判别准则：在独立方案或单一方案评价时，$NAV\geqslant 0$，方案可行；$NAV<0$，拒

绝接受方案。在多方案比较时，净年值越大，方案经济效果越好。

显而易见，净年值的经济意义是方案在寿命期内除每年获得按基准收益率计算的收益外，还可获得等额的超额净收益。

将式（4-5）与式（4-3）相比较可知，净年值与净现值两个指标的比值为一常数，在评价方案时，结论总是一致的。因此，就项目的评价结论而言，净年值与净现值是等效评价指标。净现值给出的信息是项目在整个寿命期内获取的超出最低期望盈利的超额净收益现值，净年值给出的信息是项目在寿命期内每年的等额超额净收益。由于在某些决策结构形式下，采用净年值更为简便和易于计算，特别是净年值指标可直接用于寿命期不等的多方案比较，故净年值指标在经济评价指标体系中占有相当重要的地位。

【例 4-7】某投资方案的净现金流量如图 4-3 所示，设基准收益率为 10%，求该方案的净年值。

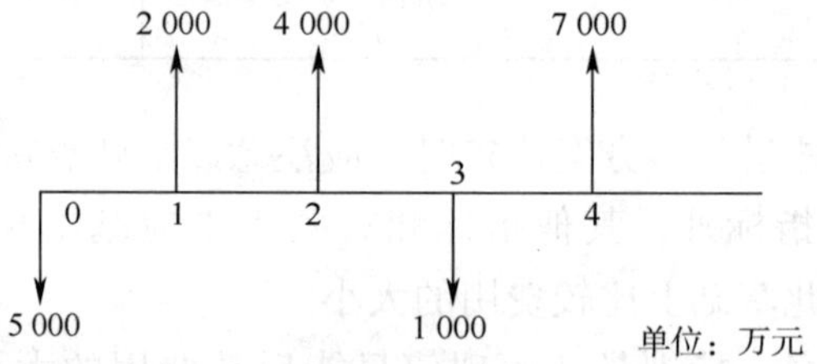

图 4-3　投资方案现金流量

解：（1）用现值求。

$$NAV=[-5\,000+2\,000(P/F,10\%,1)+4\,000(P/F,10\%,2)-1\,000(P/F,10\%,3)+7\,000(P/F,10\%,4)](A/P,10\%,4)=1\,311\text{（万元）}$$

（2）用终值求。

$$NAV=[-5\,000(P/F,10\%,4)+2\,000(F/P,10\%,3)-4\,000(F/P,10\%,2)-1\,000(F/P,10\%,1)+7\,000](A/F,10\%,4)=1\,311\text{（万元）}$$

4.2.2.2　费用年值法

（1）费用年值法的概念

与净现值和净年值指标的关系类似，费用年值与费用现值也是一对等效评价指标，费用年值是将方案计算期内不同时点发生的所有费用支出，按基准收益率折算成与其等值的等额支付序列年费用。

（2）费用年值法的计算

$$AC=\left[\sum_{t=0}^{n}CO_t(P/F,i_0,t)\right](A/P,i_0,n)$$

$$= \left[\sum_{t=0}^{n}(K+c'-S_v-W)_t(P/F,\ i_0,\ t)\right](A/P,\ i_0,\ n) \qquad (4\text{-}6)$$

式中 AC——费用年值或年值成本。

【例 4-8】两种机床资料见表 4-9，基准收益率为 15%，试用费用年值法比较选择最优可行方案。

表 4-9 资料数据

机床	投资/万元	年经营费用/万元	净残值/万元	使用寿命/年
A	3 000	2 000	500	3
B	4 000	1 600	0	5

解： AC_A = ［3 000+2 000（P/A，15%，3）−500（P/F，15%，3）］（A/P，15%，3）

= 3 170（万元）

AC_B = ［4 000+1 600（P/A，15%，5）］（A/P，15%，5）

= 2 793（万元）

机床 B 为较优方案。

4.2.3 净现值率法

4.2.3.1 净现值率法的概念

净现值率反映了投资资金的利用效率，常作为净现值指标的辅助指标。净现值率是指按基准折现率求得的方案计算期内的净现值与其全部投资现值的比率。

4.2.3.2 净现值率法的计算

净现值率的计算公式为：

$$NPVR = \frac{NPV}{K_p} \qquad (4\text{-}7)$$

式中 $NPVR$——净现值率；

K_p——项目总投资现值。

净现值率的经济含义是单位投资现值所取得的净现值额，也就是单位投资现值所取得的超额净效益。净现值率的最大化将有利于实现有限投资取得净贡献的最大化。

净现值率法的判别准则：

用净现值率评价方案时，当 $NPVR \geq 0$ 时，方案可行；当 $NPVR<0$ 时，方案不可行。

用净现值率进行方案比较时，以净现值率较大的方案为优。净现值率法主要适用于多方案的优劣排序。

【例 4-9】某工程有 A、B 两种方案均可行，现金流量见表 4-10，当基准折现率为10%时，试用净现值法和净现值率法比较择优。

表4-10　A、B方案的现金流量　　　单位：万元

年份 项目	0		1		2		3		4		5	
	A	B	A	B	A	B	A	B	A	B	A	B
投资现金流入	2 000	3 000	1 000	1 500	1 500	2 500	1 500	2 500	1 500	2 500	1 500	2 500
现金流出	0		400	1 000	500	1 000	500	1 000	500	1 000	500	1 000

解：按净现值判断。

$$NPV_A = -2\,000 + (1\,000-400)(P/F, 10\%, 1) + (1\,500-500)(P/A, 10\%, 4)(P/F, 10\%, 1) = 1\,427 \text{（万元）}$$

$$NPV_B = -3\,000 - 1\,000(P/A, 10\%, 5) + 1\,500(P/F, 10\%, 1) + 2\,500(P/A, 10\%, 4)(P/F, 10\%, 1) = 1\,777 \text{（万元）}$$

因为 $NPV_A>0$，$NPV_B>0$，且 $NPV_A<NPV_B$，故方案B为优选方案。

按净现值率判断。

$$NPVR_A = 1\,427/2\,000 = 0.713\,5$$

$$NPVR_B = 1\,777/3\,000 = 0.592\,3$$

$$NPVR_A > NPVR_B$$

方案A为优选方案，与净现值法的结论相反。

由此可见，当投资额不相同时，除应用净现值法外，往往需要进行净现值率的计算，只有这样才能做出正确的评价。如单纯采用净现值率对方案进行选择，可能会导致不正确的结论，*NPVR* 最大准则仅适用于投资额相近的方案选择。

上面计算方案的净现值率为0.713 5，其含义是方案除了有10%的基准收益率外，每万元现值投资尚可获得0.713 5万元的净收益。

4.2.4　动态投资回收期法

4.2.4.1　动态投资回收期法的概念

所谓动态投资回收期，是在考虑资金时间价值的条件下，按设定的基准收益率收回投资所需的时间。它克服了静态投资回收期未考虑时间因素的缺点。

4.2.4.2　动态投资回收期法的计算

动态投资回收期可由下式求得：

$$P_D = \sum_{t=0}^{P_D} (CI - CO)_t (1 + i_0)^{-t} \tag{4-8}$$

式中　P_D——动态投资回收期。

式中的 P_D 是指按基准收益率将各年净收益和投资折现，使净现值刚好等于零

的计算期期数。

也可用全部投资的财务现金流量表中的累计净现值计算求得，其详细计算式为：

$$P_D = \begin{pmatrix}\text{累计净现值开始}\\ \text{出现正值年份数}\end{pmatrix} -1+ \frac{\text{上年累计净现值绝对值}}{\text{当年净现值}} \tag{4-9}$$

用动态投资回收期评价投资项目的可行性需要与基准动态投资回收相比较。设基准动态投资回收期为 P_b，判别准则为：若 $P_D \leqslant P_b$，项目可以被接受，否则应予以拒绝。

【例 4-10】用【例 4-2】的数据计算动态投资回收期，并对项目的可行性进行判断（$i_0 = 10\%$）。

解： $P_D = 9-1+\dfrac{497.55}{848.2} \approx 8.59$（年）<9 年

该方案可以接受。

4.2.5 内部收益率法

4.2.5.1 内部收益率法的概念

内部收益率又称内部报酬率，它是除净现值以外的另一个重要的动态经济评价指标。净现值是求所得与所用的绝对值，而内部收益率是求所得与所用的相对值。

所谓内部收益率是指项目在计算期内各年净现金流量现值累计（净现值）等于零时的折现率。

4.2.5.2 内部收益率法的计算

内部收益率可由下式计算得到：

$$\sum_{t=0}^{n} (CI - CO)_t (P/F,\ IRR,\ t) = 0 \tag{4-10}$$

式中 IRR——内部收益率。

内部收益率的几何意义可以在图 4-2 中得到解释。由图 4-2 可知，随着折现率的不断增大，净现值不断减小。当折现率增至 22%时，项目净现值为零。对该项目而言，其内部收益率即为 22%。一般而言，IRR 是 NPV 曲线与横坐标交点处对应的折现率。

内部收益率的判别准则：计算求得内部收益率 IRR 要与项目的基准收益率 i_0 相比较，当 $IRR \geqslant i_0$ 时，则表明项目的收益率已达到或超过基准率水平，项目可行；反之，当 $IRR < i_0$ 时，则表明项目不可行。

由于式（4-10）是一个高次方程，直接用式（4-10）进行计算是比较复杂的。因此，在实际应用中通常采用“线性插值法”求 IRR，如图 4-4 所示。其求解步骤如下：

（1）计算方案各年的净现金流量。

（2）在满足下列两个条件的基础上预先估计两个适当的折现率 i_1 和 i_2。

1）$i_1 < i_2$ 且（$i_2 - i_1$）$\leqslant 5\%$。

2）NPV（i_1）>0，NPV（i_2）<0。

如果预估的 i_1 和 i_2 不满足这两个条件要重新预估，直至满足条件。

（3）用线性插值法近似求得内部收益率 IRR，如图 4-4 所示。

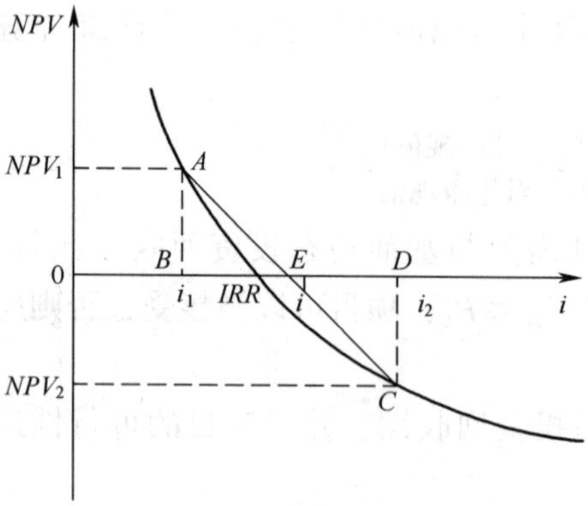

图 4-4　线性插值法求 IRR

因为

$$\triangle ABE \backsim \triangle CDE$$

所以

$$AB : CD = BE : DE$$

即

$$NPV_1 \mid NPV_2 \mid = BE[(i_2 - i_1) - BE]$$

$$IRR = i_1 + BE = i + \frac{NPV_1}{NPV_1 - \mid NPV_2 \mid}(i_2 - i_1)$$

式中　NPV_1——用 i_1 计算的净现值（正值）；

NPV_2——用 i_2 计算的净现值（负值）；

i_1——插值用的低折现率；

i_2——插值用的高折现率。

【例 4-11】某工程的现金流量见表 4-11，基准收益率为 10%，试用内部收益率法分析该方案是否可行。

表 4-11　某工程的现金流量　　单位：万元

年份	0	1	2	3	4	5
现金流量	−2 000	300	500	500	500	1 200

解：设 $i_1 = 12\%$，$i_2 = 14\%$

NPV（i_1）$= -2\,000 + 300$（P/F，12%，1）$+500$（P/A，12%，3）（P/F，12%，1）$+1\,200$（P/F，12%，5）

$= -2\,000 + 300 \times 0.892\,9 + 500 \times 2.401\,8 \times 0.892\,9 + 1\,200 \times 0.567\,4$

$= 21.12$（万元）>0

NPV（i_2）$= -2\,000 + 300$（P/F，14%，1）$+500$（P/A，14%，3）（P/F，14%，1）$+1\,200$（P/F，14%，5）

$= -9$（万元）<0

可见，IRR 在 12%～14%：

$$IRR = i_1 + \frac{NPV(i_1)}{NPV(i_1) + \mid NPV(i_2) \mid}(i_2 - i_1) = 12\% + \frac{21}{21+9} \times (14\% - 12\%) \approx 13.4\%$$

$IRR=13.4\%>10\%$，该方案可取。

4.2.5.3　内部收益率的经济含义

内部收益率是用于研究项目方案全部投资的经济效益问题的指标，其数值的大小表达的并不是一个项目初始投资的收益率，而是尚未回收的投资余额的年盈利率。内部收益率的大小与项目初始投资和项目在寿命期内各年的净现金流量的大小有关。

【例 4-12】某企业用 10 000 元购买设备，计算期为 5 年，各年的现金流量图如图 4-5 所示。

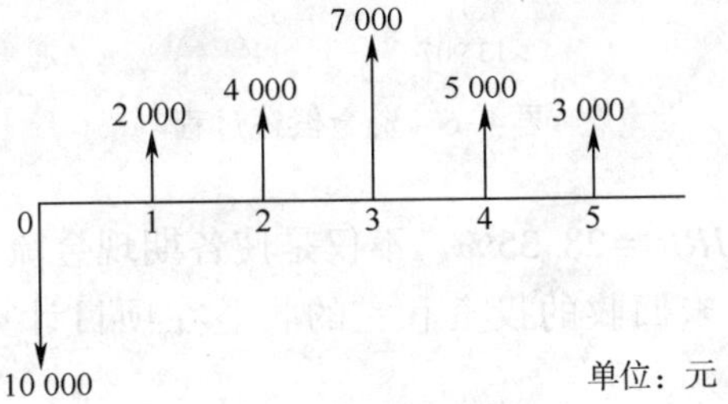

图 4-5　设备现金流量图

解：$NPV=-10\,000+2\,000(P/F,i,1)+4\,000(P/F,i,2)+7\,000(P/F,i,3)+5\,000(P/F,i,4)+3\,000(P/F,i,5)=0$

以 $i_1=28\%$代入，得 $NPV_1=79$（元）

以 $i_2=30\%$代入，得 $NPV_2=-352$（元）

$$IRR=28\%+\frac{79}{79+352}\times(30\%-28\%)=28.35\%$$

以 $IRR=28.35\%$计算图中的现金流量，按此利率计算收回全部投资的年限，见表 4-12。

表 4-12　投资余额利息计算表　　单位：元

年限	t 期期初未回收的投资	t 至 t+1 期获得的盈利	t 期期末的现金流量	t+1 期期初未回收的投资
	①	②=①·i	③	④=①+②+③
0			-10 000	-10 000
1	-10 000	-2 835	2 000	-10 835
2	-10 835	-3 072	4 000	-9 907
3	-9 907	-2 809	7 000	-5 716
4	-5 716	-1 621	5 000	-2 337
5	-2 337	-663	3 000	0

在 5 年内现金收入偿还投资过程如图 4-6 所示。

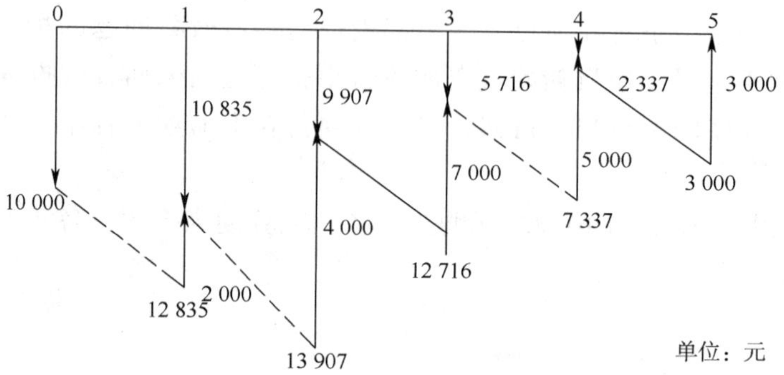

图 4-6 资金偿还过程

从图 4-6 中可知，$IRR = 28.35\%$，不仅是使各期现金流量的现值之和为零的折现率，而且也是使各年未回收的投资和它的收益在项目计算期终了时代数和为零的折现率。

内部收益率的经济含义可以这样理解：在项目的整个寿命期内按利率 $i = IRR$ 计算，始终存在未能收回的投资，而在寿命期结束时，投资恰好被完全收回。也就是说，在项目寿命期内，项目始终处于“偿付”未被收回的投资的状况。因此，项目的“偿付”能力完全取决于项目内部，故有“内部收益率”之称。

由例 4-12 可知，内部收益率的经济含义还有另一种表达方式，即它是项目寿命期内没有回收的投资的盈利率。它不是初始投资在整个寿命期内的盈利率，因而它不仅受到项目初始投资规模的影响，而且受项目寿命期内各年净收益大小的影响。

4.3 投资方案的选择

对技术项目方案进行经济评价时，一般常遇到两种情况：一种是单方案评价，即投资项目只有一种技术方案或独立的项目方案可供评价；另一种是多方案评价，即投资项目有几种可供选择的技术方案。对单方案的评价，采用前述的经济指标就可以决定项目的取舍。但是，在实践中，由于决策结构的复杂性，往往只有对多方案进行比较评价，才能决策出技术上先进适用、经济上合理有利、社会效益大的最优方案。

多方案的动态评价方法的选择与参加比选的项目方案的类型（即项目方案之间的相互关系）有关。按方案之间的经济关系可分为相关方案与非相关方案。如果采纳或放弃某一方案并不显著地改变另一方案的现金流系列，或者不影响另一方案，则认为这两个方案在经济上是不相关的。如果采纳或放弃某一方案显著地改变了其他方案的现金流系列，或者要影响其他方案，则认为这两个（或多个）

方案在经济上是相关的。为了叙述上的方便，根据方案的性质，可将方案分为三种类型：①互斥型，即在多方案中只能选择一个，其余方案必须放弃。方案不能同时存在，方案之间的关系具有互相排斥的性质。②独立型，作为评价对象的各个方案的现金流量是独立的，不具有相关性，且任一方案的采用与否都不影响其他方案是否采用的决策。即方案之间不具有排斥性，采纳一方案并不要求放弃另外的方案。如果决策的对象是单一方案，则可以认为是独立方案的特例。③混合型，在方案群内包括的各个方案之间既有独立关系，又有互斥关系。不同类型方案的评价指标和方法是不同的，但比较的宗旨只有一个：最有效地分配有限的资金，以获得最好的经济效益。下面我们来分别分析。

4.3.1　互斥方案的选择

在对互斥方案进行评价时，经济效果评价包含了两部分的内容：一是考察各个方案自身的经济效果，即进行绝对效果检验，用经济效果评价标准（如 NPV_0、NAV_0、IRR_{i_0}）检验方案自身的经济性，称为“绝对（经济）效果检验”。凡通过绝对效果检验的方案，就认为它在经济上是可以接受的，否则就应予以拒绝。二是考察哪个方案相对最优，称为“相对（经济）效果检验”。一般先用绝对经济效果方法筛选方案，然后以相对经济效果方法优选方案。其步骤如下：

（1）按项目方案投资额大小对方案进行排序。

（2）以投资额最低的方案为临时最优方案，计算此方案的绝对经济效果指标，并与判别标准比较，直至成立。

（3）依次计算各方案的相对经济效益，并与判别标准如基准收益率比较，优胜劣汰，最终取胜者即为最优方案。

在任务 4.2 中介绍的投资回收期、净现值、净年值、内部收益率均是绝对经济效益指标。关于相对经济效益指标将在下面作介绍。

对互斥型方案进行比较时，必须具备以下几个基本条件：

（1）被比较方案的费用及效益计算方式一致。

（2）被比较方案在时间上可比。

（3）被比较方案现金流量具有相同的时间特征。

如果以上条件不能满足，则各个方案之间不能进行直接比较，必须经过一定转化后方能进行比较。

4.3.1.1　寿命期相同的互斥方案的选择

对于寿命周期相同的互斥方案，计算期通常为其寿命周期，这样能满足在时间上的可比性。互斥方案的评价与选择的指标通常采用净现值、净年值和内部收益率比较法，这些方法在前面已讲述过，下面介绍一种新的方法——增量分析法。

首先分析一个互斥方案评价的例子。

【例 4-13】方案 A、B 是互斥方案，其各年的现金流量见表 4-13，试对方案进行评价选择（ $i_0=10\%$ ）。

表 4-13　互斥方案 A、B 的净现金流量及经济效果指标　　单位：万元

项目	第 0 年净现金流	第 1~10 年净现金流	*NPV*	*IRR*
A 方案	-2 300	650	1 693. 6	25. 34%
B 方案	-1 500	500	1 572	31. 22%
净现金流增量 A-B	-800	150	121. 6	13. 6%

解：首先计算两个方案的绝对经济效果指标 *NPV* 和 *IRR*，计算结果显示于表 4-13 中。

$$NPV_A = 2\ 300 + 650(P/A,\ 10\%,\ 10) = 1\ 693.6\ (\text{万元})$$
$$NPV_B = 1\ 500 + 500(P/A,\ 10\%,\ 10) = 1\ 572\ (\text{万元})$$

由方程式

$$-\ 2\ 300 + 650(P/A,\ IRR_A,\ 10) = 0$$
$$-\ 1\ 500 + 500(P/A,\ IRR_B,\ 10) = 0$$

经查表并插值计算可得

$$IRR_A = 25.34\%,\ IRR_B = 31.22\%$$

NPV_A、NPV_B均大于零，IRR_A、IRR_B均大于基准折现率，所以方案 A 和方案 B 都能通过绝对经济效果检验，且使用 *NPV* 指标和使用 *IRR* 指标进行绝对经济效果检验结论是一致的。

由于 $NPV_A>NPV_B$，故按净现值最大准则，方案 A 优于方案 B。但计算结果还表明 $IRR_A<IRR_B$，若以内部收益率最大为比选准则，方案 B 优于方案 A，这与按净现值最大准则比选的结论相矛盾。究竟按哪种准则进行互斥方案比选更合理呢？解决这个问题需要分析投资方案比选的实质。投资额不等的互斥方案比选的实质是判断增量投资（或差额投资）的经济合理性，即投资大的方案相对于投资小的方案多投入的资金能否带来满意的增量收益。显然，若增量投资能够带来满意的增量收益，则投资额大的方案优于投资额小的方案；若增量投资不能带来满意的增量收益，则投资额小的方案优于投资额大的方案。

采用这种通过计算增量净现金流评价增量投资的经济效果，对投资额不等的互斥方案进行比选的方法称为增量分析法或差额分析法。这是互斥方案比选的基本方法。

净现值、净年值、投资回收期和内部收益率等评价指标都可用于增量分析，下面作进一步的讨论。

1. 差额净现值

对于互斥方案，利用两方案的差额净现金流现值来分析，称为差额净现值法。设 A、B 为投资额不等的互斥方案，A 方案比 B 方案投资大，两方案的差额净现值

可由下式求出：

$$\Delta NPV = \sum_{t=0}^{n}[(CI_A - CO_A)_t (CI_B - CO_B)_t](1+i_0)^{-t}$$
$$= \sum_{t=0}^{n}(CI_A - CO_A)_t(1+i_0) - t - \sum_{t=0}^{n}(CI_B - CO_B)_t(1+i_0)^{-t}$$
$$= NPV_A - NPV_B$$

其分析过程是：首先计算两个方案的净现金流量之差，然后分析投资大的方案相对投资小的方案所增加的投资在经济上是否合理，即差额净现值是否大于零。若 $\Delta NPV \geqslant 0$，即 $NPV_A > NPV_B$，则表明增加的投资在经济上是合理的，投资大的方案优于投资小的方案；反之，则说明投资小的方案是更经济的。

当有多个互斥方案进行比较时，为了选出最优方案，需要对各个方案之间进行两两比较。当方案很多时，这种比较就显得很烦琐。在实际分析中，可采用简化方法来减少不必要的比较过程。对于需要比较的多个互斥方案，首先将它们按投资额的大小顺序排列，然后从小到大进行比较。每比较一次就淘汰一个方案，从而可大大减少比较次数。

必须注意的是，差额净现值只能用来检验差额投资的效果，或者说是相对效果。差额净现值大于零只表明增加的投资是合理的，并不表明全部投资是合理的。因此，在采用差额净现值法对方案进行比较时，首先必须确定作为比较基准的方案其绝对效果是好的。

【例 4-14】有三个互斥型的投资方案，寿命期均为 10 年，各方案的初始投资和年净收益见表 4-14。试在折现率为 10%的条件下选择最佳方案。

解： 投资方案投资额的大小排列顺序是 A、B、C。首先检验 A 方案的绝对效果，可看作是 A 方案与不投资进行比较。

$$NPV_{A-0} = [-170 + 44(P/A, 10\%, 10)] = 100.34\ (\text{万元})$$

由于 NPV_{A-0} 大于零，说明 A 方案的绝对效果是好的。

$$NPV_{B-A} = [-90 + 15(P/A, 10\%, 10)] = 2.17\ (\text{万元})$$

由于 NPV_{B-A} 大于零，即方案 B 优于方案 A，因此淘汰方案 A。

表 4-14　互斥方案 A、B、C 的初始投资和年净收益　　单位：万元

方案	初始投资	年净收益
A	-170	44
B	-260	59
C	-300	68
B-A	-90	15
C-B	-40	9

$$NPV_{C-B} = [-40 + 9(P/A, 10\%, 10)] = 15.30\ (\text{万元})$$

NPV_{C-B} 大于零，表明投资大的 C 方案优于投资小的 B 方案。三个方案的优劣顺序是 C 最优，B 次之，A 最差。

如果用净现值最大准则来比选可以得到同样的结论。

$NPV_A = -170 + 44(P/A, 10\%, 10) = 100.34$（万元）

$NPV_B = -260 + 59(P/A, 10\%, 10) = 102.51$（万元）

$NPV_C = -300 + 68(P/A, 10\%, 10) = 117.81$（万元）

因为 $NPV_C > NPV_B > NPV_A$，故 C 方案最优，B 次之，A 最差。

因此，在实际工作中应根据具体情况选择比较方便的比选方法。当有多个互斥方案时，直接用净现值最大准则选择最优方案比两两比较的增量分析更为简便。分别计算各备选方案的净现值，根据净现值最大准则选择最优方案可以将方案的绝对经济效果检验和相对经济效果检验结合起来，判别准则为：净现值最大且非负的方案为最优方案。

2. 差额内部收益率

所谓差额内部收益率，是指相比较的两个方案各年净现金流量差额的现值之和等于零时的折现率，其计算公式为：

$$NPV_A - NPV_B = 0$$

即

$$\sum_{t=0}^{n} (\Delta CI - \Delta CO)_t (1 + \Delta IRR)^{-t} = 0 \tag{4-11}$$

式中　ΔIRR——互斥方案 A、B 的差额内部收益率；

ΔCI——互斥方案 A、B 的差额（增量）现金流入，$\Delta CI = CI_A - CI_B$；

ΔCO——互斥方案 A、B 的差额（增量）现金流出，$\Delta CO = CO_A - CO_B$。

由公式（4-11）可以推出下式：

$$\sum_{t=0}^{n} (CI_A - CO_A)_t (1 + \Delta IRR)^{-t} - \sum_{t=0}^{n} (CI_B - CO_B)_t (1 + \Delta IRR)^{-t} = 0 \tag{4-12}$$

因此，差额内部收益率的另一种表述是：两互斥方案净现值（或净年值）相等时的折现率。

用差额内部收益率比选方案的判别准则：若 $\Delta IRR > i_0$，则投资大的方案为优；若 $\Delta IRR < i_0$，则投资小的方案为优。

下面用净现值函数曲线来说明差额内部收益率的几何意义以及比选方案的原理。

如图 4-7 所示，曲线 A、B 分别为方案 A、B 的净现值函数曲线。

在图 4-7 中，a 点为 A、B 两方案净现值曲线的交点，在这一点两方案净现值相等。因此，a 点所对应的折现率即为两方案的差额内部收益率 ΔIRR。由图 4-7（a）可知，当 $\Delta IRR > i_0$ 时，$NPV_A > NPV_B$，在图 4-7（b）中，当 $\Delta IRR < i_0$ 时，$NPV_A < NPV_B$。用 ΔIRR 与用 NPV 比选方案的结论是一致的。

在对互斥方案进行比较选择时，净现值最大准则是正确的，而内部收益率最

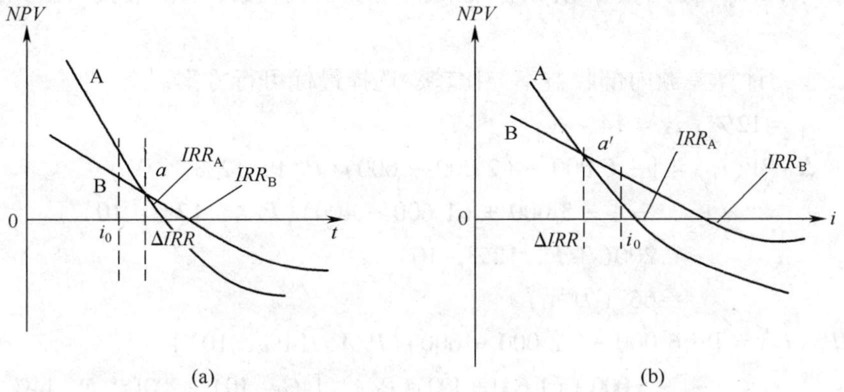

图 4-7　用于方案比较的差额内部收益率

大准则只在基准折现率大于被比较的两方案的差额内部收益率的前提下成立。也就是说，如果将投资大的方案相对于投资小的方案的增量投资用于其他投资的机会，会获得高于差额内部收益率的盈利率，用内部收益率最大准则进行方案比选的结论就是正确的。但是，若基准折现率小于差额内部收益率，用内部收益率最大准则选择方案就会导致错误的决策。由于基准折现率是独立确定的，不依赖于具体待比选方案的差额内部收益率，故用内部收益率最大准则比选方案是不可靠的。

与差额净现值法类似，差额内部收益率只能说明增加投资部分的经济性，并不能说明全部投资的绝对效果。因此，采用差额内部收益率法进行方案评选时，首先必须要判断被比选方案的绝对效果，只有在某一方案绝对效果好的情况下，才能作为比较对象。

【例 4-15】两个互斥方案，寿命相同，资料见表 4-15，基准折现率为 15%，试用差额内部收益率法比较和选择最优可行方案。

解： 第一步，计算 NPV 值，判别可行性。

$$NPV_A = -5\,000 + (1\,600 - 400)(P/A,\ 15\%,\ 10) + 200(P/F,\ 15\%,\ 10)$$
$$= -5\,000 + 1\,200 \times 5.019 + 200 \times 0.247\,2 \approx 1\,072 \text{（万元）}$$

$$NPV_B = -6\,000 + (2\,000 - 600)(P/A,\ 15\%,\ 10)$$
$$= -6\,000 + 1\,400 \times 5.019 \approx 1\,027 \text{（万元）}$$

表 4-15　互斥方案 A、B 的资料数据

项目 方案	投资/万元	年收入/万元	年支出/万元	净残值/万元	使用寿命/年
A	5 000	1 600	400	200	10
B	6 000	2 000	600	0	10

NPV_A、NPV_B均大于零，所以方案 A、B 均可行，按净现值最大判断，方案 A 最优。

第二步，计算差额内部收益率，比较、选择最优可行方案。

设 $i_1 = 12\%$，$i_2 = 14\%$

则

$$\Delta NPV(i_1) = [-6\ 000 + (2\ 000 - 600)(P/A,\ 12\%,\ 10)] - [-5\ 000 + (1\ 600 - 400)(P/A,\ 12\%,\ 10) + 200(P/F,\ 12\%,\ 10)] \approx 66\ (\text{万元})$$

$$\Delta NPV(i_2) = [-6\ 000 + (2\ 000 - 600)(P/A,\ 14\%,\ 10)] - [-5\ 000 + (1\ 600 - 400)(P/A,\ 14\%,\ 10) + 200(P/F,\ 14\%,\ 10)] \approx -10\ (\text{万元})$$

$$\Delta IRR = i_1 + \frac{\Delta NPV(i_1)}{\Delta NPV(i_1) + |\Delta NPV(i_2)|} \times (i_2 - i_1) = 12\% + \frac{66}{66 + 10} \times (14\% - 12\%) \approx 13.7\%$$

因为 $\Delta IRR < i_0$，故投资小的方案 A 为优。

讲到这里，再回过头来去看【例 4-13】，如果采用 $\Delta NPV_{A-B} > 0$，$\Delta IRR > i_0$，则增量投资有满意的经济效果。投资大的方案 A 优于投资小的方案 B，这两种方法的评价结果是一致的。

另外，增量分析根据方案所给出的条件不同，还有很多分析评价方法，如差额投资回收期法、差额投资收益率法和差额投资利润率法等。

【例 4-16】某厂现有固定资产估价为 500 万元，流动资金为 200 万元，若不进行技术改造，未来 5 年的收入、费用见表 4-16，如果进行技术改造，需资金 120 万元，改造当年开始生效，其未来 5 年的数据见表 4-17，试分析技术改造效果。

表 4-16　某厂不改造的未来 5 年预测　　单位：万元

年份	1	2	3	4	5
销售收入	600	600	550	550	500
总成本费用	450	460	430	440	410
销售税金	30	30	27.5	27.5	25
利润总额	120	110	92.5	82.5	65

表 4-17　某厂改造的未来 5 年预测　　单位：万元

年份	1	2	3	4	5
销售收入	650	650	650	650	650
总成本费用	470	470	470	475	481

续表　　　　　　　　　　　　　　　　　　　　　　　　　　　　单位：万元

年份	1	2	3	4	5
销售税金	32. 5	32. 5	32. 5	32. 5	32. 5
利润总额	147. 5	147. 5	147. 5	142. 5	137. 5

解：为了方便起见，只用增量投资利润率来分析技术改造效果。

不改造：由表 4-16 可得出，5 年累计利润为 470 万元，平均年利润 94 万元。

改造：由表 4-17 得出，5 年累计利润为 722. 5 万元，平均年利润 144. 5 万元。

由此得出，技术改造平均年利润增量为 50. 5 万元，新增投资 120 万元，故增量投资利润率为 50. 5/120 = 42. 1%，效果是比较好的。

由本例可见，用增量方法考察的是新投入资金的效果。另外，增量方法还有一个优点，即可以回避原有资产估价的困难。

4. 3. 1. 2　*寿命期不等的互斥方案的选择*

对于寿命期相等的互斥方案，通常将方案的寿命期设定为共同的分析期（或称计算期），这样在利用资金等值原理进行经济效果评价时，方案之间在时间上就具有可比性。

对寿命不等的互斥方案进行比选，同样要求方案之间具有可比性。满足这一要求需要解决两个方面的问题：一是设定一个合理的共同分析期；二是给寿命期不等于分析期的方案选择合理的方案持续假定或者残值回收假定。下面结合具体指标进行分析。

1. 年值法

年值法是指投资方案在计算期的收入及支出，按一定的折现率换算为等值年值，用以评价或选择方案的一种方法。在对寿命期不等的互斥方案进行评选时，特别是参加比选的方案数目众多时，年值法是最为简便的方法。年值法使用的指标有净年值与费用年值。

设 m 个互斥方案，其寿命期分别为 n_1，n_2，n_3，…，n_m，方案 $j(j=1, 2, \cdots, m)$ 在其寿命期内的净年值为：

$$\begin{aligned} NAV_j &= NPV_j(A/P, i_0, n_j) \\ &= \left[\sum_{t=0}^{n_j}(CI_t - CO_j)_t(P/F, i_0, t)\right](A/P, i_0, n_j) \end{aligned} \quad (4\text{-}13)$$

净年值最大且非负的方案为最优秀可行方案。

【例 4-17】现有互斥方案 A、B、C，各方案的现金流量见表 4-18，试在基准折现率为 12%的条件下选择最优秀方案。

解：计算各方案的净年值。

$$NAV_A = -204(A/P, 12\%, 5) + 72 = 15.41\ (\text{万元})$$

$$NAV_B = -292(A/P, 12\%, 6) + 84 = 12.98\ (\text{万元})$$

$$NAV_C = -380(A/P, 12\%, 8) + 112 = 35.51\ (\text{万元})$$

表 4-18　A、B、C 方案的现金流量

方案	投资额/万元	年净收益/万元	寿命期/年
A	204	72	5
B	292	84	6
C	380	112	8

由于 $NAV_C > NAV_A > NAV_B$，故方案 C 为最优方案。

用年值法进行寿命不等的互斥方案的比选，实际上隐含着这样一种假定：各备选方案在其寿命结束时均可按原方案重复实施或以与原方案经济效果水平相同的方案接续。因为一个方案无论重复实施多少次，其年值是不变的，所以年值法实际上假定了各方案可以无限多次重复实施。在这一假定成立的前提下，年值法以“年”为时间单位比较各方案的经济效果，从而使寿命不等的互斥方案之间具有可比性。

2. 最小公倍数法

当互斥方案寿命不等时，一般情况下，各方案的现金流在各自寿命期内的现值不具有可比性。如果要使用现值指标进行方案比选，必须设定一个共同的分析期。分析期的设定通常用最小公倍数法，此法是以不同方案使用寿命的最小公倍数作为研究周期，在此期间各方案分别考虑以同样规模重复投资多次，据此算出各方案的净现值，然后进行比较选优。

【例 4-18】某企业技术改造有两个方案可供选择，各方案的有关数据见表 4-19，试在基准折现率为 12%的条件下选择最优方案。

表 4-19　A、B 方案的经济数据

方案	投资额/万元	年净收益/万元	寿命期/年
A	800	360	6
B	1 200	480	8

解：由于方案的寿命期不同，须先求出两个方案寿命期的最小公倍数，其值为 24 年。两个方案重复后的现金流量图如图 4-8 所示。从图 4-8 中可以看出，方案 A 重复 4 次，方案 B 重复 3 次。

$$\begin{aligned}NPV_A &= -800 - 800(P/F, 12\%, 6) - 800(P/F, 12\%, 12) \\ &\quad - 800(P/F, 12\%, 18) + 360(P/A, 12\%, 24) \\ &= 1\,287.7 \text{（万元）}\end{aligned}$$

$$\begin{aligned}NPV_B &= -1\,200 - 1\,200(P/F, 12\%, 8) \\ &\quad - 1\,200(P/F, 12\%, 16) + 480(P/A, 12\%, 24) \\ &= 1\,856.1 \text{（万元）}\end{aligned}$$

由于 $NPV_B > NPV_A$，故方案 B 优于方案 A。

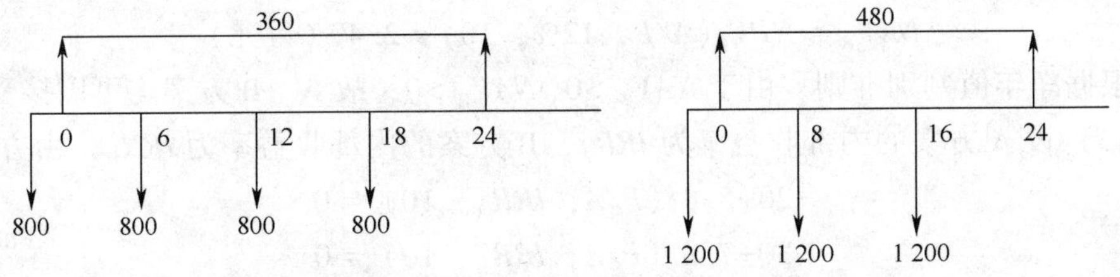

(a) A方案重复后的现金流量图　　(b) B方案重复后的现金流量图

图 4-8　例 4-18 的现金流量图

3. 研究期法

研究期法就是通过研究分析，直接选取一个适当的计算期作为各个方案共同的计算期，计算各个方案在该计算期内的净现值，以净现值较大的为优。

在实际应用中，为方便起见，往往直接选取诸方案中最短的计算期作为各方案的共同计算期，所以研究期法也可以称为最小计算期法。

常用的处理方法有三种：

（1）完全承认未使用的价值，即将方案的未使用价值全部折算到研究期末。

（2）完全不承认未使用价值，即研究期后的方案未使用价值均忽略不计。

（3）对研究期末的方案未使用价值进行客观的估计，将估计值计入研究期末。

4.3.2　独立方案的选择

独立方案的采用与否，只取决于方案自身的经济性，即只需检验它们是否能够通过净现值、净年值或内部收益率等绝对效益评价。

【例 4-19】两个独立方案 A 和 B，其现金流量见表 4-20。试判断其经济可行性（$i_0=12\%$）。

表 4-20　独立方案 A、B 的现金流量　　单位：万元

方案＼年份	0	1~10
A	-20	5.8
B	-30	7.8

解：本例为独立方案，可先计算方案自身的绝对效果指标——净现值、净年值、内部收益率等，然后根据各指标的判别准则进行绝对效果检验并决定取舍。

（1）$NPV_A=-20+5.8\ (P/A,\ 12\%,\ 10)=12.77$（万元）

$NPV_B=-30+7.8\ (P/A,\ 12\%,\ 10)=14.07$（万元）

根据净现值判别准则，由于 $NPV_A>0$，$NPV_B>0$，故 A、B 方案均可以接受。

(2) $NAV_A=NPV_A(A/P,\ 12\%,\ 10)=2.26$（万元）

$$NAV_B=NPV_B(A/P,\ 12\%,\ 10)=2.49\ (万元)$$

根据净年值判别准则，由于 $NAV_A>0$，$NAV_B>0$，故 A、B 方案均可以接受。

(3) 设 A 方案的内部收益率为 IRR_A，B 方案的内部收益率为 IRR_B，由方程

$$-20+5.8\ (P/A,\ IRR_A,\ 10)=0$$

$$-30+7.8\ (P/A,\ IRR_B,\ 10)=0$$

解得各自的内部收益率为 $IRR_A=26\%$，$IRR_B=23\%$，由于 $IRR_A>i_0$，$IRR_B>i_0$，故 A、B 方案均可被接受。

对于独立方案而言，经济上是否可行的判断根据是其绝对经济效果指标是否优于一定的检验标准。不论采用净现值、净年值和内部收益率中的哪一种评价指标，评价结论都是一样的。

4.3.3 混合型方案的选择

当方案组合中既包含有互斥方案，又包含有独立方案时，就构成了混合方案。独立方案或互斥方案的选择，属于单项决策。但在实际情况中，需要考虑各个决策之间的相互关系。混合型方案的特点是在分别决策的基础上，研究系统内诸方案的相互关系，从中选择最优秀的方案组合。

混合型方案选择的程序如下：

(1) 按组际间方案互相独立、组内方案互相排斥的原则，形成所有各种可能的方案组合。

(2) 以互斥型方案比选的原则筛选组合内方案。

(3) 在总的投资限额下，以独立型方案比选原则选择最优秀的方案组合。

【例 4-20】某投资项目有一组六个可供选择的方案，其中两个为互斥型方案，其余为独立型方案。基准收益率为 10%，其投资、净现值等指标见表 4-21，试进行方案选择。分别假设：(1) 该项目投资限额为 1 000 万元；(2) 该项目投资限额为 2 000 万元。

表 4-21　混合方案比选

投资方案		投资/万元	净现值/万元	净现值率
互斥型	A	500	250	0.500
	B	1 000	300	0.300
独立型	C	500	200	0.400
	D	1 000	275	0.275
	E	500	175	0.350
	F	500	150	0.300

解： 六个方案的净现值都是正值，表明方案都是可取的。

（1）在1 000万元资金限额时，以净现值率为判断，选择A、C两个方案。A、C方案的组合效益为：

$$NPV = 250 + 200 = 450 \text{（万元）}$$

（2）在2 000万元资金限额时，选择A、C、E、F四个方案。A、C、E、F四个方案的组合效益为：

$$NPV = 250 + 200 + 175 + 150 = 775 \text{（万元）}$$

本例说明，先以*NPV*筛选方案淘汰一些不可取的方案，然后以*NPVR*优选方案。

本章小结

经济评价的指标是多种多样的，它们从不同角度反映项目的经济性。这些指标主要可以分三大类：第一类是以时间单位计量的时间型指标，如借款偿还期、投资回收期等；第二类是以货币单位计量的价值型指标，如净现值、净年值、费用现值和费用年值等；第三类是反映资金利用效率的效率型指标，如投资收益率、内部收益率和净现值率等。

投资回收期是指用方案所产生的净收益补偿初始投资所需要的时间。根据是否考虑资金的时间价值，分静态投资回收期和动态投资回收期，其判别准则是小于基准投资回收期；投资收益率是投资方案达到设计生产能力后正常生产年份的年净收益额与方案投资总额的比率。

净现值是指按基准收益率计算的项目计算期内净现金流量的现值之和。对于既定方案，其净现值随着折现率的增加而逐渐变小。由净现值函数关系可知，一个投资方案对于既定的收益率，只有当$NPV(i) > 0$时，方案才是可行的。单位投资现值的净现值称为净现值率；净将来值、净年值是与净现值等价的评价指标，区别只是现金流量折算的时间点不同。

内部收益率是指能使项目计算期内净现值等于零时的折现率，也是使两个方案净现值相等的折现率。它可以直接与基准收益率进行比较，其判别准则是$IRR > i$。

基准收益率是企业或行业或投资者以动态的观点所确定的、可接受的投资方案最低标准的收益水平。它是项目实务可行性和方案比选的主要依据，是计算净现值等经济评价指标的重要参数。投资者可根据自身发展战略、经营策略、具体项目特点与风险、资金成本、投资收益的期望和机会成本等因素综合测定，也可以参考和使用国家行政主管部门统一确定并发布的行业基准收益率。

方案的比较和选择是项目评价的重要内容。在投资方案的比较和选择过程中，按照方案之间的经济关系可分为互斥方案、独立方案和相关方案。互斥方案之间存在着互不相容、互相排斥的关系，在进行多方案选择时，只能选取其中之一。

效益比选的方法包括净现值比较法和净年值比较法、差额投资内部收益率比较法等。

采用差额投资内部收益率比较法和净现值比较法其结论是一致的，但不能直接使用方案的内部收益率进行比较，否则会导致不一致的结论。

对计算期不同的互斥方案的比较和选择，需要对各备选方案的计算期和计算公式进行适当的处理，使各方案在相同的条件下进行比较。当存在多个项目时，不论其相互关系如何，都可以把它们组成许多互斥组合，每个组合形成一个组合方案，可按互斥方案的比较方法确定最优的组合方案。

思 考 题

1. 某厂将购买一台机床，已知该机床的制造成本为 6 000 元，售价为 8 000 元，预计运输费需 200 元，安装费用为 200 元，该机床运行投产后，每年可加工工件 2 万件，每件净收入为 0.2 元，试问该机床的初始投资几年可以回收？如果基准投资回收期为 4 年，购买此机床是否合理？（不计残值）

2. 某方案的建设期为 2 年，建设期内每年年初投资为 400 万元，运营期每年年末净收益为 150 万元。若基准收益率为 12%，运营期为 18 年，残值为 0，则该方案的净现值和静态投资回收期分别为多少？

3. 某项目的初始投资为 2 000 万元，第一年年末投资为 3 000 万元，第二年年末再投资 1 500 万元，从第三年起连续 8 年每年年末获利 1 500 万元。当残值忽略不计，基准收益率为 12%时，计算其净现值，并判断该项目在经济上是否可行？

4. 方案 A、B 在项目计算期内的现金流量见表 4-22。

表 4-22　方案 A、B 的现金流量　　单位：万元

方案 \ 年数	0	1	2	3	4	5~10
A	-500	-500	500	400	300	200
B	-800	-200	200	300	400	500

试分别用静态投资回收期和净现值法比较 A、B 的经济性。(i_0 = 10%)

5. 现有两台设备，其经济指标见表 4-23，基准收益率为 15%，试比较和选择方案。

表 4-23　设备 A、B 的投资和成本

项目	设备 A	设备 B
期初投资/元	4 000	5 000
年经营成本/元	2 500	2 000

续表

项目	设备 A	设备 B
残值/元	500	0
计算期/年	10	10

6. 有 A、B 两个方案，其费用和计算期见表 4-24，基准收益率为 10%。

表 4-24 方案 A、B 的已知数据

方案	A	B
投资/万元	150	100
年经营成本/万元	15	20
计算期/年	15	10

试用以下两种方法比选方案：(1) 最小公倍数法；(2) 年成本法。

7. 有三个方案 A、B、C（不相关），各方案的投资、年净收益和寿命期见表 4-25，经计算可知，各方案的 *IRR* 均大于基准收益率的 15%。

表 4-25 A、B、C 方案的有关数据

方案	投资/元	年净收益/元	寿命期/年
A	12 000	4 300	5
B	10 000	4 200	5
C	17 000	5 800	10

已知总投资限额是 30 000 元，因此，这三个方案不能同时都选上，问应当怎样选择方案？

8. 某工程项目有两个设计方案，设基准收益率为 15%，两方案的现金流量见表 4-26，计算期均为 6 年，试以差额内部收益率比选方案。

表 4-26 方案 A、B 的投资和年经营成本　　单位：元

年数 方案	0	1	2	3	4	5	6	第 6 年残值
A	−5 000	−1 000	−1 000	−1 000	−1 200	−1 200	−1 200	1 500
B	−4 000	−1 100	−1 100	−1 100	−1 400	−1 400	−1 400	1 000

9. 某公司下设的三个分厂 A、B、C 各向公司提出了若干个技术改造方案，各方案指标见表 4-27。

表 4-27　各方案指标

工厂	方案	初始投资/万元	年净收益/万元
A	A1	50	18
	A2	68	23
	A3	82	27
B	B1	60	16
	B2	73	20
	B3	88	28
C	C1	100	38
	C2	130	47
	C3	185	66

已知各工厂之间是相互独立的，但各工厂内部的投资方案是互斥的，假定各方案的寿命均为 6 年，设基准折现率为 12%，试分别在下列资金限制下，从整个公司的角度作出最优决策：(1) 资金限制为 280 万元；(2) 资金限制为 330 万元。

5 设备更新分析

【知识目标】

- 熟悉设备更新的概念、原因和特点。
- 熟悉设备的磨损形式。
- 掌握设备的寿命形态。
- 掌握经济寿命的计算方法。
- 熟练掌握设备购置与租赁的优劣。

设备更新是工程项目经营与管理过程中不可避免的一个工作内容。设备更新的决策就是本着技术上先进、功能上满足、经济上合理的原则对各个备选更新方案进行经济分析和综合比较。设备的使用状况千差万别，但更新方案主要有以下六种情况：一是继续使用原有设备；二是设备大修后继续使用；三是以原型新设备更换旧有设备；四是设备现代化改装；五是用新型、高效的设备更新旧设备；六是设备租赁。本项目主要介绍设备的各种寿命的含义、设备更新的概念、新添设备的优劣比较和设备更新方案的经济分析方法等内容。其中，重点要求掌握设备更新的经济分析方法。

5.1 设备更新的原因及特点

5.1.1 设备更新的概念

设备更新是指在设备的使用过程中，由于有形磨损和无形磨损的作用，致使其功能受到一定的影响（有所降低），因而需要用新的、功能类似的资产进行替代，即用新的设备或技术先进的设备，更换在技术上或经济上不宜继续使用的设备。从广义上讲，设备更新包括设备大修、设备更换、设备更新和设备的现代化改装。其中，设备大修是指通过对零件的更换与修复，全部或大部分恢复设备的原有性能；设备更换是指以与原有设备性能相同的设备更换旧设备；设备更新是指以结构更先进、功能更完善、性能更可靠、生产效率更高、产品质量更好及能降低产品成本的新设备代替原有的不能继续使用或继续使用的，在经济上和环境上已不合理的设备，而所谓的设备的现代化改装是指通过对设备的现代化改造，改善其原性能，提高设备的生产能力和劳动生产率，降低使用费等。从狭义上讲，设备更新仅指的是设备更换。

5.1.2 设备更新的原因分析

设备更新源于设备的磨损。磨损分为有形磨损和无形磨损，设备磨损是有形磨损和无形磨损共同作用的结果。

5.1.2.1 设备的有形磨损（物质磨损）

设备的有形磨损指设备在使用（或闲置）过程中所发生的实体磨损。它又分为以下两种：

（1）第Ⅰ类有形磨损。第Ⅰ类有形磨损指在外力作用下（如摩擦、受到冲击、超负荷或交变应力作用和受热不均匀等）造成的实体磨损、变形或损坏。

（2）第Ⅱ类有形磨损。第Ⅱ类有形磨损指在自然力作用下（生锈、腐蚀和老化等）造成的磨损。

5.1.2.2 设备的无形磨损（精神磨损）

无形磨损是指固定资本由于劳动生产率的提高而引起的价值损失，又叫精神损耗。根据劳动生产率提高所造成的不同影响，固定资本的无形损耗又分为以下两种：

（1）第Ⅰ类无形磨损。由于生产完全同类的劳动资料的劳动生产率的提高，从而造成了原有的固定资本价值的下降。

（2）第Ⅱ类无形磨损。由于出现了更为低廉的替代品，从而引起了原有固定资本价值的贬损。

5.1.2.3 设备的综合磨损

设备的综合磨损是指同时存在有形磨损和无形磨损的损坏和贬值的综合情况。对任何特定的设备来说，这两种磨损必然同时发生和同时互相影响。某些方面的技术要求可能会加快设备有形磨损的速度，如高强度、高速度、大负荷技术的发展，必然使设备的物质磨损加剧。同时，某些方面的技术进步又可提供耐热、耐磨、耐腐蚀、耐振动、耐冲击的新材料，使设备的有形磨损减缓，但是其无形磨损将加快。

5.1.3 设备更新分析的特点

5.1.3.1 设备更新的中心内容是确定设备的经济寿命

（1）自然寿命（物理寿命）。它是指设备从全新状态下开始使用，直到报废的全部时间过程。自然寿命主要取决于设备有形磨损的速度。

（2）技术寿命。它是指设备在开始使用后持续的能够满足使用者需要功能的时间。技术寿命的长短，主要取决于无形磨损的速度。

（3）经济寿命。它是指从经济角度看设备最合理的使用期限。它是由有形磨损和无形磨损共同决定的。具体来说是指能使投入使用的设备等额年总成本（包括购置成本和运营成本）最低或等额年净收益最高的期限。在设备更新分析中，经济寿命是确定设备最优更新期的主要依据。

5.1.3.2　设备更新分析应站在咨询者的立场分析问题

设备更新问题的要点是站在咨询师的立场上，而不是站在旧资产所有者的立场上考虑问题。咨询师并不拥有任何资产，故若要保留旧资产，首先要付出相当于旧资产当前市场价值的现金，才能取得旧资产的使用权。这是设备更新分析的重要概念。

5.1.3.3　设备更新分析只考虑未来发生的现金流量

在分析中只考虑今后所发生的现金流量，对以前发生的现金流量及沉没成本，因为它们都属于不可恢复的费用，与更新决策无关，故不需再参与经济计算。

5.1.3.4　只比较设备的费用

通常在比较更新方案时，因为假定设备产生的收益是相同的，所以只对它们的费用进行比较。

5.1.3.5　设备更新分析以费用年值法为主

由于不同设备方案的服务寿命不同，因此通常都采用年值法进行比较。

5.1.4　设备的寿命形态

设备寿命从不同角度可划分为自然寿命、经济寿命、折旧寿命和技术寿命。

5.1.4.1　自然寿命

自然寿命又称为物理寿命或物质寿命，它是设备从全新状态投入使用直到不能保持正常使用状态而且予以报废的全部时间。这种寿命主要取决于设备的质量、使用和维修的质量。一般来说，设备的质量越高，日常使用和维修工作做得越好，设备的自然寿命会越长。

5.1.4.2　经济寿命

它是指给定的设备具有最低等值年成本的时期，或最高的等值年净收益的时期。也就是指一台设备开始使用到在经济前景的分析中不如另一台设备更有效益而被替代时所经历的时期。

设备随着使用时间的延长，一方面其磨损逐渐加大，效率下降；另一方面，为了维持其原有的生产效率，必须增加维修次数，消耗更多的燃料和动力，而使每年的使用费用呈递增趋势。当设备年使用费的增长超过一次性投资分摊费的降低额时，继续使用该设备就不经济了。根据设备使用费的变化规律确定的设备最佳经济使用年限，称为设备的经济寿命。

5.1.4.3　折旧寿命

折旧寿命是从折旧制度的角度考察设备的一项时间指标。它也称为设备的折旧年限，是指设备从投入使用到提满折旧为止的时间。一般情况下，设备的折旧寿命及折旧的计提方法和原则由我国的财务通则或财务制度及相关法规规定，比如我国财务制度规定固定资产不低于 10 年的折旧期，也就是说，设备的折旧寿命不低于 10 年，而有的设备则有明确的规定。折旧寿命一般小于物理寿命。相应设备的折旧寿命可以用折旧计算的逆运算求得。

5.1.4.4 技术寿命

技术寿命是指设备从投产起至由于新技术的出现使原有设备在物质寿命尚未结束前就丧失其使用价值而被淘汰所经历的时间。它是从技术的角度看设备最合理的使用期限，并由设备的无形磨损来决定。科学技术发展越快，设备的技术寿命越短。

5.2 设备经济寿命的确定

在进行设备经济寿命的计算时，首先要明确两个概念：一是设备的购置费，包括在设备的购置中实际支付的买价、税金（如增值税）、支付的运杂费、包装费和安装成本等；二是设备的运行成本，即设备在使用过程中发生的费用，包括能源费、保养费、修理费（包括大修理费）、停工损失及废次品损失等。在一般情况下，设备的运行成本是逐年递增的，这种递增称为设备的劣化。设备的经济寿命是由设备的年均费用决定的，年均费用包括两个部分，即年资金费用和年经营费用（年运营费用），年资金费用就是固定资产价值的年减少额，实质上就是固定资产的年折旧额加上未回收资金的利息；年经营费用就是前面讲过的设备的运行成本。设备的经济寿命就是设备年均费用最小的使用年份，如图 5-1 所示。

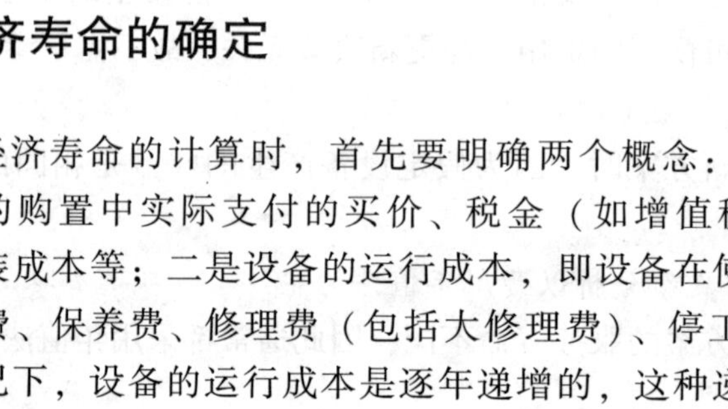

图 5-1 年等额总成本与设备使用期限的关系

对于设备经济寿命的确定方法可以分为静态模式和动态模式两种。

5.2.1 静态模式下的经济寿命

静态模式下设备经济寿命的确定方法，就是在不考虑资金时间价值的基础上计算设备年平均成本，使设备年平均成本为最小就是设备的经济寿命。

静态计算法如下：

假设机器设备的年运行成本的劣化是线性增长的，每年运行成本增加额为 λ，若设备使用了 T 年，则第 T 年时的运行成本 C_T 为：

$$C_T = C_1 + (T-1)\lambda \tag{5-1}$$

式中　C_1——运行成本的初始值，即第一年的运行成本；

T——设备的使用年数。

则 T 年内设备的运行成本的平均值为：

$$C' = C_1 + \frac{T-1}{2}\lambda$$

除运行成本外，在设备的年均总费用中还有每年分摊的设备购置费用，称为资金恢复费用或年资金费用。其值为：

$$Z = \frac{K_0 - V_L}{T} \tag{5-2}$$

式中　K_0——设备的原始价值；

V_L——设备的净残值；

Z——年资金费用。

则设备的年均总费用为：

$$AC = C_1 + \frac{T-1}{2}\lambda + \frac{K_0 - V_L}{T} \tag{5-3}$$

设备的经济寿命为其年均费用最小的年数，即求当 AC 最小时的年数 T 值。

$$\frac{\mathrm{d}(AC)}{\mathrm{d}T} = \frac{\lambda}{2} - \frac{K_0 - V_L}{T^2} = 0$$

得

$$T_{opt} = \sqrt{\frac{2(K_0 - V_L)}{\lambda}} \tag{5-4}$$

式中　T_{opt}——设备的经济寿命。

可通过计算不同使用年限的年等额总成本 AC_n 来确定设备的经济寿命。若设备的经济寿命为 m 年，则应满足下列条件：$AC_m \leqslant AC_{m-1}$，$AC_m \leqslant AC_{m+1}$。

【例 5-1】某设备的原始值为 7 200 元，第 1 年的使用成本费为 800 元，以后每年递增 650 元，预计残值为 0，试用静态分析法确定其经济寿命期。

解：$T_{opt} = \sqrt{\frac{2\times(7\,200-800)}{650}} = 5$(年)

即经济寿命期为 5 年。

对应的最小成本 $C_0 = \frac{7\,200-0}{5} + 800 + \frac{650\times(5-1)}{2} = 3\,540$(元／年)

【例 5-2】某型号轿车购置费为 3 万元，使用中的统计资料见表 5-1，如果不考虑资金的时间价值，试计算其经济寿命。

表 5-1　某型号轿车的统计资料　　单位：元

使用年度 j	1	2	3	4	5	6	7
j 年度运营成本	5 000	6 000	7 000	9 000	11 500	14 000	17 000
n 年年末残值	15 000	7 500	3 750	1 875	1 000	1 000	1 000

解： 该型轿车在不同使用期限的年等额总成本 AC_n 见表 5-2。

表 5-2　某型号轿车年等额总成本计算　　单位：元

使用期限 n	资产恢复成本 $P-L_n$	年等额资产恢复成本 $\frac{P-L_n}{n}$	年度运营成本 C_j	使用期限内运营成本累计 $\sum_{j=1}^{n} C_j$	年等额运营成本 $\frac{1}{n}\sum_{j=1}^{n} C_j$	年等额总成本 AC_n
①	②	③	④	⑤	⑥	⑦=③+⑥
1	15 000	15 000	5 000	5 000	5 000	20 000
2	22 500	11 250	6 000	11 000	5 500	16 750
3	26 250	8 750	7 000	18 000	6 000	14 750
4	28 125	7 031	9 000	27 000	6 750	13 781
5*	29 000	5 800	11 500	38 500	7 700	13 500*
6	29 000	4 833	14 000	52 500	8 750	13 583
7	29 000	4 143	17 000	69 500	9 929	14 072

*表示年等额总成本最低。

由结果来看，该型号轿车使用 5 年时，其年等额总成本最低（$AC_5 = 13\ 500$ 元），使用期限大于或小于 5 年时，其年等额总成本均大于 13 500 元，故该汽车的经济寿命为 5 年。

5.2.2　动态模式下的经济寿命

在国际上的项目分析与评价中，通常要考虑资金的时间价值，这样评价才能更准确，更符合客观实际。

动态模式下设备经济寿命的确定方法，就是在考虑资金时间价值的情况下计算设备的净值 NAV 或年成本 AC，通过比较年平均效益或年平均费用来确定设备的经济寿命。

（1）计算单利时设备经济寿命的确定。假设设备的年运行成本的劣化是线性增长的，第一年的运行成本为 C_1，每年运行成本增加额为 λ，若设备使用了 T 年，则第 T 年时的运行成本 C_T 为：

$$C_T = C_1 + (T-1)\lambda \tag{5-5}$$

显然，T 年内设备运行成本的平均值为

$$C' = C_1 + \frac{T-1}{2}\lambda$$

除运行成本外，在设备的年均费用中还有每年分摊的年资金费用，其金额为

$$Z = \frac{K_0 - V_L}{T}$$

另外，我们还要考虑单利情况下，设备占有资金的利息为

$$I = \frac{K_0 - V_L}{2}i \tag{5-6}$$

式中　i——银行利率。

设备的年均总费用为：

$$AC = C_1 + \frac{T-1}{2}\lambda + \frac{K_0 - V_L}{T} + \frac{K_0 - V_L}{T}i + \frac{K_0 - V_L}{2}i \tag{5-7}$$

求 AC 的最小值，利用导数的知识，式（5-7）对 T 求导，并令其等于零，得

$$\frac{d(AC)}{dT} = \frac{\lambda}{2} - \frac{K_0 - V_L}{T^2} = 0$$

得
$$T_{opt} = \sqrt{\frac{2(K_0 - V_L)}{\lambda}}$$

其最小年均费用为：

$$AC_{\min} = C_1 + \frac{\sqrt{\frac{2(K_0 - V_L)}{\lambda}} - 1}{2} + \sqrt{\frac{(K_0 - V_L)\lambda}{2}} + \frac{K_0 - V_L}{2}i \tag{5-8}$$

若不考虑设备的残值，其经济寿命和最小年均费用为

$$T_{opt} = \sqrt{\frac{2K_0}{\lambda}} \tag{5-9}$$

$$AC_{\min} = C_1 + \sqrt{2K_0\lambda} + \frac{K_0 i - \lambda}{2} \tag{5-10}$$

【例 5-3】设有一台设备，其初始投资为 18 000 元，残值为零，运行费用第一年为 2 000 元，以后每年递增 1 000 元，利率为 8%，试计算该设备的经济寿命及最小年均费用。

解：经济寿命为

$$T_{opt} = \sqrt{\frac{2K_0}{\lambda}} = \sqrt{\frac{2 \times 18\,000}{1\,000}} = 6(\text{年})$$

其最小年均费用为

$$AC_{\min} = 2\,000 + \sqrt{2 \times 18\,000 \times 1\,000} + \frac{18\,000 \times 8\% - 1\,000}{2}$$
$$= 8\,000 + 220 = 8\,220(\text{元})$$

（2）计算复利时设备经济寿命的确定。

$$AC = K_0(A/P, i, n) - V_L(A/F, i, n) + C_1 + \left[\sum_{j=2}^{n}\lambda(P/F, i, n)\right](A/P, i, n) \tag{5-11}$$

式中 $(A/P, i, n)$——资金回收系数；

$(A/F, i, n)$——偿债基金系数；

$(P/F, i, n)$——一次支付现值系数；

λ——劣化值增加额。

可通过计算不同使用年限的年等额总成本 AC_n 来确定设备的经济寿命。若设备的经济寿命为 m 年，则应满足下列条件：$AC_m \leqslant AC_{m-1}$，$AC_m \leqslant AC_{m+1}$。

【例 5-4】某设备的购置费为 24 000 元，第 1 年的设备运营费为 8 000 元，以后每年增加 5 600 元，设备逐年减少的残值见表 5-3。设利率为 12%，求该设备的经济寿命。

解：设备在使用年限内的年等额总成本计算如下：

$n=1$ 时，$AC_1 = (24\ 000 - 12\ 000)(A/P, 12\%, 1) + 12\ 000i + 8\ 000 + 5\ 600(A/G, 12\%, 1)$
$= 12\ 000(1.120\ 0) + 12\ 000 \times 0.12 + 8\ 000 + 5\ 600(0) = 22\ 880$(元)

$n=2$ 时，$AC_2 = (24\ 000 - 8\ 000)(A/P, 12\%, 2) + 8\ 000i + 8\ 000 + 5\ 600(A/G, 12\%, 2)$
$= 16\ 000(0.591\ 7) + 8\ 000 \times 0.12 + 8\ 000 + 5\ 600(0.471\ 7) = 21\ 068$(元)

$n=3$ 时，$AC_3 = (24\ 000 - 4\ 000)(A/P, 12\%, 3) + 4\ 000i + 8\ 000 + 5\ 600(A/G, 12\%, 3)$
$= 20\ 000(0.416\ 3) + 4\ 000 \times 0.12 + 8\ 000 + 5\ 600(0.924\ 6) = 21\ 985$(元)

$n=4$ 时，$AC_4 = (24\ 000 - 0)(A/P, 12\%, 4) + 0i + 8\ 000 + 5\ 600(A/G, 12\%, 4)$
$= 24\ 000(0.329\ 2) + 0 \times 0.12 + 8\ 000 + 5\ 600(1.358\ 9)$
$= 23\ 511$(元)

表 5-3　设备经济寿命动态计算　　单位：元

第 j 年年末	设备使用到第 n 年年末的残值	年度运营成本	年等额资产恢复成本	年等额运营成本	年等额总成本
1	12 000	8 000	14 880	8 000	22 880
2	8 000	13 600	10 427	10 641	21 068
3	4 000	19 200	8 806	13 179	21 985
4	0	24 800	7 901	15 610	23 511

根据计算结果，设备的经济寿命为 2 年。

但在实务中，设备劣化值的变化是比较复杂的，故设备的年均总费用计算的一般公式为：

$$AC = (K_0 - V_L)(A/P,\ i,\ n) + V_L i + \left[\sum_{j=1}^{n} W_j(P/F,\ i,\ n)\right](A/P,\ i,\ n) \quad (5\text{-}12)$$

式中 W_j——第 j 年的运营费用；

i——基准收益率。

在实际工作中，一定要遵循资金时间价值计算的原理，对设备的年均总费用进行计算，上述的计算原理实际是将不同时期的费用流折算为年金，即设备的年均费用，年均费用最低的年份即为设备的经济寿命。

5.3 设备更新的分析方法及其应用

5.3.1 设备更新

（1）设备更新的意义。显而易见，设备更新可使生产经营活动延续下去。设备技术更新，是用技术更先进的设备取代已过时的落后设备，是对设备的提前更换，它具有以下意义：

1）促进企业技术进步。

2）降低消耗，提高企业效益。

3）提高劳动生产率。

4）促进国家经济的发展。如 19 世纪 80 年代，英国把大量资本投于国外，没有充分重视老工业部门的设备更新，舍不得丢掉产业革命时留下的大量陈旧设备，妨碍了工业发展。再如日本，1956 年后先后执行了四个工业振兴法，在大力抓智力投资的同时，一手抓专业化，一手抓设备更新，工业得到迅速发展。

（2）设备更新的核心问题。设备更新的核心问题是选择最优更新时机及相应的更新方式和更新机型。

（3）设备更新的原则。

1）设备更新应当结合企业的经济条件，有计划、有重点、有步骤地进行。

2）要做好调查摸底工作，根据企业的实际需要和可能，安排设备的更新工作。注意克服生产薄弱环节，提高企业的综合生产能力。

3）有利于提高生产的安全程度，有利于减轻工人的劳动强度，防止环境污染。

4）更新设备要同加强原有设备的维修和改造结合起来，如改造后能达到生产要求的，可暂不更新。

5）讲求经济效益，做好设备更新的技术经济分析工作，主要包括确定设备的最佳更新周期、计算设备投资回收期等。

（4）设备更新分析的特点。

1）假定设备产生的效益相同，只作费用比较，常采用年度费用进行比较。

2）不考虑沉没成本，原设备价值按目前实际价值计算，而不考虑其原值及折旧余额。

3）逐年滚动比较。在确定最佳更新时机时，应首先计算和比较现有设备的剩余经济寿命，然后利用逐年滚动计算法进行比较。

5.3.2 设备更新的分析方法

设备更新分析的结论取决于所采用的分析方法，而设备更新分析的假定条件和设备的研究期是选用设备更新分析方法时应考虑的重要因素。

5.3.2.1 原型设备的更新分析

所谓原型设备的更新分析，就是假定企业的生产经营期较长，并且设备均采用原型设备重复更新，这相当于研究期为各设备自然寿命的最小公倍数。

原型设备更新分析主要有以下三个步骤：

（1）确定各方案共同的研究期。

（2）用费用年值法确定各方案设备的经济寿命。

（3）通过比较每个方案设备的经济寿命确定最佳方案，即旧设备是否更新以及新设备未来的更新周期。

5.3.2.2 新型设备的更新分析

所谓新型设备的更新分析，就是假定企业现有设备可被其经济寿命内年等额总成本最低的新设备所取代。

5.3.3 设备更新分析方法的应用

5.3.3.1 技术创新引起的设备更新

通过技术创新不断改善设备的生产效率，提高设备的使用功能，会造成旧设备产生精神磨损，从而有可能导致企业对旧设备进行更新。

【例 5-5】某公司用旧设备 O 加工某产品的关键零件，设备 O 是 8 年前买的，当时的购置及安装费为 8 万元，设备 O 目前的市场价为 18 000 元，估计设备 O 可再使用 2 年，退役时残值为 2 750 元。目前市场上出现了一种新的设备 A，设备 A 的购置及安装费为 12 万元，使用寿命为 10 年，残值为原值的 10%。旧设备 O 和新设备 A 加工 100 个零件所需时间分别为 5.24 小时和 4.22 小时，该公司预计今后每年平均能销售 44 000 件该产品。该公司人工费为 18.7 元/小时。旧设备动力费为 4.7 元/小时，新设备动力费为 4.9 元/小时。基准折现率为 10%，试分析是否应采用新设备 A 更新旧设备 O。

解：选择旧设备 O 的剩余使用寿命 2 年为研究期，采用年值法计算新旧设备的年等额总成本。

$$AC_O = (18\ 000 - 2\ 750)(A/P, 10\%, 2) + 2\ 750 \times 10\% + 5.24 \times 44\ 000 \times (18.7 + 4.7) \div 100 = 63\ 013.09(元)$$

$$AC_A = (120\ 000 - 12\ 000)(A/P, 10\%, 10) + 12\ 000 \times 10\% + 4.22 \times 44\ 000 \times (18.7 + 4.9) \div 100 = 62\ 592.08(元)$$

从以上计算结果可以看出，使用新设备 A 比使用旧设备 O 每年节约 421 元，故应立即用设备 A 更新设备 O。

5.3.3.2 由于能力不足而发生的设备更新

在实际工程中，有时尽管原有设备完好，功能正常，但由于原有设备的能力不能满足工程需要，就需要购置新的高效设备来替换原有设备；或者增加原型设备的数量，以保证生产能力满足工程项目建设的需要。所以，在设备更新方案的决策中，就要通过新型高效设备的年均总费用与原有设备和增加的原型设备的年均总费用和进行方案比较来决策。

【例 5-6】由于市场需求量的增加，某钢铁集团公司高速线材生产线面临两种选择，方案一是在保留现有生产线 A 的基础上，3 年后再上一条生产线 B，使生产能力增加一倍；方案二是弃现在的生产线 A，直接上一条新的生产线 C，使生产能力增加一倍。

生产线 A 是 10 年前建造的，其剩余寿命估计为 10 年，到期残值为 100 万元，目前市场上有厂家愿以 700 万元的价格收购 A 生产线。生产线今后第一年的经营成本为 20 万元，以后每年等额增加 5 万元。

B 生产线 3 年后建设，总投资为 6 000 万元，寿命期为 20 年，到期残值为 1 000 万元，每年经营成本为 10 万元。

C 生产线目前建设，总投资为 8 000 万元，寿命期为 30 年，到期残值为 1 200 万元，年运营成本为 8 万元。

基准折现率为 10%，试比较方案一和方案二的优劣，设研究期为 10 年。

解：方案一和方案二的现金流量图如图 5-2 所示。

设定研究期为 10 年，各方案的年等额总成本计算如下：

方案一：

$$AC_A = 700(A/P, 10\%, 10) - 100(A/F, 10\%, 10) + 20 + 5(A/G, 10\%, 10) = 700 \times 0.162\ 7 - 100 \times 0.062\ 7 + 20 + 5 \times 3.725 = 146.25(万元)$$

$$AC_B = [6\ 000(A/P, 10\%, 20) - 1\ 000(A/F, 10\%, 20) + 10](F/A, 10\%, 7)(A/F, 10\%, 10) = [6\ 000 \times 0.117\ 5 - 1\ 000 \times 0.017\ 5 + 10] \times 9.487\ 2 \times 0.067\ 2 = 413.58(万元)$$

$$AC_1 = 146.25 + 413.58 = 559.83(万元)$$

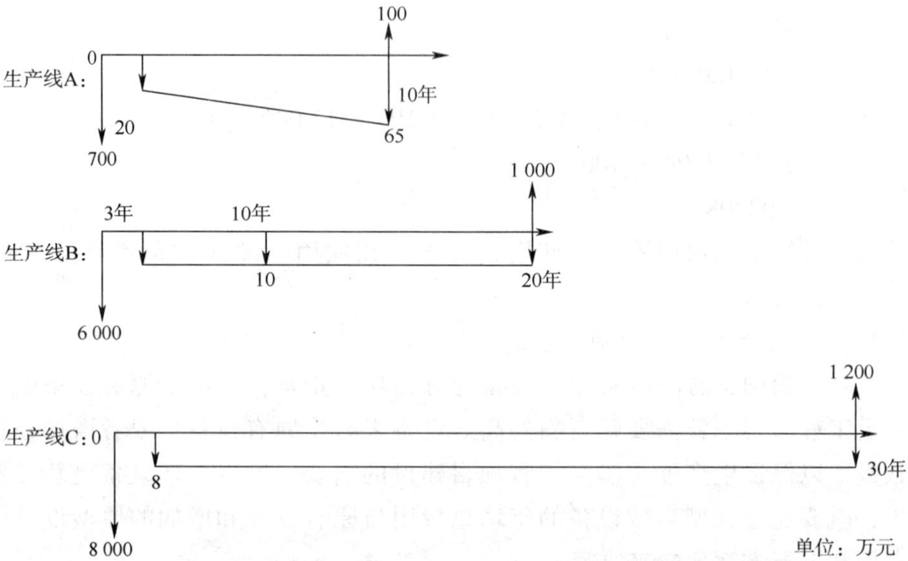

图 5-2　方案一和方案二的现金流量图

方案二：

$AC_C = 8\ 000(A/P,\ 10\%,\ 30) - 1\ 200(A/F,\ 10\%,\ 30) + 8 = 849.48$(万元)

$AC_2 = 849.48$(万元)

从以上比较结果来看，应采用方案一。

5.3.3.3　由于性能降低而发生的更新

机器设备的性能随着磨损的产生不断下降，从而导致维修费用过高、运行费用增加、废品率上升及附加设备增加等。性能的下降可以通过维修或更换零件、大修理来部分或全部恢复。但由于维修费用是递增的，为了提高经济效益，在一定时期就要考虑到用新的设备来代替旧的设备。为此，由于性能下降的更新就有两个方案：一是新设备更新，二是大修。因此，在更新方案决策时就要考察在修理后设备年均总费用、更新设备的年均总费用和继续使用原有设备的年均总费用的大小。但要注意，即使计算表明新设备比继续使用旧设备要优，也不一定需要立即进行更新，还要比较旧设备继续使用以后年度的年均总费用。正确的更新时间应该是旧设备继续使用的某一年份的年均总费用大于新设备当年的年均总费用。

5.3.3.4　设备继续使用的年限为未知的更新

设备的继续使用年限为未知，并非指设备的使用年限没有极限，而是指由于现实中的客观情况，不能确定现有的设备究竟还能使用多长时间，这时就要对设备使用年限的多种可能情况进行更新分析。在此情况下进行设备更新决策的方法就是通过比较不同年限不同方案的年总费用的大小来进行决策，选择相应使用年限年总费用最小的方案作为更新方案。当然，也可以通过比较不同使用年限年均总费用这一指标，选取其数值最小者作为相应年份的最佳方案。

对以上更新方案进行综合比较宜采用“最低总费用现值法”，即通过计算各方案在不同使用年限内的总费用现值，根据打算使用年限，按照总费用现值最低的原则进行方案选优。

【例 5-7】某设备还有 3 年到其经济寿命期限，现在欲对其进行更新，共有四种方案，即原型更新、高效新设备替换、旧设备现代化改装和大修，各方案资料值见表 5-4，设备使用年限未定，试确定不同使用年限的设备更新方案，已知基准收益率为 10%。

表 5-4 各更新方案的数据资料 单位：元

备选方案	继续使用旧设备		原型更新		高效新型更新		现代化改装		大修	
初始费用	2 000		15 000		21 000		12 000		5 000	
使用年限	运营费	残值	运营费	残值	运营费	残值	运营费	残值	运营费	残值
1	4 000	1 200	1 000	12 200	600	18 000	1 600	9 000	2 700	3 000
2	5 200	600	1 200	9 500	800	15 200	1 800	6 700	3 300	1 800
3	6 400	300	1 600	7 000	1 100	13 200	2 000	4 700	3 900	600
4			2 000	5 000	1 400	11 200	2 300	3 000	5 000	300
5			2 400	3 500	1 700	10 000	2 600	1 700	6 000	100
6			2 800	2 000	2 000	9 000	3 100	1 000	7 000	100
7			3 400	1 000	2 300	8 000	3 800	700		
8			4 600	500	2 600	7 000	4 700	200		
9			5 600	300	2 900	6 500	5 700	200		
10			6 800	100	3 300	6 000	6 800	200		

解：因不能确定具体使用年限，所以，首先计算出各方案的年均总费用或总费用现值，然后比较相同年份的年均总费用或年总费用的现值，选择其最小值，即为对应年份应选择的方案。其不同方案的计算结果见表 5-5。

表 5-5 年均总费用计算 单位：元

使用年限	继续使用旧设备	原型更新	高效新型更新	现代化改装	大修
1	5 000	5 300	5 700	5 800	5 200
2	5 438	5 214	5 557	5 419	5 010
3	5 837	5 165	5 274	5 193	5 091
4	0	5 065	5 155	5 037	5 149
5	0	4 965	4 969	4 900	5 326
6	0	4 916	4 843	4 779	5 544

续表 单位：元

使用年限	继续使用旧设备	原型更新	高效新型更新	现代化改装	大修
7	0	4 883	4 775	4 718	0
8	0	4 910	4 743	4 767	0
9	0	4 980	4 695	7 837	0
10	0	5 108	4 680	4 961	0

由表5-5中可以看出，第1年，继续使用旧设备的年均总费用最低；第2、3年，大修的年均总费用最低；第4~7年，现代化改装方案的年均总费用最低；而8年以上，高效新型设备的年均总费用最低。因此，在对方案进行决策时，可以参考表5-5，根据使用年限来选择方案，不仅在技术上和功能上满足生产需要，而且在经济上具有效益，能提高企业的经济效益。

5.4 设备更新方案的综合比较

设备超过最佳期限之后，就存在更新的问题。但陈旧设备直接更换是否必要或是否为最佳的选择，是需要进一步研究的问题。一般而言，对超过最佳期限的设备可以采用五种处理办法：继续使用旧设备；对旧设备进行大修理；用原型设备更新；对旧设备进行现代化技术改造；用新型设备更新。

设备的更新时机，一般取决于设备的技术寿命和经济寿命。技术寿命是从技术的角度看设备最合理的使用期限，它是由无形磨损决定的，与技术进步无关；而经济寿命是从经济角度看设备最合理的使用期限，它是由无形磨损和有形磨损共同决定的。适时地更换设备，既能促进技术进步，加速经济增长，又能节约资源，提高经济效益。

5.4.1 新购设备的优劣比较

新购设备的优劣比较是项目经济效益的必然要求，为了保证项目良好的经济效果就必须适时更新设备，且更新方案需满足在技术性能和生产功能上有保证，经济上效益好的前提。

5.4.1.1 年费用比较法（年均总费用比较法）

年费用比较法是通过分别计算，比较几个备选新添设备方案对应于各自的经济寿命期内的年均总费用，选择年均总费用最小的购置设备方案作为最佳方案。

（1）年费用比较法是假定设备产生的收益是相同的，其应遵循的原则是：不考虑沉没成本，即在方案比较时，原有设备的价值按目前实际上能实现的价值来计算，而不管它过去是多少钱购进的。

不要简单地按照方案的直接现金流量进行比较，而应从一个客观的立场上去比较。

在按方案的直接现金流量进行比较时，服务年限必须一致，否则不能按方案的直接现金流量进行比较，因为这将涉及原有设备的利用问题，情况比较复杂。

(2) 年均费用法的计算模型。设备的年度使用费包括两部分，即资金恢复费用（年资金费用）和年经营费用或运行成本。具体还可细分为运行的劣化损失、设备价值耗损和利息损失。根据设备更新的情况，年均费用法可分为以下几个模型。

1) 不计算设备的残值，也不计算资金的时间价值。其计算公式如下：

$$AC = \frac{K_0}{n} + \frac{1}{n}\sum_{m=1}^{n} C_m \tag{5-13}$$

式中 C_m ——第 m 年设备的运营成本或费用。

2) 假设设备的劣化是线性的且逐年按同等数额增加，只以单利计算占有资金的利息并计算设备的残值。

为了简化计算，设劣化值为 λ，如果设备的使用年限为 T，则 T 年的劣化值的平均值为：

$$\frac{\lambda(T-1)}{2}$$

式中 λ——设备年劣化值的增加额。

在实务中新设备的劣化损失是难以预先知道的，一般可以采用耐用年数相同的类似设备的劣化值的增量来代替之。

假定设备的残值为 V_L，则设备在 T 年内年均价值的损耗为：$(K_0 - V_L)/T$。

设备的利息损失等于新设备在使用期内平均资金占用额乘以相应的利率，即 $(K_0 + V_L)i/2$。

所以，新设备的年均费用为：

$$AC = \frac{T-1}{2}\lambda + \frac{K_0 - V_L}{T} + \frac{K_0 + V_L}{2}i \tag{5-14}$$

3) 以复利计息情况下，设备的年均总费用计算公式为：

$$AC = (K_0 - V_L)(A/P,\ i,\ n) + V_L i + \left[\sum_{j=1}^{n} W_j(P/F,\ i,\ n)\right](A/P,\ i,\ n) \tag{5-15}$$

【例 5-8】某项目需购买某种设备以满足生产需要，已知有甲、乙两种方案，甲方案估计投资需 200 000 元，年运营成本为 6 400 元；乙方案估计投资为 65 000 元，年运营成本为 8 500 元，两设备的折旧率均为 12%，其技术性能、生产能力和使用年限相同。试进行方案决策。

解： 甲方案的年均总费用 200 000 × 12% + 6 400 = 30 400(元)

乙方案的年均总费用 65 000 × 12% + 8 500 = 16 300(元)

显然，甲方案的年均总费用>乙方案的年均总费用，应选择乙方案。

5.4.1.2 研究期法

所谓研究期法就是针对使用期限不同的设备更新方案，直接选取一个适当的分析期作为各个更新方案共同的计算期，通过比较各个方案在该计算期内的费用的现值对设备的更新方案进行比较。研究期的选择视具体情况而定，主要有以下三类：

（1）以寿命最短方案的寿命为各方案共同的服务年限，令寿命较长的方案在共同服务期限末保留一定的残值。

（2）以寿命最长方案的寿命为各个方案的共同服务年限，令寿命较短的方案在寿命终了时，被同种设备或其他新型设备所替代，直至达到共同服务年限为止，期末可能存在一定的残值。

（3）统一规定方案的计划服务年限，其数值不一定等于各个方案的寿命，在达到计划服务年限前，有的方案或许要进行更替，服务期满时，有的方案可能存在一定的残值。

【例5-9】某工程正使用设备A，其目前的残值为2 000元，尚可使用5年，每年使用费为1 200元，无残值。为了满足生产的需要，提出两个设备更新方案。

方案甲：5年后用设备B来替代A，B的购置费为10 000元，使用寿命为15年，残值为零，每年使用费为600元。

方案乙：现在即用设备C来替代A，C设备的购置费为8 000元，使用寿命为15年，到期无残值，每年使用费为900元。

已知利率为10%，试比较上述两方案的优劣。

解：可以分三种情形对设备更新的方案进行分析和比较。

第一，选定研究期为15年，考虑设备的未使用价值。

按照方案甲，15年研究期，包括设备A使用5年，设备B使用10年，费用的现值为：

$$\begin{aligned}PC_{甲} &= 2\,000 + 1\,200(P/A,\ 10\%,\ 5) + [10\,000 \times (A/P,\ 10\%,\ 15)] + \\ &\quad 600(P/F,\ 10\%,\ 10) \\ &= 13\,856(元)\end{aligned}$$

对于方案乙，设备C在15年中的费用现值为14 845元。

显然，$PC_{甲}<PC_{乙}$，故方案甲优于方案乙。

第二，研究期为15年，不考虑设备的未使用价值。

$$\begin{aligned}PC_{甲} &= 2\,000 + 1\,200(P/A,\ 10\%,\ 5) + [10\,000 \times (A/P,\ 10\%,\ 15) + \\ &\quad 600](P/F,\ 10\%,\ 5) \\ &= 15\,050(元)\end{aligned}$$

$$PC_{乙} = 14\,845(元)$$

$PC_{甲}>PC_{乙}$，结论和第一种情况恰恰相反，为什么？原因在于第一种情况把设备B的未使用价值考虑进去了，而第二种情况以10年来分摊购置成本，事实上，设备B只使用了10年，以15年分摊必存在未使用的价值，第一、第二种情况计算所得的方案甲费用现值的差额即为未使用价值。因为未使用价值是客观存在的，所以应该将其考虑进去，这样才能得到比较准确的结论。

第三，由于资料及估算不准确，因此采用5年作为研究期。比如并不清楚用什么设备继续A设备的工作，就只能选定A设备还可使用的期限作为研究期，此时可比较两方案前5年的年均使用费。

$$AC_{甲} = 2\,000(A/P,\ 10\%,\ 5) + 1\,200 = 1\,728(元)$$

$$AC_{乙} = 1\,952(元)$$

即在前5年继续使用设备A较之于设备C要经济，每年可节约费用224元。

由【例5-9】可知，对于不同使用年限的设备，采用不同的研究期，结论会不一样。因此，在实务中，应根据掌握的资料和具体的实际情况来确定，以期真实反映客观实际，做出正确决策。

5.4.1.3　最低总费用法

设备更新的决策方案不外乎六种情况：一是继续使用原有设备；二是原有设备在大修后继续使用；三是以同一类型的新设备更换原有设备；四是设备的现代化改装；五是用新型、高效的设备更新旧设备；六是设备租赁。最低总费用法是通过分别计算、比较不同设备更新方案在不同服务年限内的总费用现值，根据所需要的服务年限，按照总费用现值最低的原则，进行设备更新方案选择的一种方法。下面分别介绍各种方案的费用现值的计算公式。

（1）继续使用旧设备的费用现值计算公式为：

$$PC_0 = \sum_{i=1}^{n} [C_i(P/F,\ i,\ t) - V_L(P/F,\ i,\ n)] \tag{5-16}$$

式中　PC_0——继续使用原设备的费用现值；

C_i——原设备的年运营成本。

（2）大修一次后继续使用旧设备的费用现值计算公式为：

$$PC_r = K_r + \sum_{i=1}^{n} C_{rt}(P/F,\ i,\ t) \tag{5-17}$$

式中　PC_r——大修后设备使用的费用现值；

C_{rt}——大修后设备第t年运营成本。

（3）以同类设备更新旧设备的费用现值计算公式为：

$$PC_n = K_n - V_L + \sum_{i=1}^{n} C_{nt}(P/F,\ i,\ t) - V_n(P/F,\ i,\ n) \tag{5-18}$$

式中　V_L、V_n——分别为原设备和新设备的残值；

PC_n——同类新型设备的费用现值；

K_n——新设备的购置费用；

C_{nt}——新设备的第t年的运营成本。

（4）设备的现代化改装费用现值计算公式为：

$$PC_m = \frac{K_m}{\beta_m} + \sum_{i=1}^{n} C_{mt}(P/F,\ i,\ t) - V_n(P/F,\ i,\ n) \tag{5-19}$$

式中 K_m ——设备现代化改装的费用现值；

β_m ——经过现代化改装后设备的生产效率系数；

C_{mt} ——经过现代化改装后第 t 年的运营成本；

V_n ——新型高效设备的残值。

（5）以高效新型设备更换旧设备的费用现值计算公式为：

$$PC_h = \frac{K_h}{\beta_h} - V_L + \sum_{i=1}^{n} C_{ht}(P/F,\ i,\ t) - V_h(P/F,\ i,\ n) \tag{5-20}$$

式中 V_L、V_h ——分别为原设备和高效新型设备的残值；

PC_h ——高效新型设备的费用现值；

K_h ——高效新型设备的购置费用；

β_h ——高效新型设备的生产率提高系数；

C_{ht} ——高效新型设备第 t 年的运营成本。

究竟选择哪个设备更新方案，往往取决于其使用年限的大小。当使用年限很大时，比如使用年限在 8～10 年，采用高效新型设备可能是最优的；如果在 3～5 年，可能继续使用原设备是比较经济的。

5.4.2 购置设备与租赁设备的优劣比较

5.4.2.1 设备租赁

设备租赁是指设备使用者（承租人）按照合同规定，按期向设备所有者（出租人）支付一定费用而取得设备使用权的一种经济活动。

5.4.2.2 设备租赁的形式

设备租赁一般有以下两种方式。

（1）融资租赁，又称财务租赁，它是指出租方和承租方共同承担确定时期的租让和付费义务，不得任意终止和取消租赁合同。融资租赁是一种融资和融物相结合的方式，主要解决企业大型的贵重的设备和长期资产的需要，如车皮、重型机械设备等宜采用这种方式。

融资租赁的主要特点有以下几点：

1）一般由承租人向出租人提出正式申请，由出租人融通资金引进租户所需设备，然后租给用户使用。

2）租期较长。融资租赁的租期一般为租赁财产寿命的一半以上。

3）租赁合同比较稳定。在融资租赁期内，承租人必须连续支付租金，非经双方同意，中途不得退租，这样既能保证承租人长期使用资产，又能保证出租人在基本租期内收回投资并获得一定利润。

4）租赁期满后，可选择将设备作价转让给承租人、出租人回收、延长租期和续租四种方式处理租赁财产。

5）在租赁期间，出租人一般不提供维修和保养设备方面的服务。

融资租赁的形式有以下三种：

1）售后租回。售后租回是指企业将某资产卖给出租人，再将其租回使用。资产的售价大致等同于市价。其好处是企业出售资产可得到一笔资金，同时仍可使用设备，利于项目建设及资金筹集。

2）直接租赁。直接租赁是指承租人直接向出租人租入所需要的资产，并付租金，其出租人主要是制造厂商、租赁公司等。

3）杠杆租赁。杠杆租赁涉及三方，即承租人、出租人和资金出借者三方。和其他租赁不同的是，出租人只出购买资产所需的部分资金作为投资，其他不足部分以该资产作为担保向资金出借方借入，所以他既是出租人又是借款人，既是资产所有权人又是债务人。融资租赁租入的设备属于固定资产，可以计提折旧并计入企业的成本，但租赁费不直接计入企业的成本，而由企业在税后支付，租赁费中的利息和手续费可在支付时计入企业的成本，作为纳税所得额中准予扣除的项目。

（2）经营租赁。经营租赁即租赁双方的任何一方可以随时以一定方式在通知对方后的规定期限内取消或中止租约。临时使用设备（如车辆、仪器）通常采用这种方式。其特点有以下几点：

1）承租企业可随时向出租人提出租赁资产的要求。

2）租赁期短，不涉及长期而固定的义务且租赁费可计入企业的成本，可减少企业的所得税。

3）租赁合同比较灵活，在合理限制条件范围内，可以解除租赁契约。

4）租赁期满，租赁资产一般归还出租人。

5）出租人提供专门服务，如设备的保养、维修和保险等。

5.4.2.3 设备租赁与设备购买相比的优越性

（1）在资金短缺的情况下，既可用较少资金获得生产急需设备，也可以引进先进设备，加快技术进步的步伐。

（2）可享受设备试用的优惠，加快设备更新，减少或避免设备陈旧、技术落后的风险。可以保持资金流动状态，防止呆滞，也不会使企业资产负债恶化。

（3）保值，既不受通货膨胀的影响，也不受利率波动的影响。

（4）手续简便，设备进货速度快。

（5）设备租金可在所得税前扣除，能享受税上的利益。

5.4.2.4 对承租人来说，设备租赁相比设备购买的不足之处

（1）在租赁期间承租人对租用设备无所有权，只有使用权，故承租人无权随意对设备进行改造，不能处置设备，也不能用于担保、抵押贷款。

（2）承租人在租赁期间所交的租金总额一般比直接购置设备的费用要高，即资金成本较高。

（3）长年支付租金，形成长期负债。

（4）租赁合同规定严格，毁约要赔偿损失，罚款较多等。

5.4.2.5 设备租赁与购置分析

（1）设备租赁与购置分析的步骤。

1）根据企业生产经营目标和技术状况，提出设备更新的投资建议。

2）拟定若干设备投资、更新方案，包括购置和租赁。

3）定性分析筛选方案，包括分析企业财务能力，分析设备技术风险、使用及维修的特点。

4）定量分析并优选方案。

（2）设备租赁与购置的经济比较方法。对于设备的使用者来讲，是采用购置设备还是租赁设备的决策取决于这两个方案在经济上的比较，其比较原则和方法与一般的互斥投资方案比选的方法并无实质上的差别。对于设备租赁来说，由于租金可在税前扣除，因此和购置设备方案的比较在现金流量上的主要区别在于所得税和租赁费以及设备购置费的不同。当设备寿命相同时，一般可以采用净现值法；当设备寿命不同时，可以采用年值法。无论是采用净现值法还是年值法，均以收益效果较大或成本较少的方案为宜。

1）设备租赁的净现金流量。采用设备租赁的方案，没有资金恢复费用，租赁费可以直接进入成本，其净现金流量为：

净现金流量=销售收入-经营成本-租赁费用-所得税税率×（销售收入-经营成本-租赁费用）

其中，租赁费用主要包括租赁保证金、租金和担保费。

2）购买设备的净现金流量。与租赁相同条件下购买设备方案的净现金流量为：

净现金流量=销售收入-经营成本-设备购置费-所得税税率×
（销售收入-经营成本-折旧）

【例5-10】某建筑公司的某设备损坏，现有两种方案：其一是购置，购置费为8 000元，预计使用10年，残值为零；其二是租赁，年租金为1 600元，设备每年的运行费为1 200元，所得税为30%，利率为12%，以直线法提折旧，企业应采用哪种方案？

解：可以用年值法进行比较。

企业采用购置方案，年折旧费为8 000 ÷ 10 = 800元，计入总成本，而租赁方案以每年1 600元计入总成本，因此后者每年的税金少付金额为（1 600 - 800）× 30% = 240元。

设备购置的年均费用为8 000 × 0.177 0 + 1 200 = 2 616（元）

设备租赁的年均费用为2 800 - 240 = 2 560（元）

显然，租赁方案的年均费用小于购置方案，在设备经济效益相同的情况下，选择设备租赁方案作为更新设备的最佳方案。

本章小结

本章主要阐述了设备更新的概念、原因、特点及设备更新的各种分析方法。

设备更新是指在设备的使用过程中，由于有形磨损和无形磨损的作用，致使其功能受到一定的影响（有所降低），因而需要用新的、功能类似的资产进行替代。

设备更新源于设备的磨损。磨损分为有形磨损和无形磨损，设备磨损是有形磨损和无形磨损共同作用的结果。

设备寿命从不同角度可划分为自然寿命、技术寿命、折旧寿命和经济寿命。经济寿命的确定方法主要有静态分析法和动态模型分析法。

设备更新方案往往取决于其使用年限的长短。当使用年限很长时，比如使用年限在8~10年，采用高效新型设备可能是最优的；如果在3~5年，可能继续使用原设备是比较经济的。

思 考 题

1. 联系实际，举例说明何谓设备的有形磨损、无形磨损，各有何特点？

2. 设备更新分析有何特点？

3. 什么是设备的自然寿命、折旧寿命、经济寿命和技术寿命？

4. 试述设备租赁的好处和不足。

5. 某企业3年前出资40万元购置了设备A，目前设备A的剩余寿命为4年，寿命终了时的残值为10 000元，设备A每年的运营情况见表5-6。目前，有一个设备制造厂出售与设备A具有相同功效的设备B，设备B售价为35万元，寿命为6年，残值为15 000元，每年运营情况见表5-6。设基准折现率为15%，问是否需要更新设备？其新旧设备资料见表5-6。

表5-6 新旧设备的运行状况 单位：元

年数	旧设备A		新设备B	
	运营费	残值	运营费	残值
0		120 000	350 000	
1	34 000	70 000	2 000	300 000
2	39 000	40 000	10 000	270 000
3	46 000	25 000	12 000	240 000
4	56 000	10 000	15 000	200 000
5			20 000	170 000
6			26 000	150 000

6. 某企业需要使用计算机，根据目前的市场情况，有两种方案可供选择：一种方案是投资29 000元购置一台计算机，估计计算机的服务寿命为6年，6年末残

值为 5 800 元，运行费为 50 元/天；另一种方案是租用计算机，租赁费用 20 元/天，如果公司一年中用计算机的天数估计为 200 天，政府规定的所得税税率为 33%，采用直线折旧法计提折旧，基准贴现率为 12%，试确定该企业是采用购置方案还是租赁方案？

6　项目不确定性及风险分析

【知识目标】

- 掌握盈亏平衡分析方法。
- 掌握敏感性分析方法。
- 掌握概率分析方法。
- 会进行风险决策。

不确定性分析是对决策方案受到各种事前无法控制的外部因素变化与影响所进行的研究与估计，是研究技术方案中主要不确定性因素对经济效益影响的一种方法。

由于主观和客观的原因，使得技术经济分析中各因素的实际情况很难测定准确，像技术进步和革新指标、价格浮动指标、生产能力指标等，加之政治、社会、道德、文化和风俗习惯等因素的共同作用，而这些因素又随着时间的推移不断发生变化，因此技术经济分析的结论并非是绝对的，即存在不确定性。

进行不确定性分析，是为了分析不确定因素，尽量弄清楚和减少不确定因素对经济效果评价的影响，以预测项目可能承担的风险，确定项目在财务上、经济上的可靠性，避免项目投产后不能获得预期的利润和收益，以致投资不能如期收回或给企业带来亏损。在项目评价中，不确定性就意味着项目风险性。风险性大的工程项目，必须具有较大的潜在获利能力。也就是说，风险越大，项目的内部收益率也越大。

不确定性分析包括盈亏平衡分析（收支平衡分析）、敏感性分析（灵敏度分析）和概率分析（风险分析）。其中，盈亏平衡分析一般只用于财务评价，敏感性分析和概率分析可同时用于财务评价和国民经济评价。三者的选择使用，要看项目性质、决策者的需要和相应的财力人力等。

6.1　盈亏平衡分析法

各种不确定因素（如投资、成本、销售量、产品价格和项目寿命期等）的变化会影响投资方案的经济效果，当这些因素的变化达到某一界限值时，就会影响方案的取舍。盈亏平衡分析的目的就是找出这个临界值，判断投资方案对不确定因素变化的承受能力，为决策提供依据。通过对项目投产获得盈亏平衡点（或称保本点）的预测分析，可以观察该项目可承受多大的风险而不至于发生亏损的经济界限。

在投资分析中，最常见的盈亏平衡分析是研究产量、成本和利润之间的关系。但盈亏平衡分析法的实际用途远比这些广泛，不仅可对单个方案进行分析，而且还可用于对多个方案进行比较。

6.1.1 线性盈亏平衡分析

线性盈亏平衡分析的目的是通过分析独立方案的产品产量、成本与方案盈利能力之间的关系，找出投资方案盈利与亏损在产量、产品价格和单位产品成本等方面的界限，以判断在各种不确定因素作用下方案的风险情况。平衡点是指项目方案既不盈利又不亏损，销售收入等于生产经营成本的临界点。

进行分析的前提是如果按销售量组织生产，产品销售量等于产品产量。在这里，假定市场条件不变，产品价格为一常数。这时，销售收入与销售量呈线性关系，即

$$TR=PQ \tag{6-1}$$

式中 TR——销售收入；

P——单位产品价格（不含销售税）；

Q——产品销售量。

项目投产后，其总成本费用可分为固定成本和变动成本两部分。固定成本指在一定的生产规模限度内不随产量的变动而变动的费用，变动成本指随产品产量的变动而变动的费用。在经济分析中，一般可以近似认为变动成本与产品产量成正比例关系。

总成本费用是固定成本与变动成本之和，它与产品产量的关系也可以近似地认为是线性关系，如图 6-1 所示。图中，TC 表示总成本费用，F 表示总固定成本，C_V 表示单位产品变动成本。

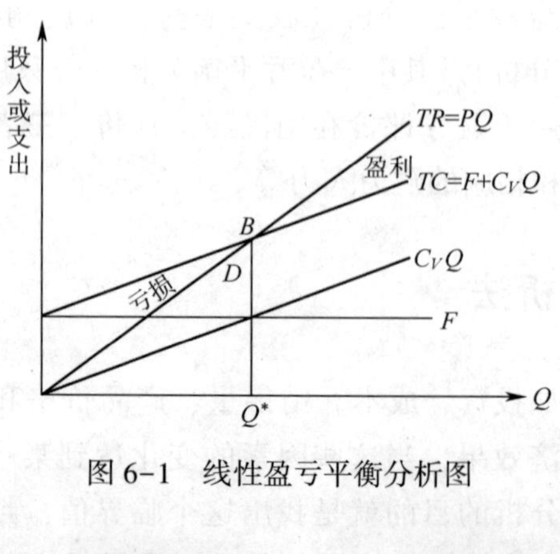

图 6-1 线性盈亏平衡分析图

6.1.1.1 盈亏平衡点的确定

1. 代数法

(1) 用产量表示盈亏平衡点。根据盈亏平衡点的定义，当达到盈亏平衡状态时，总成本等于总收入，即

$$TR=TC$$

$$PQ^{*}=F+C_{V}Q^{*}$$

$$Q^{*}=\frac{F}{P-C_{V}} \tag{6-2}$$

式中 Q^{*}——盈亏平衡点的产量。

若用含税价格 p 计算，则计算公式如下：

$$Q^{*}=\frac{F}{(1-r)p-C_{V}} \tag{6-3}$$

式中 r——产品销售税率，$P=(1-r)p$。

【例 6-1】某项目设计总量 3 万吨，产品单价为 630.24 元/吨，年生产成本为 1 352.18 万元，其中固定成本为 112.94 万元，单位可变成本为 413.08 元/吨，销售税率为 3%，求项目投产后的盈亏平衡产量。

解：$p=630.24$ 元/吨，$F=112.94$ 万元，$r=3\%$，$C_V=413.08$ 元/吨

$$Q^{*}=\frac{F}{(1-r)p-C_{V}}=\frac{112.94}{(1-3\%)\times 630.24-413.08}=0.569\ 1\ (\text{万吨})$$

计算表明，项目投产后只要有 0.569 1 万吨的订货量，就可以保本。

(2) 以销售收入表示盈亏平衡点。当项目不发生亏损时至少应达到的销售收入，可用下式表示：

$$TR^{*}=PQ^{*}=\frac{FP}{P-C_{V}} \tag{6-4}$$

式中 TR^{*}——盈亏平衡时的销售收入。

(3) 生产能力利用率的盈亏平衡点。当项目不发生亏损时至少应达到的生产能力利用率，可用下式表示：

$$q^{*}=\frac{Q^{*}}{Q_{C}}\times 100\%=\frac{F}{Q_{C}(P-C_{V})}\times 100\% \tag{6-5}$$

式中 Q_C——设计年产量；

q^{*}——盈亏平衡时的生产能力利用率。

q^{*} 值越低，项目的投资风险就越小。

(4) 以销售价格表示的盈亏平衡点，公式如下：

$$p^{*}=\frac{TR}{Q_{C}}=\frac{F+C_{V}Q_{C}}{Q_{C}} \tag{6-6}$$

(5) 若按设计能力进行生产和销售，且销售价格已定，则盈亏平衡点单位产品变动成本为：

$$C_{V}^{*}=P-\frac{F}{Q_{C}} \tag{6-7}$$

2. 图解法

将式（6-2）和式（6-3）表示在同一坐标图上，就得出线性盈亏平衡分析图6-1。从图中可以看出，当产量在 $0<Q<Q^*$ 范围时，线 TC 位于线 TR 之上，此时企业处于亏损状态；而当产量在 $Q>Q^*$ 范围时，线 TR 位于线 TC 之上，此时企业处于盈利状态。因此，线 TR 与线 TC 的交点所对应的产量 Q^* 就是盈亏平衡点产量。

6.1.1.2　盈亏平衡分析与经营风险的衡量

盈亏平衡点越低，表明企业适应市场变化的能力越大，抗风险的能力就越强。如何衡量企业经营风险的大小及抗风险能力呢？这里引入经营安全度这一指标来反映抗风险能力的大小。

$$A = \frac{Q - Q^*}{Q^*} \times 100\% = \frac{TR - TR^*}{TR^*} \times 100\% \tag{6-8}$$

式中　A——经营安全度。

A 越大，表明生产经营的安全性越大，抗风险能力越强。

【例6-2】某项目生产某种产品年设计生产能力为3万件，单位产品价格为3 000元，总成本费用为7 800万元，其中固定成本为3 000万元，总变动成本与产品生产量成正比，销售税税率为5%，求以产量、生产能力利用率、销售价格、销售收入、单位产品变动成本表示的盈亏平衡点，并计算满负荷生产时的经营安全度。

解：（1）盈亏平衡点产量。

首先计算单位产品变动成本。

$$C_V = \frac{TC - F}{Q} = \frac{(7\,800 - 3\,000) \times 10^4}{3 \times 10^4} = 1\,600\text{（元/件）}$$

$$Q^* = \frac{F}{p(1-r) - C_V} = \frac{3\,000 \times 10^4}{3\,000(1 - 5\%) - 1\,600} \approx 2.4 \times 10^4\text{（件）}$$

（2）盈亏平衡点生产能力利用率。

$$q^* = \frac{Q^*}{Q_C} \times 100\% = \frac{2.4 \times 10^4}{3 \times 10^4} \times 100\% = 80\%$$

（3）盈亏平衡点销售价格。

$$p^* = \frac{F + C_V Q_C}{Q_C(1-r)} = \frac{3\,000 \times 10^4 + 1\,600 \times 3 \times 10^4}{3 \times 10^4 \times (1 - 5\%)} = 2\,736.8\text{（元/件）}$$

（4）盈亏平衡点销售收入（税前）。

$$TR^* = pQ^* = \frac{3\,000 \times 3\,000 \times 10^4}{3\,000 - 1\,600} = 6\,429\text{（万元）}$$

（5）盈亏平衡点单位产品变动成本。

$$C_V^* = p(1-r) - \frac{F}{Q_C} = 3\,000 \times (1 - 5\%) - \frac{3\,000 \times 10^4}{3 \times 10^4} = 1\,850\text{（元/件）}$$

（6）$A=\dfrac{Q-Q^*}{Q^*}\times 100\%=\dfrac{30\ 000-24\ 000}{24\ 000}\times 100\%=25\%$

6.1.2 优劣盈亏平衡分析

盈亏平衡分析不但可用于对单个投资方案进行分析，还可以用于对多个方案进行比较和选优。在对若干个互斥方案进行比选时，如果是某一个共同的不确定因素影响这些方案的取舍，可以采用下面介绍的盈亏平衡分析法帮助决策。

设两个互斥方案的经济效果都受到某不确定因素 x 的影响，把 x 看作一个变量，把两个方案的经济效果指标表示为 x 的函数，即

$$E_1=f_1(x)$$
$$E_2=f_2(x)$$

式中 E_1 和 E_2 分别为方案 1 与方案 2 的经济效果指标，当两个方案的经济效果相同时，有

$$f_1(x)=f_2(x)$$

从方程中解出 x 的值，即为方案 1 与方案 2 的优劣盈亏平衡点，也就是决定两个方案优劣的临界点。结合对不确定因素 x 未来取值范围的预测，就可以做出相应的决策。同样，根据分析中是否考虑资金的时间价值，可分为静态和动态平衡分析，本书只讨论静态平衡分析。

【例 6-3】生产某产品有三种方案可选择：方案 A，从国外引进成套生产线，年固定成本为 800 万元，单位产品变动成本为 10 元；方案 B，从国外引进关键设备，年固定成本为 500 万元，单位产品变动成本为 20 元；方案 C，全部采用国产设备，年固定成本为 300 万元，单位产品变动成本为 30 元。分析各种方案适用的生产规模和经济性。

解：三种方案年总成本均可表示为产量 Q 的函数。各方案的年总成本函数曲线如图 6-2 所示。

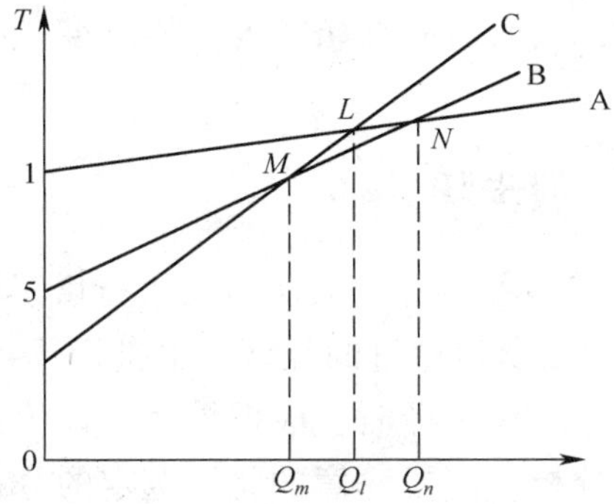

图 6-2　各方案的年总成本函数曲线

$TC_A=800+10Q\quad TC_B=500+20Q\quad TC_C=300+30Q$

由图 6-2 可以看出，三条成本曲线分别相交于 L、M、N 三点，各个交点所对应的产量就是相应的两个方案的盈亏平衡点。Q_m 是方案 B 与方案 C 的盈亏平衡点；Q_n 是方案 A 与方案 B 的盈亏平衡点。显然，当 $Q< Q_m$ 时，方案 C 的总成本最低；当 $Q_m <Q< Q_n$ 时，方案 B 的总成本最低；当 $Q> Q_n$ 时，方案 A 的总成本最低。

当 $Q= Q_m$ 时，$TC_B =TC_C$

即

$$500+20 Q_m =300+30 Q_m$$

$$Q_m =20 \text{（万件）}$$

当 $Q= Q_n$ 时，$TC_A = TC_B$

即

$$800+10 Q_n =500+20 Q_n$$

$$Q_n =30 \text{（万件）}$$

由此可知，当预期产量低于 20 万件时，应采用方案 C；当预期产量在20 万~30 万件时，应采用方案 B；当预期产量高于 30 万件时，应采用方案 A。

在【例 6-3】中，采用产量作为盈亏平衡分析的共有变量，根据年总成本费用的高低判断方案的优劣。在各种不同的情况下，根据实际需要，也可以用投资额、产品价格、经营成本、贷款利率、项目寿命期、期末固定资产残值等作为盈亏平衡分析的共有变量，用净现值、净年值和内部收益率等作为衡量方案经济效果的评价指标。

6.2 敏感性分析

敏感性分析是投资项目评价中最常见的一种不确定性分析方法。所谓敏感性是指参数的变化对投资项目经济效果的影响程度。若参数的小幅度变化能导致经济效果的较大变化，则称投资项目经济效果对参数的敏感性大，或称这类参数为敏感性因素；反之，则称之为非敏感性因素。敏感性分析的目的就是通过分析及预测项目主要变量因素（投资、成本、价格和建设工期等）发生变化时，对经济评价指标（如净现值、内部收益率、折现率和偿还期等）的影响，从中找出敏感因素，并确定其敏感程度，从而对外部条件发生不利变化时投资方案的承受能力做出判断。

6.2.1 敏感性分析的一般步骤

（1）确定投资效果可用多种指标来表示，在进行敏感性分析时，首先必须确定分析指标。一般而言，前面所讨论过的经济评价指标体系中的一系列评价指标，都可以成为敏感性分析指标。在选择时，应根据经济评价深度和项目的特点选择一种或两种评价指标进行分析。需要注意的是，选定的分析指标必须与确定性分析的评价指标相一致，这样便于进行对比和说明问题。在技术经济分析实践中，最常用的敏感性分析指标主要有投资回收期、方案净现值和内部收益率。

（2）选定不确定性因素，并设定它们的变化范围。影响技术项目方案经济效果的因素众多，不可能也没有必要对全部不确定因素逐个进行分析。在选定需要分析的不确定因素时，可从两个方面考虑：第一，这些因素在可能的变化范围内，对投资效果影响较大；第二，这些因素发生变化的可能性较大。通常设定的不确定性因素有产品价格、产销量、项目总投资、年经营成本、项目寿命期、建设工期及达产期、基准折现率、主要原材料和动力的价格等。

（3）计算因素变动对分析指标影响的数量结果。假定其他设定的不确定因素不变，一次仅变动一个不确定因素，重复计算各种可能的不确定因素的变化对分析指标影响的具体数值，然后采用敏感性分析计算表或分析图的形式，把不确定因素的变动与分析指标的对应数量关系反映出来，以便于测定敏感因素。

（4）确定敏感因素。敏感因素是指能引起分析指标产生相应较大变化的因素。测定某特定因素敏感与否，可采用两种方式进行：第一种方式是相对测定法，即设定要分析的因素均从基准开始变动，且各因素每次变动幅度相同，比较在同一幅度下各因素的变动对经济效果指标的影响，就可以判别出各因素的敏感程度；第二种方式是绝对测定法，即设定因素均向降低投资效果的方向变动，并设该因素达到可能的“最坏”值，然后计算在此条件下的经济效果指标，看其是否已达到使项目在经济上不可取的程度，如果项目已不能接受，则该因素就是敏感因素。绝对测定法的一个变通方式是先设定有关经济效果指标为其临界值，如令净现值等于零，令内部收益率为基准折现率，然后求待分析因素的最大允许变动幅度，并与其可能出现的最大变动幅度相比较。如果某因素可能出现的变动幅度超过最大允许变动幅度，则表明该因素是方案的敏感因素。

（5）结合确定性分析进行综合评价，选择可行的比选方案。根据敏感因素对技术项目方案评价指标的影响程度，结合确定性分析的结果作进一步的综合评价，寻求对主要不确定因素变化不敏感的比选方案。

在技术项目方案的分析比较中，对主要不确定因素变化不敏感的方案，其抵抗风险的能力比较强，获得满意经济效益的潜力比较大，优于敏感方案，应优先考虑接受。有时，还可以根据敏感性分析的结果，采取必要的相应对策。

6.2.2 敏感性分析的方法

（1）单因数敏感性分析。这种方法是指每次只变动某一个不确定因素而假定其他的因素都不发生变化，分别计算其对确定性分析指标影响程度的敏感性。

【例 6-4】某投资方案预计总投资为 1 200 万元，年产量为 10 万台，产品价格为 35 元/台，年经营成本为 120 万元，方案经济寿命期为 10 年，设备残值为 80 万元，基准折现率为 10%，试就投资额、产品价格及方案寿命期进行敏感性分析。

解：以净现值作为经济评价的分析指标，则预期净现值为：

$$NPV_0 = -1\ 200 + (10 \times 35 - 120)(P/A,\ 10\%,\ 10) + 80 \times (P/F,\ 10\%,\ 10)$$
$$= 244.19\ (\text{万元})$$

下面用净现值指标分别就投资额、产品价格和寿命期三个不确定因素作敏感性分析。

设投资额变动的百分比为 x，投资额变动对方案净现值影响的计算公式为：

$$NPV=-1\,200\times(1+x)+(10\times35-120)\times(P/A,\ 10\%,\ 10)+80(P/F,\ 10\%,\ 10)$$

设产品价格变动的百分比为 y，产品价格变动对方案净现值影响的计算公式为：

$$NPV=-1\,200+[10\times35\times(1+y)-120](P/A,\ 10\%,\ 10)+80(P/F,\ 10\%,\ 10)$$

设寿命期变动的百分比为 z，寿命期变动对方案净现值影响的计算公式为：

$$NPV=-1\,200+(10\times35-120)[P/A,\ 10\%,\ 10\times(1+z)]+80\times[P/F,\ 10\%,\ 10\times(1+z)]$$

设投资额、产品价格及方案寿命期在其预期值的基础上分别按±10%、±15%、±20%变化，相应地方案的净现值将随之变化，其变化的结果见表 6-1 和如图 6-3 所示。

表 6-1　单因数的敏感性计算　　单位：万元

变动率	-20%	-15%	-10%	0	10%	15%	20%
投资额	483.96	423.96	363.96	244.19	123.96	63.96	3.96
价格	-186.12	-78.60	29.92	244.19	459.00	566.52	647.00
寿命期	64.37	112.55	158.50	244.19	321.89	358.11	392.71

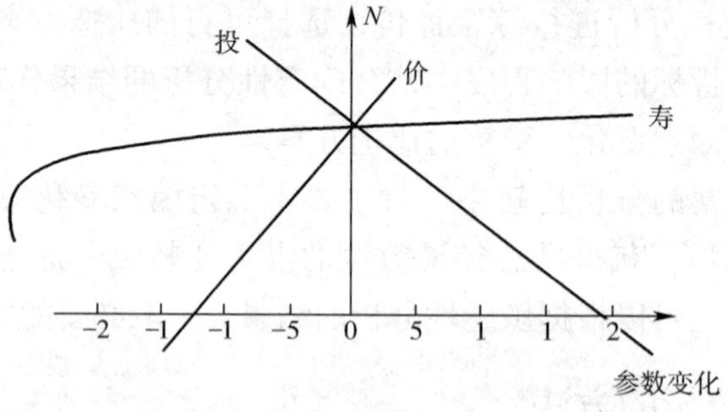

图 6-3　敏感性分析图

可以看出，在同样的变动率下，产品价格的变动对方案的净现值影响最大，其次是投资额的变动，寿命周期变动的影响最小。

如果以 $NPV=0$ 作为方案是否被接受的临界条件，那么从上面的公式可以算出，当实际投资额超出预计投资额的 20.3%，或者当产品价格下降到比预计价格低 11.3%，或者当寿命期比预计寿命期短 26.5%时，方案就变得不可接受。

根据上面的分析可知，对于本方案来说，产品价格是敏感因素，应对产品价格进行更准确的测算。如果未来产品价格变化的可能性较大，则意味着这一方案的风险亦较大。

(2) 多因素敏感性分析。单因素敏感性分析方法适合于分析项目方案的最敏感因素，但它忽略了各个变动因素综合作用的可能性。无论是哪种类型的技术项目方案，各种不确定因素对项目方案经济效益的影响都是相互交叉综合发生，而且各个因素的变化率及其发生的概率是随机的。因此，研究和分析经济评价指标受多个因素同时变化的综合影响，研究多因素的敏感性分析，更具有实用价值。

多因素敏感性分析要考虑可能发生的各种因素不同变动幅度的多种组合，计算起来要比单因素敏感性分析复杂得多，在这里就不做具体介绍了。

敏感性分析具有分析指标具体，能与项目方案经济评价指标紧密结合，分析方法容易掌握，便于分析，便于决策等优点，有助于找出影响项目方案经济效益的敏感因素及其影响程度，对于提高项目方案经济评价的可靠性具有重大意义。但是，敏感性分析没有考虑各种不确定因素在未来发生变动的概率，这可能会影响分析结论的准确性。实际上，各种不确定因素在未来某一幅度变动的概率一般是不同的。可能有这样的情况，通过敏感性分析找出某一敏感因素未来发生不利变动的概率很小，因而实际上所带来的风险并不大，以至于可以忽略不计，而另一不太敏感的因素未来发生不利变动的概率很大，实际上带来的风险比那个敏感因素更大。这种问题是敏感性分析无法解决的，必须借助于概率分析方法。

6.3 概率分析

概率分析是研究各种不确定因素按一定概率值变动时，对项目方案经济评价指标影响的一种定量分析方法，其目的是在不确定情况下为决策项目或方案提供科学依据。

概率分析的关键是确定各种不确定因素变动的概率。概率分析的内容应根据经济评价的要求和项目方案的特点确定。一般是计算项目方案某个确定分析指标（如净现值）的期望值；计算使方案可行时指标取值的累计概率；通过模拟法测算分析指标的概率分布等。在进行概率分析时所选定的分析指标，应与确定分析的评价指标一致。

6.3.1 投资方案经济效果的概率描述

严格地说，影响方案经济效果的大多数因素都是随机变量。我们可以预测其未来可能的取值范围，估计各种取值或值域发生的概率，但不可能预知它们取什么值。因为投资方案的现金流量序列是由这些因素的取值决定的，所以实际上方案的现金流量序列也是随机变量。

要完整地描述一个随机变量，需要确定其概率分布的类型和参数。在经济分析与决策中，使用最普遍的是均匀分布与正态分布。

（1）经济效果的期望值。投资方案经济效果的期望值是指在一定概率分布下，投资效果所能达到的概率平均值。其一般表达式为：

$$E(x) = \sum_{i=1}^{n} x_i p_i \tag{6-9}$$

式中　$E(x)$ ——变量的期望值，变量可以是各分析指标；

p_i ——变量 x_i 的取值概率。

【例 6-5】已知某方案的净现值及其概率见表 6-2，试计算该方案净现值的期望值。

表 6-2　方案的净现值及其概率

净现值/万元	23.5	26.2	32.4	38.7	42.0	46.8
概率	0.1	0.2	0.3	0.2	0.1	0.1

解：$E(NPV) = 23.5 \times 0.1 + 26.2 \times 0.2 + 32.4 \times 0.3 + 38.7 \times 0.2 + 42.0 \times 0.1 + 46.8 \times 0.1$

$= 31.68$（万元）

即这一方案净现值的期望值为 31.68 万元。

（2）经济效果的标准差。标准差反映了一个随机变量（如经济效果）实际值与其期望值偏离的程度。这种偏离在一定意义上反映了投资方案风险的大小。标准差的一般计算公式为：

$$\sigma = \sqrt{\sum_{i=1}^{n} p_i \left[x_i - E(x)\right]^2} \tag{6-10}$$

式中　σ ——变量 x 的标准差。

【例 6-6】利用【例 6-5】中的数据，试计算投资方案净现值的标准差。

解：$\sum_{i=1}^{n} p_i \left[x_i - E(x)\right]^2 = 0.1\times(23.5-31.68)^2+0.2\times(26.2-31.68)^2+0.3\times(32.4-31.68)^2+0.2\times(38.7-31.68)^2+0.1\times(42.0-31.68)^2+0.1\times(46.8-31.68)^2$

$=56.22$

$$\sigma = \sqrt{\sum_{i=1}^{n} p_i \left[x_i - E(x)\right]^2} = \sqrt{56.22} = 7.498\text{（万元）}$$

（3）经济效果的离散系数。标准差虽然可以反映随机变量的离散程度，但它是一个绝对量，其大小与变量的数值及其期望值的大小有关。一般而言，变量的期望值越大，其标准差也越大。特别是需要对不同方案的风险程度进行比较时，标准差往往不能准确反映风险程度的差异。为此，引入另一个指标——离散系数，它是标准差与期望值之比，即

$$C = \frac{\sigma(x)}{E(x)} \tag{6-11}$$

由于离散系数是一个相对量，它不会受变量和期望值绝对值大小的影响，因此能更好地反映投资方案的风险程度。

当对两个投资方案进行比较时，如果期望值相同，则标准差较小的方案风险较低；如果两个方案的期望值与标准值不相同，则离散系数较小的方案风险较低。

6.3.2 投资方案的概率分析

概率分析的基本原理是在对参数值进行概率估计的基础上，通过投资效果指标的期望值、累计概率、标准差及离散系数来反映方案的风险程度。

在对投资方案进行不确定性分析时，有时需要估算方案经济效果指标发生在某一范围的可能性。例如，净现值大于或等于零的累计概率越大，表明方案的风险越小；反之，则风险越大。

【例 6-7】已知某投资方案经济参数及其概率分布见表 6-3，假设市场特征已定，试求：

（1）净现值大于或等于零的概率。

（2）净现值大于 50 万元的概率。

（3）净现值大于 80 万元的概率。

解：根据参数的不同数值，共有 12 种可能的组合状态，每种状态的组合概率及所对应的净现值的计算结果见表 6-4。

表 6-3 方案经济参数值及其概率分布

投资方案/万元		年净收入/万元		折现率		寿命期/年	
数值	概率	数值	概率	数值	概率	数值	概率
120	0.3	20	0.25	10%	1.00	10	1.00
150	0.5	28	0.40				
175	0.2	33	0.20				
		36	0.15				

表 6-4 方案所有组合状态的概率及净现值

组合	投资/万元	175				150				120			
	年净收入/万元	20	28	33	36	20	28	33	36	20	28	33	36
组合概率		0.05	0.08	0.04	0.03	0.125	0.20	0.10	0.075	0.075	0.12	0.06	0.045
净现值/万元		-52.12	-2.97	27.75	46.18	-27.12	22.03	52.75	71.18	2.88	50.06	82.75	101.18

以投资 175 万元计算。

年净收入为 20 万元的组合概率为两者概率之积，即 $0.2\times0.25=0.05$。

$$净现值=-175+20(P/A,\ 10\%,\ 10)=-52.12\ (万元)$$

年净收入为 28 万元的组合概率 $=0.2\times0.40=0.08$

$$净现值=-175+28(P/A,\ 10\%,\ 10)=-2.97\ (万元)$$

以此类推，可以得出表 6-4 中的其他数据。

将表 6-4 中的数据按净现值大小重新排列，可以进行累计概率分析，见表 6-5。

表 6-5　排序后的概率和累计概率

净现值/万元	-52.12	-27.12	-2.97	2.88	22.03	27.75	46.18	50.06	52.75	71.18	82.75	101.18
概率	0.05	0.125	0.08	0.075	0.20	0.04	0.03	0.12	0.10	0.075	0.06	0.045
累计概率	0.05	0.175	0.225	0.33	0.53	0.57	0.60	0.72	0.82	0.895	0.955	1.00

根据表 6-5 可以得出：

（1）净现值大于或等于零的概率为：$P(NPV \geqslant 0)=1-0.225=0.775$。

（2）净现值大于 50 万元的概率为：$P(NPV>50)=1-0.60=0.40$。

（3）净现值大于 80 万元的概率为：$P(NPV>80)=1-0.895=0.105$。

上述分析是在已知参数的概率分布条件下进行的，然而在实际投资评价中，往往会遇到缺少足够的信息来判断参数的概率分布，或者概率分布无法用典型分布来描述的情况。在这种情况下，可采用蒙特卡罗模拟方法来对方案进行风险分析，对此内容本书不作讨论，请参考有关资料。

6.4　风险决策

6.4.1　决策的概念

决策是决策者根据所面临的风险和风险程度在不确定的环境中选择最佳方案的过程。

决策一定是针对未来而作出的，而未来几乎肯定会牵涉到不确定因素。因此，在决策时不仅是在寻求机会和成功，而且也面临风险与失败的可能。因此有人说，决策就是在对将来、变化及人的行为和反应都不具备信息的条件下进行的一种游戏。

工程建设的各个参与方每天都在对风险的来源及其后果作出决策，这些决策可能是业主的投资决策、工程师或设计师的决策，也可能是造价师就经济方面所作的决策。而在工程技术经济分析中，重点是在项目决策阶段进行的投资决策，如对投资时机和方向的抉择、投资项目的比选、确定项目的投资规模和总体实施方案等。在投资项目的决策阶段，决策的质量对总投资的影响达70%左右，对投资效益的影响达80%左右，同时由于项目的投资巨大，其活动过程具有不可逆性，因此决策质量的好坏关系到项目的成功与否。

决策可以分为程序化决策和非程序化决策。其中，程序化决策用以解决结构性或者日常问题；非程序化决策用于非重复性的、非结构性的、新奇的和没有明确定义的情况。而投资项目本身就是一种独特的创造性的一次性活动，需要对投资机会进行识别、分析、选择、决断和构思运筹，其决策属于非程序化、非结构化决策，具有高度的创造性、智力化和综合性的特点。

决策是实际的管理活动，其价值在于结果的准确性，即预想的和现实的一致性。这就要求决策者对决策的假设条件、现实标准和决策方法的适应性、局限性进行认真的分析，以求提高决策的价值和有效程度。

6.4.2 决策的总体目标——适当满足标准

现代决策是相对古典决策而言的。古典决策的目标是最大化，所作出的决策是根据数学计算进行定量分析的结果，如考虑资金收益，按最大值标准来选择方案；或考虑费用支出，以最小值标准来选择方案。而现代决策的目标是适当满足标准，是把定量分析和定性分析结合起来，把数值计算与决策者的主观判断结合起来，依据计算结果较好、能满足决策者要求、决策者认为合适的标准对方案进行选择。其原因有以下五个方面：

（1）项目的投资决策大都有多个决策目标，而这些决策目标不都是相容的，部分是相斥的、矛盾的。对某一目标来说是最优方案，对另一目标却不一定理想。在这种情况下，就不存在对所有目标来说都是最优方案，而只能选择对若干目标来说是较优的方案。

（2）要想做到以最大值或最小值来选择方案，就必须采用穷举法把所有的可能方案都找出来，并分别计算出它们的结果。但由于实际工作中所能获得的信息不完备和决策人员的经验、知识的局限性等，要做到这一点是很困难的，甚至是不可能的。

（3）从经济角度来讲，把所有可能的方案都计算出来，可能带来时间、人力、物力的浪费，甚至可能贻误时机，反而得不偿失。科学的决策要讲求决策的时机，所以在所有的资料、认识和技术水平条件下，求得对决策目标的适当满足就可以了。

（4）决策目标往往包括定量的目标和非定量的目标，定量目标很重要，非定量目标也很重要。如反映政治、社会因素的目标，只能定性描述，而难以用数值去定量，因此也就不能简单地根据定量目标数值的大小来选择方案。

（5）决策的方案要许多人去贯彻执行，对于决策目标数值最大或最小的方案，执行者不一定都乐于接受。而如果执行人员不乐于接受，不管主观愿望多好，也会影响执行的效果。这就提醒人们，决策时不能单纯以数值最大或最小为标准来选择方案，还要考虑执行人员的社会心理因素，根据人们能够接受的程度来选择方案。

需要指出的是，现代决策并不排除最优化，它只是不把其作为方案选择的唯一标准。现代决策既可以选择计算结果为较好且满足决策目标的、决策者认为适合的方案，也可以选择目标数值的计算结果为最大或最小的方案。

6.4.3 决策程序

决策程序帮助我们减少对于草率的判断和直觉的依据。程序所需要的数据由人来提供，但对输入数据的处理是由一套系统来完成的。程序的运用弥补了直觉的不可靠。

程序通常具有两大作用：一是能够提供一个答案；二是作为一种沟通工具，提醒我们注意那些可能会被忽视的因素。因为不确定性是很模糊的，程序为我们提供了将各种风险联系起来的一种机制。它为我们对风险进行识别、分类、分析以及处理提供了一套方法。

决策程序主要由以下五部分组成：

（1）定位。确定并准确表述决策所要针对的工程技术经济问题或追求的目标。

（2）设计备选方案。可以用专家会议法等方法设计能够实现项目目标的各种可能的和可行的备选方案。

（3）模式化。

1）选择和建立评价模型。

2）分析未来的可能状态和概率。

3）确定决策者的偏好和态度。通过诸如效用理论和了解决策者对风险的偏好等一些标准化的方法来确定决策者的决策态度和偏好。决策者的这些态度将决定决策的结论及其价值。

（4）评价。通过对数据和信息的处理，进行方案的排序。

（5）检验。对各方案的敏感性进行检验，确定风险对方案优先顺序的影响。

6.4.4 决策的四项准则

决策的四项准则就是决策者对风险的四种态度，现举例加以说明。

【例 6-8】某建筑制品厂欲生产一种新产品，由于没有资料，只能设想出三种方案以及各种方案在市场销路好、一般、差三种情况下的损益值，见表 6-6。每种情况出现的概率也无从知道，试进行方案决策。

6.4.4.1 冒险准则

冒险准则又称最大收益值最大准则或大中取大准则。先从各种情况中选出每个方案的最大收益值，然后对各方案进行比较，以收益值最大的方案为选择方案。如例 6-8 中选择了收益值为 40 万元的方案 B。这种追求利益最大的决策方法，具有一定的冒险性，只有资金、物资雄厚，即使出现损失对其影响也不大的企业才敢采用。

表 6-6　损益矩阵表　　单位：万元

	销路好	销路一般	销路差	决策准则			
				冒险准则	保守准则	等概率准则	后悔值准则
A	36	23	−5	36	−5	18	14
B	40	22	−8	40	−8	18	17
C	21	17	9	21	9	15. 67	19
选取方案				B	C	A 或 B	A

6.4.4.2　保守准则

保守准则又称最小收益值最大准则或小中取大准则。将各种情况中最小收益值为最大的方案作为选定方案。这种准则对未来持保守或悲观的估计，以免可能出现较大的损失。如［例 6-8］中选取收益值为 9 万元的方案 C。

6.4.4.3　等概率准则

决策者无法预知每种情况出现的概率，就假定各种情况出现的概率都相等，计算出每一方案收益值的平均数，选取平均收益值最大的方案。如【例 6-8】中三种情况出现的概率均为 1/3，选取平均收益值为 18 万元的方案 A 或 B。这是一种不存侥幸心理的中间型决策准则。

6.4.4.4　后悔值准则

后悔值准则又称为最小机会损失准则。后悔值是指每种情况中的最大收益值与其他各方案收益值之差。如果决策者选择了某一个方案，但后来事实证明他所选择的方案并非最优方案，他就会少得一定的收益或承受一些损失。于是，他后悔把方案选错了，或者感到遗憾。这个因选错方案而未得到的收益或遭受的损失叫后悔值或遗憾值。应事先计算出各方案的最大后悔值，进行比较，将最大后悔值为最小的方案作为最佳方案。表 6-6 中选取后悔值为 14 万元的方案 A。后悔值的计算过程见表 6-7。

表 6-7　后悔值的计算

产品销售情况		销路好	销路一般	销路差	各方案最大后悔值
最理想收益/万元		40	23	9	
后悔值/万元	A	40−36=4	23−23=0	9−（−5）=14	14
	B	40−40=0	23−22=1	9−（−8）=17	17
	C	40−21=19	23−17=6	9−9=0	19
选取方案					

6.4.5 决策技术

6.4.5.1 期望值法

期望值法是通过计算备选方案在各种自然状态概率下的收益值之比，选取其中最大收益值对应的方案或最小损失值对应的方案为最优方案。期望值法是决策的理论基础。计算期望值的公式为：

$$E(X) = \sum_{i=1}^{n} X_i P_i$$

式中 $E(X)$——方案 X 的数学期望值；

X_i——方案 X 在 i 状态（不确定性因素）下的收益值或损失值；

P_i——i 状态（不确定因素）可能出现的概率。

【例 6-9】有一项工程要决定下月是否开工，根据历史资料，下月出现好天气的概率为 0.2，坏天气的概率为 0.8，如遇好天气，开工可得利润 5 万元，遇到坏天气则要损失 1 万元，如不开工，不论什么天气都要付窝工费 1 000 元，应如何解决？

解：按最大期望损益值法求解。

开工方案：$E(A) = 0.2\times50\,000+0.8\times(-10\,000) = 2\,000$（元）

不开工的方案：$E(B) = 0.2\times(-1\,000)+0.8\times(-1\,000) = -1\,000$（元）

计算结果列入表 6-8。

表 6-8 【例 6-9】的期望收益值 单位：元

方案	好天气 $P_1=0.2$	坏天气 $P_2=0.8$	期望收益值 $E(X)$
开工	50 000	−10 000	2 000
不开工	−1 000	−1 000	−1 000

6.4.5.2 决策树法

决策树法在决策中被广泛应用。它是将决策过程中各种可供选择的方案、可能出现的自然状态及其概率和产生的结果，用一个树枝的图形表达出来，把一个复杂多层次的决策问题形象化，以便于对决策的分析、对比和选择。其突出的特点是迫使决策者构建出问题的结构，然后再以一种连贯和客观的方式加以分析。

（1）决策树的绘制方法。

1）先画一个方框作为出发点，称为决策点。

2）从决策点引出若干直线，表示该决策点有若干可供选择的方案，在每条直线上标明方案名称，称为方案分枝。

3）在方案分枝的末端画一个圆圈，称为自然状态点或机会点。

4）从状态点再引出若干直线，表示可能发生的各种自然状态，并表示出现的概率，称为状态分枝或概率分枝。

5）在概率分枝的末端画一个小三角形，写上各方案在每种自然状态下的收益值或损失值，称为结果点。

这样构成的图形称为决策树。它以方框、圆圈为结点，并用直线把它们连接起来构成树枝状图形，把决策方案、自然状态及其概率、损益期望值系统地在图上反映出来，供决策者选择。

（2）利用决策树方法的解题步骤。

1）列出方案。通过资料的整理和分析，提出决策要解决的问题，针对具体问题列出方案，并绘制成表格。

2）根据方案绘制决策树。画决策树的过程，实质上是拟订各种抉择方案的过程，是对未来可能发生的各种事情进行周密思考、预测和预计的过程，是对决策问题一步一步深入探索的过程。决策树按从左到右的顺序进行绘制。

3）计算各方案的期望值。它是按事件出现的概率计算出来的可能得到的损益值，并不是肯定能够得到的损益值，所以叫期望值。计算时从决策树最右端的结果点开始。

$$期望值 = \sum（各种自然状态的概率 \times 收益值或损益值）$$

4）方案的选择，即抉择。在各决策点上比较各方案的损益期望值，以其中最大者为最佳方案。在被舍弃的方案分枝上画两杠表示剪枝。

【例 6-10】某建筑公司拟建一预制构件厂，一个方案是建大厂，需投资 300 万元，建成后如销路好每年可获利 100 万元，如销路差每年要亏损 20 万元；另一个方案是建小厂，需投资 170 万元，建成后如销路好每年可获利 40 万元，如销路差每年可获利 30 万元。两方案的使用期均为 10 年，销路好的概率是 0.7，销路差的概率是 0.3，试用决策树法选择方案。（为简化计算，本题不考虑资金的时间价值）

解：（1）按题意列方案，见表 6-9。

表 6-9　方案在不同状态下的损益表

自然状态	概率	方案/万元	
		建大厂	建小厂
销路好	0.7	100	40
销路差	0.3	-20	30

（2）绘制决策树，如图 6-4 所示。

（3）计算期望值并扣除投资后的净收益。

点①：净收益 = $[100\times0.7+(-20)\times0.3]\times10-300=340$（万元）

点②：净收益 = $[40\times0.7+30\times0.3]\times10-170=200$（万元）

（4）方案决策。由于点①的损益期望值大于点②的损益期望值，故选用建大厂的方案。

以上这种决策树法是一种单级决策问题的方法。

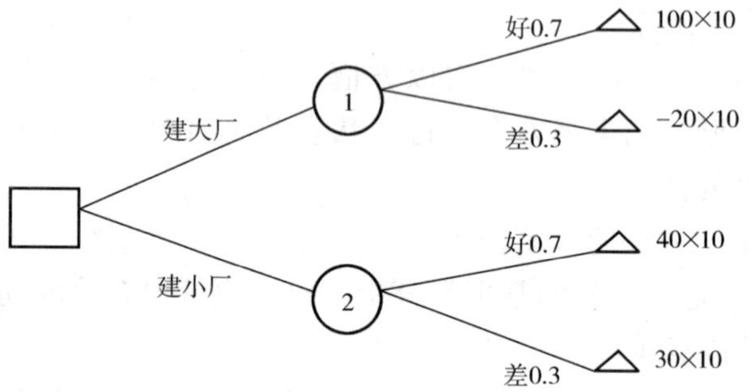

图 6-4　决策树图示

【例 6-11】如果将表 6-9 分成前 3 年、后 7 年考虑，根据市场预测前 3 年销路好的概率为 0.7；而如果前 3 年销路好，则后 7 年销路好的概率为 0.9；如果前 3 年销路差，则后 7 年的销路一定差。在这种情况下，请问建大厂和建小厂哪个方案好？

解：这个问题可以分前 3 年和后 7 年考虑，属于多层次决策类型，如图 6-5 所示。

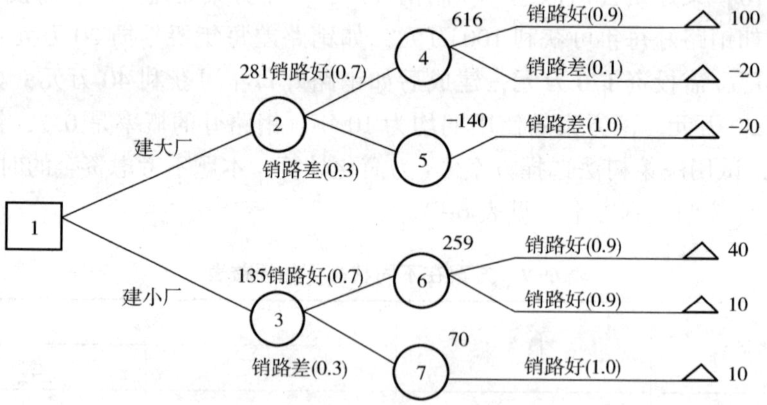

图 6-5　决策树图示

各点损益期望值计算如下：

点④：净收益＝［100×0.9+（-20）×0.1］×7＝616（万元）

点⑤：净收益＝（-20）×1.0×7＝-140（万元）

点⑥：净收益＝［40×0.9+10×0.1］×7＝259（万元）

点⑦：净收益＝10×1.0×7＝70（万元）

点②：净收益＝616×0.7+100×0.7×3+（-140）×0.3+（-20）×0.3×3-300＝281（万元）

点③：净收益=259×0.7+40×0.7×3+70×0.3+10×0.3×3−160=135（万元）

由上可知，最合理的方案仍是建大厂。

本章小结

不确定性分析是对决策方案受到各种事前无法控制的外部因素变化与影响所进行的研究与估计，是研究技术方案中主要不确定性因素对经济效益影响的一种方法。

不确定性分析包括盈亏平衡分析（收支平衡分析）、敏感性分析（灵敏度分析）和概率分析（风险分析）。盈亏平衡分析一般只用于财务评价，敏感性分析和概率分析可同时用于财务评价和国民经济评价。三者的选择和使用，要看项目性质、决策者的需要和相应的财力人力等。

在投资分析中，最常见的盈亏平衡分析是研究产量、成本和利润之间的关系。但盈亏平衡分析法的实际用途远比这些广泛，不仅可对单个方案进行分析，而且还可用于对多个方案进行比较。

敏感性分析是投资项目评价中最常见的一种不确定性分析方法。所谓敏感性是指参数的变化对投资项目经济效果的影响程度。若参数的小幅度变化能导致经济效果的较大变化，则称投资项目经济效果对参数的敏感性大，或称这类参数为敏感性因素；反之，则称之为非敏感性因素。敏感性分析的目的就是通过分析及预测项目主要变量因素（投资、成本、价格和建设工期等）发生变化时，对经济评价指标（如净现值、内部收益率、折现率和偿还期等）的影响，从中找出敏感因素，并确定其敏感程度，从而对外部条件发生不利变化时投资方案的承受能力做出判断。

概率分析是研究各种不确定因素按一定概率值变动时，对项目方案经济评价指标影响的一种定量分析方法，其目的是在不确定情况下为决策项目或方案提供科学依据。

思　考　题

1. 假定某家具制造厂生产一种书桌，售价为每台 50 元，年固定费用为 66 000 元，每台书桌的材料费为 18 元，工资为 6 元，其他变动费用为 4 元，现请你作出如下决策：

（1）要使工厂不亏本，每年至少生产多少台书桌？

（2）如果该厂年内只能生产 2 000 台书桌，按这一产量进行生产，该厂能获得盈利吗？如果国家考虑到为了满足社会需要，允许该厂亏损额在 30 000 元以下进行生产，否则应停产或改产。试问该厂是继续生产书桌，还是改产或停产呢？

（3）要获得 22 000 元的盈利，该厂应决定生产多少台书桌呢？

（4）假如该厂生产能力为年产 4 500 台，那么应确定该厂最高年盈利为多少呢？

2. 设某项目基本方案的基本数据估算值见表6-10，试就年销售收入 B、年经营成本 C 和建设投资 I 对内部收益率进行单因素敏感性分析。（建设期为1年，基准收益率 $i_c=8\%$）

表6-10　基本方案的基本数据估算值

因素	建设投资 I/万元	年销售收入 B/万元	年经营成本 C/万元	期末残值 L/万元	寿命 n/年
估算值	1 500	600	250	200	6

3. 某中型钢厂投资方案，年产钢为12万吨，吨钢售价为500元，单位产品可变费用为250元，单位产品税金为64元，年固定总成本为1 500万元，试对产量、售价、单位可变费用、生产能力利用率进行盈亏平衡分析。

4. 某投资项目，设计年产量10万吨钢，吨钢售价为900元，吨钢总成本费用为650元，其中可变费用占70%，固定费用占30%，销售税金占销售收入的8%，固定资产投资为4 872万元，流动资金占销售收入的25%，试计算投资利润率，并列表做出价格、成本、固定资产投资、产量各因素变化（±10%）时，对投资利润率的影响，画出敏感性分析图，并按因素敏感强弱排序。

7 价值工程

【知识目标】

- 掌握价值工程的有关概念。
- 熟悉价值工程对象的选择及信息资料搜集的过程、内容和方法。
- 了解并掌握价值工程的评价方法。

7.1 价值工程概述

7.1.1 价值工程的产生和发展

价值工程（value engineering，VE），也称价值分析（value analysis，VA），是通过研究产品或系统的功能与成本的关系来改进产品或系统的状态，从而提高其经济效益的现代管理技术。

价值工程于1947年前后起源于美国。第二次世界大战期间，美国的军事工业获得很大的发展，但同时也出现原材料供应紧张的问题，设计工程师麦尔斯（L. D. Mice）当时在美国通用电气公司采购部门工作。战争期间，他的工作是为通用电气公司寻找取得军事工业生产中的短缺材料和产品。当时材料采购困难，他认为如果得不到所需要的材料和产品，可以在保证获得相同的功能的前提下，利用其他材料来代替。在保证前提下，于是他就开始研究材料的代替问题。比较典型的是“石棉事件”。当时，通用电气公司需要购买的石棉板的价格成倍地增长，给采购工作和财务预算带来很大的困难。麦尔斯就提出一个问题，为什么要使用石棉板？它的功能是什么？原来，他们在给产品上涂料时，容易把地板弄脏，所以要在地板上铺一层东西。涂料的溶剂是易燃品，消防法规定要垫石棉板。但由于石棉板奇缺，他们就想使用代替材料。采购员找到了一种不燃烧的纸，该种纸不仅容易采购，而且价格便宜，但有人根据消防法的规定不同意使用代替品，经过周折，修改了消防法，才被允许代用。麦尔斯等人通过他们的实践活动，总结出一套在保证同样功能的前提下降低成本的比较完整的科学方法，当时称为价值分析。随着价值分析内容的逐步丰富、发展与完善，目前统称为价值工程。

麦尔斯所从事的降低成本的工作就是在分析功能的基础上找出不必要的费用，即那些既非用于保证产品质量和外观，也非用于满足用户要求的费用，并设法消除这些费用，这项工作取得了很好的效果。通用电气公司在开发价值工程技术上花费了 80 万美元，而在头 17 年里就节约了 2 亿美元以上。1954 年美国海军舰船局首先采用 VE，1956 年正式签订订货合同，第一年就节约了 3 400 万美元。1955 年 VE 传到日本，1960 年日本的企业开始采用，并与质量管理和工业管理工程三者结合起来开展活动。价值工程从材料代用开始，以后发展到改进设计、改进工艺、改进生产等领域。开始由单个零件、单个作业工序的改进，发展到整机、整工序的改进或设计。现在，价值工程已被公认为一种相当成熟而行之有效的技术，是降低成本的有效方法。

我国采用价值工程技术较晚，改革开放之后这项技术才被介绍到国内。1985 年在全国政协会议上，沈日新委员的 1378 号提案要求在我国迅速推广 VE 的科学管理方法。1987 年我国颁布了《价值工程基本术语和一般工作程序》的国家标准。1988 年江泽民同志题词了“价值工程，常用常新”。至此，价值工程得以迅速推广并获得了数以亿计的经济效益。

7.1.2 价值工程的概念

7.1.2.1 价值

价值工程中的价值是指产品或系统的“功能”和“成本”的比值，即单位成本实现的功能。在价值工程里这三者之间的关系如下：

$$V = \frac{F}{C} \tag{7-1}$$

式中 V——产品价值；

F——产品功能；

C——产品成本。

从式（7-1）可以看出，要提高价值（V）可以采用以下四种方法：

（1）功能（F）不变，降低成本（C）。

（2）成本（C）不变，提高功能（F）。

（3）成本增加一些，功能有很大的提高，则价值也提高。

（4）功能提高，成本降低，则价值提高。

价值是评价某一产品、服务或工程项目的功能与实现这一功能所消耗费用之比的合理程度的尺度，也就是人们通常所说的“性价比”。“性”就是性能，即商品所具有的功能；“价”就是价格，它反映商品的成本水平。

功能是指产品、服务、工程等能够满足用户或消费者某种需求的一种属性，它是产品的本质特性。用户或消费者购买的就是功能，以满足其需求。

成本是指产品的寿命周期成本，它包括产品从开发研制到使用报废全过程的费用。这些费用可分为生产成本和使用成本，前者是生产产品必须付出的费用，后者是在使用过程中所付出的费用，见表 7-1。

表 7-1 产品寿命周期成本

<table>
<tr><td colspan="8">产品寿命周期</td></tr>
<tr><td>开发研制</td><td>试制</td><td>制造</td><td>销售</td><td>使用</td><td>维修</td><td>“三废”处理</td><td>报废</td></tr>
<tr><td colspan="4">生产成本 C_1</td><td colspan="4">使用成本 C_2</td></tr>
<tr><td colspan="8">寿命周期成本 C</td></tr>
</table>

7.1.2.2 价值工程

价值工程是以最低的总费用，可靠地实现产品或作业的必要功能，着重于功能分析的一种运用集体智慧有组织的活动。从这里可以看出，价值工程的定义包括以下三个方面：

(1) 价值工程的目标是以最低的总费用，使某产品或作业具有它所必须具备的功能。

(2) 价值工程的核心是对产品或作业进行功能分析。在工业生产中，降低成本的方法是多种多样的。价值工程之所以比其他方法更有效，关键在于进行功能分析。通过功能分析，搞清基本功能和辅助功能，弄清哪些是用户需要的，哪些是用户不需要的。通过分析，搞清各功能之间的关系，找出新的解决办法。

(3) 价值工程是一种有组织、有领导的活动。一种产品从设计到制成成品出厂，需通过企业内部的许多部门。一个改进方案，从方案提出，到进行试验，到最后付诸实现，是依靠集体力量，通过许多部门的配合，才能体现到产品上，达到降低成本的目的。根据日本的资料，日本工人提出的改善提案（相当于我国的合理化建议），一般能降低成本的5%，经过培训的技术人员的提案，一般能降低成本的10%~15%，而有组织地推行VE活动可降低成本的30%，甚至更高一些。

7.1.3 价值工程的工作程序

价值工程的实施步骤按一般的决策过程划分为分析问题、综合研究与方案评价三个阶段及对象的选择、收集情报、目标的选定、功能的分析、方案的评价和选择、试验和提案、活动成果的评价七个具体步骤。三个阶段和七个步骤、七个提问分别对应于表7-2。

表 7-2 价值工程的工作程序

一般决策过程的阶段	VE 实施的具体步骤	VE 的提问
分析问题	对象的选择 收集情报 目标的选定 功能的分析	(1) VE 的对象是什么？ (2) 它是干什么用的？ (3) 其成本是多少？ (4) 其价值是多少？

续表

一般决策过程的阶段	VE 实施的具体步骤	VE 的提问
综合研究	方案的评价和选择	（5）有无其他方法可实现同样功能？
方案评价	试验和提案 活动成果的评价	（6）新方案的成本是多少？ （7）新方案能满足要求吗？

7.2 对象的选择及信息资料的收集

7.2.1 选择价值工程对象的原则和方法

VE 的对象就是生产中存在的问题，正确选择 VE 的对象是 VE 收效大小与成败的关键。

7.2.1.1 选择 VE 对象的一般原则

（1）选择设计因素多、结构复杂、体积大的产品。

（2）选择造价高、占总成本比重大而且对经济效益影响大的产品。

（3）选择质量差、退货多、用户意见大的产品。

（4）选择同类产品中技术指标差的产品。

（5）选择对国计民生影响大的产品。

（6）选择对企业生产经营目标影响大的产品和零部件。

（7）选择社会需要量大、竞争激烈的产品。

（8）选择寿命周期长的产品。

7.2.1.2 价值工程对象选择的方法

• ABC 分析法

ABC 分析法是应用数理统计分析的方法来选择对象的。

ABC 分析法也称为不均匀分布定律法。这个方法为帕莱脱所创造，现已被广泛应用。该方法的基本思路是对某一产品的成本组成逐一分析，将每一个零件占多少成本从高到低进行排序，再归纳出少数零件占多数成本的是哪些零件。一般零件的个数占零件总数的10%~20%，而成本却占总成本的70%~80%的这类零件为 A 类零件，另一类零件的个数占零件总数的 70%~80%，而成本却占总成本的10%~20%的这类零件为 C 类零件，其余为 B 类零件。其中，A 类零件是需要研究的对象。ABC 分析法还可以用图表反映出来，如图 7-1 所示。

• 百分比分析法

通过分析不同产品在各类技术经济指标中所占的不同百分数来比较，找出 VE 的对象，见表 7-3。

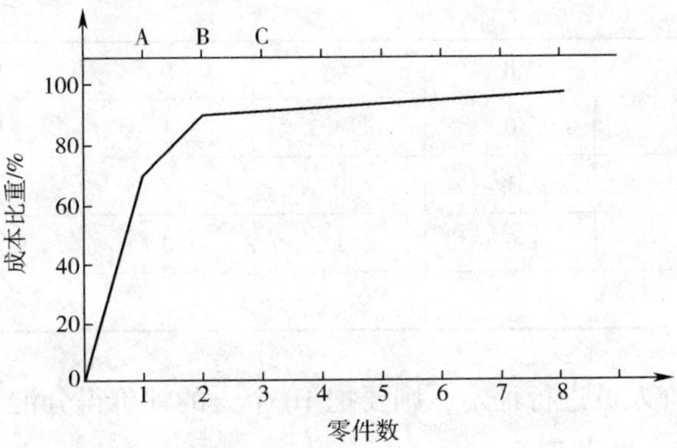

图 7-1　比重分布曲线

表 7-3　百分比分析　　　单位：%

零部件	A	B	C	D	E	F	G	合计
动力消耗比重	34	29	17	10	5	3	2	100
产值比重	36	30	7	12	7	6	2	100

从表 7-3 中可以看出，C 类零部件动力消耗较多，但产量比重小，应被选为 VE 的分析对象；A、B 类零部件虽然动力消耗较多，但产值比重大，两者比较吻合。

● 比较法

（1）价值比较法。价值比较法是同时考虑“成本”和“功能”两个因素的一种选择价值工程对象的方法。如果一个产品的零部件或工程结构的组成部分都具有一个共同的功能，则依据 $V=F/C$ 计算出每个零部件的价值，然后选取价值小的零部件作为 VE 的对象。价值比较法计算方便，在方案设计、改进和比较方面都可以使用。

（2）“01”评分法（也称强制确定法）。这种方法的做法是请 5～15 个对产品熟悉的人员参加功能的评价。评价两个功能的重要性，可以对完成该功能的相应零部件去一一对比完成其他功能的相应零部件。重要者得一分，不重要者得零分，自己和自己相比不得分，用“×”表示。两个零件比较时，不能认为都重要均得一分，也不能认为都不重要均得零分，一定要给予一与零的相对比较。例如，某个产品有五个零件，相互间进行功能重要性对比，以某一评分人员为例，见表 7-4。

表 7-4　功能重要性系数计算（“01”评分法）

零件	A	B	C	D	E	得分
A	×	1	1	0	1	3
B	0	×	1	0	1	2

续表

零件	A	B	C	D	E	得分
C	0	0	×	1	0	1
D	1	1	0	×	1	3
E	0	0	1	0	×	1
总分						10

如请10个评价人员进行评定，则要把10个人的评价得分汇总，求出平均得分值和功能评价系数，见表7-5。

表7-5　功能评价系数

	一	二	三	四	五	六	七	八	九	十	得分总数	平均得分	功能评价系数
A	3	4	4	4	4	4	4	3	4	4	38	3.8	0.38
B	2	3	3	2	3	3	1	2	3	2	24	2.4	0.24
C	1	1	0	1	2	0	1	1	0	2	9	0.9	0.09
D	3	2	3	3	1	3	4	3	2	2	26	2.6	0.26
E	1	0	0	0	0	0	0	1	1	0	3	0.3	0.03
总计	10	10	10	10	10	10	10	10	10	10	100	10	1.00

功能评价系数是将零件所得平均得分值除以平均得分值总和，如A零件的功能评价系数是3.8÷10=0.38。

功能评价系数的大小反映了零件功能重要性的大小。功能评价系数大说明功能重要，反之功能不太重要。功能评价系数是说明功能大小的数量化数据。

"01"评分法的产品零件对比次数总分$=n(n-1)\div 2$，n为对比的零件数量。例如，本例中产品由5个零件组成，总分$=5\times(5-1)\div 2=10$，见表7-5中的"总计"行。

- "04"评分法

这种方法的做法是请5~15个对产品熟悉的人员参加功能的评价，按重要性的大小采用4种评价计分。

（1）非常重要的零件得4分，另一个相比的功能很不重要时得零分。

（2）比较重要的功能得3分，另一个相比的功能不太重要时得1分。

（3）两个功能同样重要时，则各得2分。

（4）自身对比不得分，见表7-6。

表 7-6 功能重要性系数计算（“04”评分法）

评价对象	F_1	F_2	F_3	F_4	得分	功能重要性系数
F_1	×	3	4	2	9	0.375
F_2	1	×	3	1	5	0.208
F_3	0	1	×	0	1	0.042
F_4	2	3	4	×	9	0.375
合计					24	1

7.2.2 情报资料的搜集

价值工程的目标是提高价值，为实现目标所采取的任何行动或决策都离不开必要的情报。一般地说，情报越多，价值提高的可能性也就越大。因为通过情报可以进行有关问题的分析对比，而通过对比往往使人受到启发、打开思路、发现问题和找出差距，可以找到解决问题的方向、方针和方法，可以从情报中找到提高价值的依据和标准。因此，在一定意义上可以说 VE 成果的大小取决于情报搜集的质量、数量与适宜的时间。

搜集情报的内容原则上应将产品研制、生产、流通、交换、消费全过程中的有关情报资料都搜集起来。情报搜集之后还需要进行整理，并对情报加以分析。需要的情报是多方面的，大致可分为以下几种。

7.2.2.1 用户要求方面的情报

（1）用户使用产品的目的、使用环境和使用条件。

（2）用户对产品性能方面的要求。

1）产品使用功能方面的要求，如电机的功率、汽车的载重量和手表的走时精度等。

2）对产品的可靠性、安全性、操作性、保养维修性及寿命的要求，产品过去使用中的故障、事故情况与问题。

3）对产品外观方面的要求，如造型、体积和色彩等。

（3）用户对产品规格、交货期限、配件供应和技术服务方面的要求。

7.2.2.2 销售方面的情报

（1）产品产销数量的变化，目前产销情况与市场需求量的预测。

（2）产品竞争的情况。目前有哪些竞争的厂家和竞争的产品，其产量、质量、销售、成本和利润情况。同类企业相同类产品的发展计划，拟增加的投资额、重新布点、扩建改建或合并调整的情况。

7.2.2.3 科学技术方面的情报

（1）现产品的研制设计历史和演变。

（2）本企业产品和国内外同类产品的有关技术资料等。

（3）有关新结构、新工艺、新材料、新技术、标准化和三废处理方面的科技资料。

7.2.2.4　制造和供应方面的情报

（1）产品加工方面的情报。生产批量、生产能力、加工方法、工艺装备、生产节拍、检验方法、废次品率、厂内运输方式和包装方法等情况。

（2）原材料及外协件、外购件种类、质量、数量、价格和材料利用率等情况。

（3）供应与协作单位的布局、生产经营情况、技术水平与成本、利润和价格情况。

（4）厂外运输方式及运输经营情况。

7.2.2.5　成本方面的情报

按产品、零部件的定额成本、工时定额、材料消耗定额、各种费用额、材料、配件、自制半成品和厂内劳务的厂内计划价格等。

7.2.2.6　政府和社会有关部门法规、条例等方面的情报

搜集情报时要注意目的性、可靠性、适时性。搜集情报要事先明确目的，避免无的放矢。要力争无遗漏又无浪费地搜集必要的情报，情报是行动和决策的依据，错用了不可靠、不准确的情报不仅达不到预期的效果，还可能导致 VE 的失败。情报只有在需要时提出才有价值。

7.3　功能分析、整理及评价

7.3.1　功能分析

功能分析是价值工程活动的基本内容。从功能上入手，系统地对产品进行研究和分析是价值工程活动的核心。功能分析通过分析对象资料，正确表达分析对象的功能并予以满足，明确功能的特征要求，从而弄清产品与部件各功能之间的关系，去掉不合理的功能，使产品的功能结构更合理，以达到降低产品成本的目的。通过功能分析，可以对对象“是干什么用的”价值工程的提问做出回答，从而准确地掌握用户的功能要求。例如，美国的一个价值工程小组，对海军登陆舰艇上的储油设备进行功能分析。该设备是用不锈钢特制的方形容器，它的功能是储存 900 L 的汽油，成本为 520 美元。价值分析人员了解到市场上有两种铁制的储油圆桶，一种是 1 100 L 容量，30 美元一只；另一种是 230 L 容量，6 美元一只。如果采用大的只需一只，采用小的需要 4 只，再加些管道零件，80 美元就够了。根据设备的功能（储油），他们用市场上的圆桶代替特制的不锈钢容器，成本从 520 美元下降到 80 美元。

又例如要设计一个实验室，在实验室里装置一架具有强大功能的 X 光机，探查铸钢内损。为了不让实验室周围的地方受 X 光射线的波及，设计了一座 2 米厚、

3米高的马蹄形的钢筋混凝土防护墙，建筑费估计为5万元。经过功能分析，了解到这堵墙的功能是防护，对外观的需求极小，因此建议改用土墙，既满足了防护功能，又使建筑费降低到5 000元，仅是原设计的1/10。可见，通过功能分析大大地降低了成本。

功能分析包括功能的分类与定义。

7.3.1.1 功能分类

根据功能的不同特点可分为以下类型。

（1）按功能特征分为基本功能和辅助功能。就产品而言，基本功能是用户直接要求产品具备的功能，是用户购买产品的原因，是产品存在的条件。如果失去了基本功能，产品或零部件就丧失了存在的价值。基本功能对实现产品或零部件的用途来说是最主要、最重要和必不可少的功能。如果基本功能发生改变，则产品或零部件的结构与工艺也一定会随之改变。基本功能既然是用户直接要求的功能，所以是不能由企业加以改变，而必须想方设法给予保证的功能。辅助功能也叫二次功能，是设计人员为实现基本功能而在用户直接要求的功能之上附加上去的功能，是由于设计中选择了某种特定的设计构思而成为必需的功能，或者是为了帮助实现基本功能而存在的功能。它是实现基本功能的手段，它的作用相对于基本功能来说是次要的。辅助功能由于是设计者附加上去的二次功能，所以是可以改变的。如室内间壁墙的基本功能是分隔空间，而隔声、隔热、保暖等是墙体的辅助功能。

（2）按功能性质分为使用功能与美学功能。使用功能反映产品的使用属性；美学功能反映产品外观的艺术属性。建筑产品的使用功能一般包括可靠性、安全性、舒适性和维修性等；美学功能一般包括造型、色彩、图案以及周围环境等。

（3）按用户要求分为必要功能和不必要功能。对用户来说，基本功能无疑都是必要功能，而且在用户看来，只有基本功能才具有最大的价值；辅助功能是在用户直接要求的功能之上附加的功能，其中有的属于必要功能，有的则属于不必要功能。

（4）按功能的完善程度分为过剩功能和不足功能。

（5）按功能的结构位置分为上位功能和下位功能。上位功能是目的，也称目的功能；下位功能是手段，也称手段功能。

7.3.1.2 功能定义

功能定义是对VE对象的用途、作用或功能所做的明确表述，这一表述应能限定功能的内容，明确功能的本质，并与其他功能概念相互区别。在功能定义时应注意以下几点：

（1）使用简洁语言。多用动词+名词，如承重外墙功能定义为“承受荷载”，道路功能定义为“提高通行能力”。

（2）尽量准确。使用词汇要反映功能的本质。

（3）适当抽象。功能定义的目的之一是扩大思路，设计出符合功能要求的更好方案。因此，功能定义的表达要适当抽象，不要与实现功能的具体方式结合，以利于打开设计思路。例如要设计一种夹紧装置，可以有多种夹紧方式。若功能定义表达为“螺旋夹紧”，就会自然联想到丝杠螺母制，思路会限制得很狭窄。如果定义抽象一些，表达为“机械夹紧”，就可能联想到偏心夹紧，思路就打开了一些。如果再抽象一些，定义为“压力夹紧”，那么就可能会想到液压、气动或电力夹紧装置，思路就会进一步打开。

7.3.2 功能整理

所谓功能整理，就是按照一定的逻辑体系，把 VE 对象各组成部分的功能相互连接起来，从局部功能与整体功能的相互关系上分析对象功能系统的一种方法。功能整理的目的是真正掌握对象的必要功能，功能整理回答和解决“它的功能是什么”这样的问题。

（1）功能系统图的一般模式。功能系统图也叫功能分析系统图，是表示对象功能得以实现的功能逻辑关系的图。如果用 F 表示功能，则功能系统图的一般模式如图 7-2 所示。

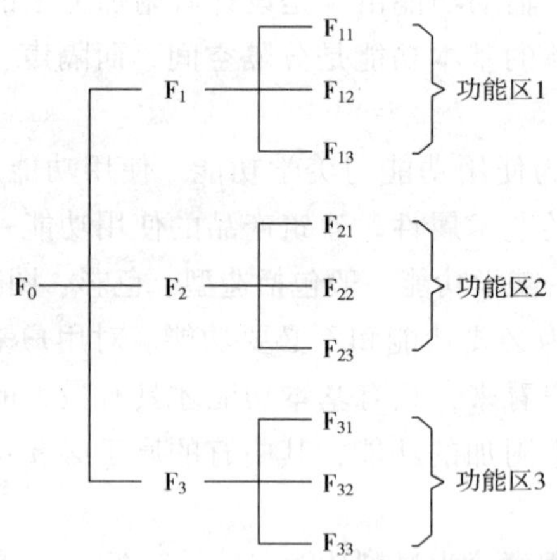

图 7-2　功能系统图的一般模式

在图 7-2 中，横向直接相连的功能属于上下位关系，上位功能是下位功能的目的，下位功能是上位功能的手段。如 F_0为 $F_1 \sim F_3$的上位功能，是目的，$F_1 \sim F_3$是 F_0的下位功能，是手段。同理，F_1为 $F_{11} \sim F_{13}$的上位功能，是目的，$F_{11} \sim F_{13}$为 F_1的下位功能，是手段。以此类推。

与同一个上位功能直接相连的若干纵向并列的下位功能为同位关系，共同从属于它们的上位功能。如 $F_1 \sim F_3$为纵向并列的同位功能，$F_{11} \sim F_{13}$、$F_{21} \sim F_{23}$、$F_{31} \sim F_{33}$也分别为三组并列的同位功能。

根据功能的上下位关系和从属关系，又可区别不同的功能位级和功能区。如F_0为一级功能，或称总功能，即仅为上位功能的功能；$F_1 \sim F_3$为二级功能，并分别与所属的各级下位功能构成功能区 1、功能区 2、功能区 3；$F_{11} \sim F_{13}$、$F_{21} \sim F_{23}$、$F_{31} \sim F_{33}$为三级功能，同时也是末位功能，即仅为下位功能的功能。

功能系统图的一般模式展示了功能整理的一般规律，使分析对象的功能结构和相互关系一目了然。

（2）功能整理的方法。功能整理的过程，也就是绘制功能系统图的过程。常用的方法如下：

1）把分析对象的结构或零部件名称和功能定义顺序填入功能整理汇总表中。

2）运用“目的—手段”的逻辑方法分析功能之间的关系，绘制功能系统图，如图 7-3 所示。

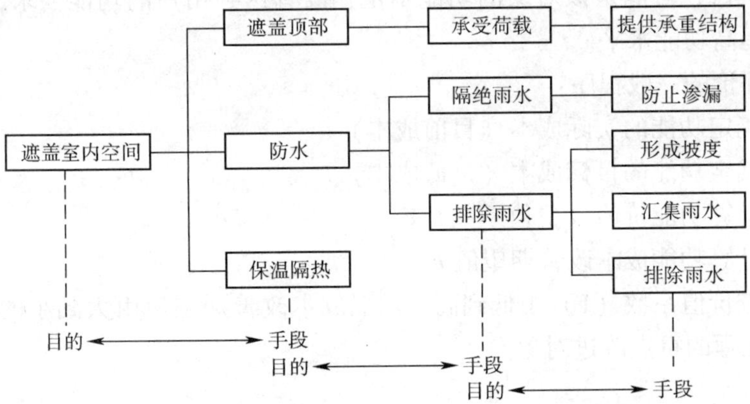

图 7-3　平屋顶功能系统图

7.3.3　功能评价

产品功能的重要性是在评价之后予以评定的。产品功能重要的评价就高，功能次要的评价就低。通过评价特定性的概念转化为定量的数值，有了定量的数值可以进行数学运算，可以进行比较。产品的功能又是由产品的各零部件来实现的，所以对产品的功能评价要通过对其零部件进行评价来实现。将那些功能价值低、成本改善期望值大的功能作为开展价值工程的重点对象。

功能评价的基本内容包括功能的成本分析、功能评价和选择对象区域。进行功能评价，首先要进行功能成本分析，即确定功能的实际成本 C，然后确定实现这一功能的最低成本，即确定功能评价值 F，以此得出该功能成本的降低目标，称为功能目标成本。将功能的目标成本与实现功能的实际成本相比较，便得到该功能的功能价值（功能系数）V；将实现功能的实际成本减去功能的目标成本，得到功能成本改善期望值 E，E 值大的功能将作为价值工程活动的重点对象，其公式为：

$$V = \frac{F}{C} \tag{7-2}$$

$$E=C-F \tag{7-3}$$

功能评价的目的是探讨功能价值，找出低功能区域及 $V<1$ 的部分，进而明确需要改进的具体对象及优先次序。

对 V 值的分析：

（1）$V=1$，表明实现评价对象功能的目前成本与实现此对象功能的最低成本（即目标成本）大致相当，一般无须改进。

（2）$V>1$，表明实现此对象功能的目前实际成本偏高，这时有两种可能：其一是此对象功能过剩；其二是虽无功能过剩，但实现功能的手段不佳，以致实现功能的实际成本大于功能的实际需要（目标成本），应纳入改进的范围。

（3）$V<1$，此时应首先检查功能评价值是否定得合理，若 F 定得太高，则应降低 F 值；其次，可能是该对象的功能不足，没有达到用户的功能要求，应适当增加成本，提高功能水平。

功能评价的一般程序：

（1）确定功能的实际成本（目前成本）C。

（2）确定功能的目标成本（最低成本）F。

（3）计算功能价值（价值系数）V。

（4）计算功能成本改善期望值 E。

（5）按价值系数（V）由低到高、功能成本改善期望值由大到小的顺序排列，确定价值工程的重点改进对象。

7.4 方案的创新与评价

7.4.1 方案的创新

方案的创新是从提高对象的功能价值出发，在正确的功能分析和评价的基础上，针对应改进的具体目标，通过创造性的思维活动，提出能够可靠地实现必要功能的新方案。从某种意义上讲，价值工程可以说是创新工程，方案创新是价值工程取得成功的关键一步。前面所论述的一些问题，如选择对象、收集资料、功能成本分析和功能评价等，虽然都很重要，但都是为了方案创新和制定服务的。前面的工作做得再好，如果不能创造出高价值的创新方案，也就不会产生好的效果。所以，从价值工程技术实践来看，方案创新是决定价值工程成败的关键阶段。

方案创新的理论依据是功能载体具有替代性。这种功能载体替代的重点应放在以功能创新的新产品替代原有产品和以功能创新的结构替代原有结构方案，而方案创新的过程是思想高度活跃、进行创造性开发的过程。为了引导和启发创造性的思考，可以采用各种方法，比较常用的方法有以下几种：头脑风暴法、头脑书写法、提喻法和德尔菲法等，这里就不再介绍了。

7.4.2 方案的评价

在方案创新阶段提出的设想和方案是多种多样的，能否付诸实施，就必须对各个方案的优缺点和可行性作分析、比较、论证和评价，并在评价过程中对有希望的方案做进一步完善。方案评价包括概略评价和详细评价两个阶段。其评价内容和步骤都包括技术评价、经济评价、社会评价以及综合评价，如图 7-4 所示。

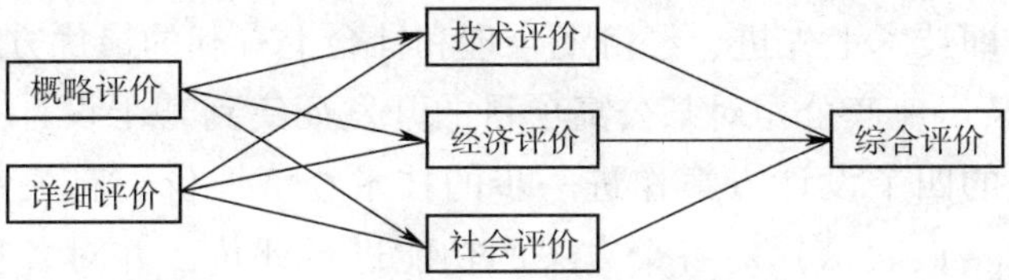

图 7-4 方案评价

在对方案进行评价时，无论是概略评价还是详细评价，一般可先做技术评价，再分别进行经济评价和社会评价，最后进行综合评价。

7.4.2.1 概略评价

概略评价是对方案创新阶段提出的各个方案设想进行初步评价，目的是淘汰那些明显不可行的方案，筛选出少数几个价值较高的方案，以供详细评价时做进一步的分析。概略评价的内容包括以下几个方面。

（1）技术可行性方面。应分析和研究所创新的方案能否满足所要求的功能及其本身在技术上能否实现。

（2）经济可行性方面。应分析和研究产品成本能否降低和降低的幅度，以及实现目标成本的可能性。

（3）社会评价方面。应分析和研究所创新的方案对社会利害影响的大小。

（4）综合评价方面。应分析和研究所创新的方案能否使价值工程活动对象的功能和价值有所提高。

7.4.2.2 详细评价

详细评价是在掌握大量数据资料的基础上，对通过概略评价的少数方案，从技术、经济、社会三个方面进行详尽的评价分析，为提案的编写和审批提供依据。详细评价的内容包括以下几个方面。

（1）技术可行性方面。主要以用户需要的功能为依据，对所创新方案的必要功能条件实现的程度做出分析评价。特别对产品或零部件，一般要对功能的实现程度（包括性能、质量和寿命等）、可靠性、维修性、操作性、安全性以及系统的协调性等进行评价。

（2）经济可行性方面。主要考虑成本、利润、企业经营的要求；所创新方案的适用期限与数量；实施方案所需的费用、节约额与投资回收期以及实现方案所需的生产条件等。

（3）社会评价方面。主要研究和分析所创新的方案给国家和社会带来的影响（如环境污染、生态平衡和国民经济效益等）。

（4）综合评价方面。即在上述三种评价的基础上，对整个创新方案的诸因素作出全面、系统的评价。为此，首先要明确规定评价项目，即确定评价所需的各种指标和因素；然后分析各个方案对每一评价项目的满足程度；最后再根据方案对各评价项目的满足程度来权衡利弊，判断各方案的总体价值，从而选出总体价值最大的方案，即技术上先进、经济上合理和社会上有利的最优方案。

【例 7-1】某房地产公司对某公寓项目的开发征集到若干设计方案，经筛选后对其中较为出色的四个设计方案作进一步的技术经济评价。有关专家决定从五个方面（分别以 $F_1 \sim F_5$ 表示）对各个方案的功能进行评价，并对各功能的重要性达成以下共识：F_2 和 F_3 同样重要，F_4 和 F_5 同样重要，F_1 相对于 F_4 很重要，F_1 相对于 F_2 较重要。此后，各专家对四个方案的功能满足程度分别打分，其结果见表 7-7。

表 7-7　四个方案功能得分

功能	方案功能得分			
	A	B	C	D
F_1	9	10	9	8
F_2	10	10	8	9
F_3	9	9	10	9
F_4	8	9	8	7
F_5	9	7	9	6

据造价工程师估算，A、B、C、D 四个方案的单方造价分别为 1 420、1 230、1 150、1 360 元/平方米。试计算各功能的重要性系数并用价值指数法选择最佳设计方案。

本案例主要考核“04”评分法的运用。

解：（1）根据资料所给的条件计算功能重要性系数，见表 7-8。

（2）分别计算各方案的功能指数、成本指数和价值指数。

1）计算功能指数。将各方案的各功能得分分别与该功能的重要性系数相乘，然后汇总即为该方案的功能加权得分。各方案的功能加权得分为：

$$W_A = 9\times0.350+10\times0.225+9\times0.225+8\times0.100+9\times0.100=9.125$$

$$W_B = 10\times0.350+10\times0.225+9\times0.225+9\times0.100+7\times0.100=9.375$$

$$W_C = 9\times0.350+8\times0.225+10\times0.225+8\times0.100+9\times0.100=8.900$$

$$W_D = 8\times0.350+9\times0.225+9\times0.225+7\times0.100+6\times0.100=8.150$$

表 7-8 功能重要性系数计算表

项目	F_1	F_2	F_3	F_4	F_5	得 分	功能重要性系数
F_1	×	3	3	4	4	14	14/40=0.350
F_2	1	×	2	3	3	9	9/40=0.225
F_3	1	2	×	3	3	9	9/40=0.225
F_4	0	1	1	×	2	4	4/40=0.100
F_5	0	1	1	2	×	4	4/40=0.100
合计						40	1.00

各方案功能的总加权得分为：

$$W=W_A+W_B+W_C+W_D=9.125+9.375+8.900+8.150=35.55$$

因此，各方案的功能指数为：

$$F_A=9.125/35.55=0.257$$

$$F_B=9.375/35.55=0.264$$

$$F_C=8.900/35.55=0.250$$

$$F_D=8.150/35.55=0.229$$

2）计算各方案的成本指数。各方案的成本指数为：

$$C_A=1\,420/（1\,420+1\,230+1\,150+1\,360）=1\,420/5\,160=0.275$$

$$C_B=1\,230/5\,160=0.238$$

$$C_C=1\,150/5\,160=0.223$$

$$C_D=1\,360/5\,160=0.264$$

3）计算各方案的价值指数。各方案的价值指数为：

$$V_A=F_A/C_A=0.257/0.275=0.935$$

$$V_B=F_B/C_B=0.264/0.238=1.109$$

$$V_C=F_C/C_C=0.250/0.223=1.121$$

$$V_D=F_D/C_D=0.229/0.264=0.867$$

由于 C 方案的价值指数最大，所以 C 方案为最佳方案。

本章小结

本章阐述了价值工程的基本概念和特征，详细介绍了开展价值工程活动的基本工作程序、工作内容和基本方法。

价值工程是以最低的总费用，可靠地实现产品或作业的必要功能，着重于功能分析的一种运用集体智慧有组织的活动。

功能评价的基本内容包括功能的成本分析、功能评价和选择对象区域。

价值工程方法是一个方便实用的经济分析方法。

思 考 题

1. 什么是价值工程？

2. 提高价值的途径有哪些？

3. 价值工程的特点是什么？

4. 什么是功能？功能是如何分类的？

5. 某市高新技术开发区有两幢科研楼和一幢综合楼，其设计方案对比项如下。

A 楼方案：结构方案为大柱网框架轻墙体系，采用预应力大跨度叠合楼板，墙体材料采用多孔砖及移动式可拆装式分式隔墙，窗户采用单框双玻璃钢塑窗，面积利用系数为93%，单方造价为1 438 元/平方米。

B 楼方案：结构方案同 A 方案，墙体采用内浇外砌，窗户采用单框双玻璃空腹钢窗，面积利用系数为87%，单方造价为1 108 元/平方米。

C 楼方案：结构方案采用砖混结构体系，采用多孔预应力板，墙体材料采用标准黏土砖，窗户采用单玻璃空腹钢窗，面积利用系数为79%，单方造价为1 082 元/平方米。

方案各功能得分及重要性系数见表7-9。

问题：

（1）试应用价值工程方法选择最优设计方案。

（2）为控制工程造价和进一步降低费用，拟针对所选的最优设计方案的土建工程部分，以工程材料费为对象开展价值工程分析。将土建工程划分为四个功能项目，各功能项目评分值及其目前成本见表7-10。按限额设计要求，目标成本额应控制为12 170 万元。试分析各功能项目的目标成本及其可能降低的额度，并确定功能改进顺序。

表7-9　方案各功能得分及重要性系数

方案功能	方案功能得分			方案功能重要性系数
	A	B	C	
结构体系	10	10	8	0.25
模板类型	10	10	9	0.05
墙体材料	8	9	7	0.25
面积系数	9	8	7	0.35
窗户类型	9	7	8	0.10

6. 承包商B在某高层住宅楼的现浇楼板施工中，拟采用钢木组合模板体系或小钢模体系施工。经有关专家讨论，决定从模板总摊销费用（F_1）、楼板浇筑质量（F_2）、模板人工费（F_3）、模板周转时间（F_4）、模板装拆便利性（F_5）五个技术

经济指标对这两个方案进行评价，并采用“01”评分法对各技术经济指标的重要程度进行评分，其部分结果见表7-11，两方案各技术经济指标的得分见表7-12。

表7-10 各功能项目评分值及其目前成本

序号	功能	功能评分	目前成本/万元
1	A 桩基维护工程	11	1 520
2	B 地下室工程	10	1 482
3	C 主体结构工程	35	4 705
4	D 装饰工程	38	5 105
合计		94	12 812

表7-11 “01”评分表

	F_1	F_2	F_3	F_4	F_5
F_1	×	0	1	1	1
F_2		×	1	1	1
F_3			×	0	1
F_4				×	1
F_5					×

表7-12 两方案技术经济指标得分

方案 指标	钢木组合模板	小钢模
总摊销费用	10	8
楼板浇筑质量	8	10
模板人工费	8	10
模板周转时间	10	7
模板装拆便利性	10	9

经估算，钢木组合模板在该工程的总摊销费用为40万元，楼板的模板人工费为8.5元/平方米；小钢模在该工程的总摊销费用为50万元，楼板的模板人工费为5.5元/平方米。该住宅楼的楼板工程量为2.5万平方米。

问题：

(1) 试确定各技术经济指标的权重。(计算结果保留三位小数)

(2) 若以楼板工程的单方模板费用作为成本比较对象，试用价值指数法选择较经济的模板体系。(功能指数、成本指数、价值指数的计算结果均保留两位小数)

（3）若该承包商准备参加另一幢高层办公楼的投标，为提高竞争能力，公司决定模板总摊销费用仍按本住宅楼考虑，其他有关条件均不变，问该办公楼的现浇楼板工程量至少要达到多少平方米才应采用小钢模体系？（计算结果保留两位小数）

8 工程项目的可行性研究及项目后评价

【知识目标】

- 掌握项目可行性研究的含义以及可行性研究的划分阶段。
- 熟悉可行性研究的内容，明确可行性研究的步骤和依据。
- 掌握工程项目后评价的概念及其与前评估的区别。
- 熟悉工程项目后评价的主要内容。

8.1 可行性研究的含义和作用

8.1.1 可行性研究的含义

可行性研究也称技术经济论证，它是指在深入细致的调查研究和科学预测的基础上，综合论证项目的技术先进性和适用性、经济的合理性和有利性以及建设的可行性，为项目投资决策提供科学依据的一种论证方法。

可行性研究是对提出的投资建议、工程建设项目方案或研究课题建议的所有方面，进行尽可能详细的调查研究和做出鉴定，并对下一个阶段是否终止或继续进行研究提出必要的论证。可行性研究是项目申报、审批、贷款和项目设计施工等的重要依据。

工程项目可行性研究是根据国民经济发展规划及批准的项目建议书，项目承办单位委托有资格的设计机构或工程咨询单位，在建设项目投资决策前，对拟建项目的技术和经济两个方面进行全面系统的分析和研究，以便减少项目决策的盲目性，使建设项目具有确定的科学性。它是编制计划任务书的基础。早在 1981 年 3 月 3 日，国务院在《关于加强基本建设体制管理、控制基本建设规模的若干规定》中就明确规定：所有新建、扩建大中型项目以及利用外资进行基本建设的项目都必须有可行性研究报告。将可行性研究纳入基本建设之中，从而加强了基本建设的前期工作。

8.1.2 可行性研究的特点

(1) 先行性。可行性研究是在投资方案或工程项目建设之前完成的，而不是在项目确定后再来分析论证的。

（2）预测性。可行性研究是对尚未实施的投资方案或工程项目建设所进行的研究，是对未来事物的分析论证。因此，可行性研究很重视社会需求和市场预测。

（3）不定性。可行性研究的结果包括可行和不可行两种，这就使得可行性研究可以客观地进行。可行，为项目确定提供了科学的依据；不可行，则避免了投资的浪费和不必要的损失。

（4）决策性。可行性研究为决策提供了科学的依据。事实上，可行性研究的过程本身就是决策的过程。

8.1.3 可行性研究的作用

可行性研究是投资项目建设前期研究工作的关键环节，从宏观上可以控制投资的规模和方向，改进项目管理；从微观上可以减少投资决策的失误，提高投资效果。其主要作用如下：

（1）作为项目投资决策的依据。

（2）作为向银行申请贷款的依据。

（3）作为向有关部门、企业签订合同，确定相互责任与协作联系的依据。

（4）作为初步设计、施工准备的依据。在可行性研究报告中，对产品方案、建设规模、厂址、工艺流程、主要设备选型和经济效果评价等进行了比较论证，至此基本上确定了建设方案。因此，可行性研究报告可作为下一阶段进行项目初步设计、设备订货和施工准备工作的依据。

（5）作为申请建设施工的依据。当地政府、环保部门以报告中拟定的建设方案是否符合市政或区域规划及当地的环境保护要求等为依据，审批建设执照。

（6）作为项目企业组织管理工作的依据。

（7）作为编制项目实施计划的依据。

（8）为项目建设提供基础资料数据。在可行性研究报告中已有地形、地质、水文、气象及工业性实验等资料。

8.2 可行性研究的阶段划分

可行性研究一般可分为投资机会研究、初步可行性研究、详细可行性研究、评估和投资决策四个阶段。

8.2.1 投资机会研究

投资机会研究是可行性研究的第一阶段，主要是对项目或投资方向提出建议，并对各种设想的项目和投资机会做出鉴定，以确定是否有必要做进一步的详细研究，因此又称为投资机会鉴定。因为这是一项粗略的估算工作，主要依据所调查和搜集的资料进行投资费用估算，提出投资建议，所以研究结果不能直接用于决策。

投资机会研究可分为一般投资机会研究和具体项目投资机会研究。一般投资机会研究是通过地区研究、部门研究，以利用资源为基础的研究，指明具体的投资建设项目和方向。具体项目投资机会研究是在一般投资机会研究的基础上，将设想的建设项目转变为概略的投资建议。

投资机会研究的内容主要有地区情况、经济政策、资源条件、劳动力状况、社会条件、地理环境、国内外市场情况以及项目的社会效益等。

投资机会研究的投资估算误差程度为30%，研究费用一般占投资的0.2%~0.8%。

8.2.2　初步可行性研究

初步可行性研究又称预可行性研究，它是在投资机会研究的基础上进行的。当工程项目的规划设想经过投资机会研究的分析、鉴定，认为值得进一步研究时，才进入到初步可行性研究阶段。其主要任务是进一步判断投资机会研究是否正确，时机是否成熟，并决定是否需要进行详细可行性研究，确定可行性研究课题中哪些问题需要进行辅助的专题研究。它是介于投资机会研究和详细可行性研究之间的中间阶段，其研究内容和详细可行性研究相同，只是深度和获得资料的精确程度不同。

初步可行性研究的投资估算误差一般为20%，其研究费用一般占投资的0.25%~1%。

8.2.3　详细可行性研究

详细可行性研究又称最终可行性研究或技术经济可行性研究，通常也将这一阶段简称为可行性研究。它是投资前期研究和评价的最后阶段，对工程项目的投资决策提供技术、经济和管理的依据。

详细可行性研究的任务是对工程项目进行深入的技术经济分析，重点是对项目进行财务评价和国民经济评价。

详细可行性研究是项目的关键性环节，也是项目研究的定性阶段。它的结论可作为进行工程建设的决策依据，为项目的决策提供技术、经济与商业的比较精细的依据，为下一阶段工程提供设计基础资料和依据，也是向银行贷款的依据。

这一阶段工作量大，研究所需时间一般在几个月到两年之间，甚至更长时间。研究经费数额很大，一般依据双方签订的合同而定。

8.2.4　评估和投资决策

这一阶段的工作一般由投资决策部门或授权专业银行、工程咨询公司代表国家对上报项目的可行性研究报告进行全面的审核和再评价。

评估和投资决策阶段的任务是审核、分析、判断可行性研究报告的可靠性和真实性，提出项目评估报告，为决策者提供最后的决策依据。工作内容主要有项目的必要性评价、可能性评价、技术评价、经济评价、综合评价，并编写评估报告。该阶段要求从全局出发，客观、公正、可靠地评价拟建项目。

8.3 可行性研究的依据、内容和步骤

8.3.1 可行性研究的原则和依据

可行性研究应具有一定的原则和依据，下面进行详细的介绍。

8.3.1.1 可行性研究的原则

（1）科学性原则。这是可行性研究工作必须遵循的基本原则。用科学的方法和认真的态度搜集、分析和鉴别原始资料，去伪存真，以确保数据和资料的真实性和可靠性；在计算各项经济指标时要求有科学依据，计算要准确无误，必须是经过分析计算得出的正确结果。

（2）客观性原则。要从实际出发，实事求是。建设条件必须是客观存在的，不是主观臆造的。

（3）公正性原则。可行性研究要排除各种干扰，尊重事实，不弄虚作假，使可行性研究正确、公正，为项目投资决策提供可靠的依据。

8.3.1.2 可行性研究的依据

对一个拟建项目进行可行性研究必须在国家有关的规划、政策、法规的指导下完成，同时还要有相应的各种技术资料。可行性研究工作的主要依据有以下几方面：

（1）国家有关的发展规划、计划文件，包括对该行业的鼓励、特许、限制、禁止等有关规定。

（2）国家和地区关于工业建设的法令、法规。

（3）国家有关的经济法规、规定。如中外合资企业法、税收、外资和贷款等规定。

（4）国家关于建设方面的标准、规范和定额等资料。

（5）项目主管部门对项目建设要求请示的批复。

（6）项目建议书及其审批文件。

（7）项目承办单位委托进行可行性研究的合同或协议。

（8）企业的初步选择报告。

（9）拟建地区的环境现状（包括社会、经济自然和人文）资料。

（10）试验试制报告。

（11）项目承办单位从有关方面取得的协议，如投资、原料供应、建设用地、

运输等方面的初步协议。

（12）市场调查报告。

（13）主要工艺和装置的技术资料和经济方面的有关资料。

8.3.2　可行性研究的内容

（1）必要性研究。必要性研究是项目可行性研究所要解决的第一个问题。主要从社会经济的角度和企业自身发展的角度，探讨和研究项目是否是必要的、适时的，并研究项目的合理投资时机。项目必要性研究主要考虑三个方面，即项目产品的市场潜力、投资者的发展战略和投资者的优势。

（2）市场销量与项目规模的研究。产品的市场需求是项目必要性的基础，没有足够的市场需求，其他方面再好也无济于事。市场研究的目的就是要弄清项目产品的未来市场状况，一般包括市场定位、市场现状和发展趋势预测、目标市场特征、项目产品销售量预测以及销售策略的确定等。

（3）技术问题分析。研究项目各种可用的生产技术及其经济特征，结合项目的实际情况选择最佳的技术方案。同时研究各种可能的技术来源及获取方式，寻求最佳方案。

（4）项目选址。根据项目的产品方案及规模，研究资源、原料和能源等的需求量和供应的可靠性，以项目取得最佳经济、社会效益为宗旨，对各个可能的厂址进行技术和经济分析，从中选出合适的项目厂址。

（5）投资估算。运用各种估算技术和经验，全面、科学地估算项目的全部投资，包括固定资产投资、无形资产投资和流动资产投资等。

（6）资金筹措。研究各种可能的资金来源，如资本金、银行贷款和发行债券等，分析各种来源的资金使用成本，按照投资者认为比较合适的资金结构，选择各种来源的资金数量—资金筹措方案。

（7）项目计划与资金规划。根据项目的组成、工程量、实施难度等实际情况，确定项目的实施计划以及为保证项目实施的资金规划。

（8）财务分析。从企业微观经济的角度，用现行价格对项目运营后可能的财务状况以及项目的财务效果进行科学的分析、测算和评价，判断项目投资在财务上的可行性。

（9）国民经济评价。从国民经济的宏观角度，用影子价格、影子汇率、影子工资和社会折现率等经济参数，计算、分析项目需要国家付出的经济代价和对国家的经济贡献，判断项目投资的经济合理性和宏观可行性。

（10）不确定性分析。用盈亏平衡分析、敏感性分析和概率分析等方法，分析不确定因素对项目投资经济效果指标的影响，测算项目的风险程度，为决策提供依据。

8.3.3 可行性研究的步骤

(1) 筹划准备。在项目建议书批准后，建设单位即可委托设计单位或工程咨询机构对拟建项目进行可行性研究。双方签订合同协议，明确可行性研究的工作范围、目标意图、费用支付方法与协作方式等内容。可行性研究承担单位获得项目建议书和有关项目背景资料与指示文件，收集基本资料。

(2) 调查研究。调查研究的内容包括对投资项目的各个方面做深入调查，全面收集基本资料，并进行详细的分析和评价。

(3) 方案的选择与优化。根据项目各方面的情况，综合研究设计出几种可行的方案进行比较、优化，选出最佳方案。

(4) 投资估算与经济评价。估算工程投资，做国民经济评价、财务评价，并进行风险分析。

(5) 编制可行性研究报告。

(6) 可行性研究报告的审批。

8.4 可行性研究报告的格式与内容要点

建设项目的可行性研究报告，一般应按照如下格式和内容进行编制。

8.4.1 总论

总论综述项目概况，包括项目的名称、主办单位、承担可行性研究的单位、项目提出的背景、投资的必要性和经济意义、投资环境、提出项目调查研究的主要依据、工作范围和要求、项目的历史发展概况、项目建议书及有关审批文件、可行性研究的主要结论概要和存在问题的建议。

8.4.2 项目背景

(1) 项目提出的背景。

(2) 投资环境。

(3) 项目建设的必要性。

8.4.3 市场预测和拟建规模

(1) 国内外市场近期的需求情况及发展预测。

(2) 国内现有工厂生产能力的估计，包括生产能力、产品质量和销售情况。

(3) 国内外市场产品价格的分析、销售预测以及本企业产品竞争能力的分析。

(4) 拟建项目的规模、产品方案的技术经济比较和分析。

8.4.4 原材料、能源及公共设施情况

（1）确定所需的原材料（辅助材料、外购件和协作件）的种类，估算其年需要量及年费用值。

（2）确定所得能源（煤、气、油、电）的种类，估算其年需要量及年费用值。

（3）落实所需的原材料及能源（附供应单位的意向书或协议）。

（4）所需公共设施的数量、供应方式和供应条件。

8.4.5 工艺技术和设备选择

（1）可用的工艺技术方案，各方案的优缺点分析，推荐方案及其理由。

（2）可供选择的工艺流程，各方案的优缺点分析，推荐方案及其理由。

（3）列出选定的主要设备与辅助设备的名称、型号、规格和数量，并说明选用理由。对于引进设备，应说明必须引进的理由、国别；对于改建、扩建项目，应说明原有固定资产的利用情况。

（4）根据工艺技术、工艺流程、设备品种及数量，确定项目土建工程的构成及方案，绘出工厂平面布置图、车间平面布置图及车间剖面图等。

8.4.6 厂址选择

（1）选定厂址，确定厂址面积及用地范围。（附城市规划部门同意选址的证明文件）

（2）选址范围内的现状、土地种类（水田、菜地、棉田和荒地等）。

（3）建厂地区的地理位置，与原料产地、市场的距离，地区环境情况，现有铁路、公路、内河航道、港口码头的运输能力、实际负荷及发展规划情况。

（4）该地区现有供水、排水、供电、煤气、蒸汽的能力和实际负荷及其发展规划情况。

（5）厂址的比较与选择意见。

8.4.7 环境保护

（1）对建厂具体地区的历史和现在环境的调研，以及建设项目投产后对环境影响的预测。

（2）制定环境保护措施和“三废”治理的方案、措施和主要方法。

（3）环境影响评价。（附“环境影响报告书”）

8.4.8 企业组织、劳动定员和人员培训

（1）全厂生产管理体制及机构设置方案。

（2）项目不同时期需要的各种级别的管理人员、工程技术人员、工人及其他

人员的数量、水平以及来源。

（3）人员培训规划和费用的估算。

8.4.9 项目实施进度的建议

工程建设方案确定后，应研究并提出项目的建设工期和实施进度方案。

（1）建设工期。项目的建设工期可以参照有关部门或专门机构制定的建设项目工期定额和单位工程工期定额，并结合项目建设的内容、工程量的大小、建设的难易程度和施工条件等具体情况进行综合安排。

（2）实施进度安排。项目的施工工期确定后，应根据工程实施各阶段的工作量和所需时间，对时序做出大体安排，并编制项目实施进度表。

对于大型建设项目，还应根据项目总工期要求，确定主体工程和辅助工程的建设起止时间和制定时序表。

其基本内容包括：

1）项目建设的基本要求和总安排。

2）勘察设计、设备制造、工程施工、安装、调试、投产、达产所需的时间和进度要求。

3）最佳实施计划方案的选择，并用横道图或网络图表示。

8.4.10 投资、成本估算与资金筹措

投资估算是在对项目的建设期、技术方案、设备方案、工程方案及项目实施进度等进行研究并基本确定的基础上，估算项目投入总资金，并计算建设期内分年资金需要量，以此作为制定融资方案、进行经济评价以及编制初步设计概算的依据。

其基本内容包括：

（1）对主体工程和协作配套工程所需投资的估算。

（2）对流动资金的估算。

（3）对产品成本的估算。

（4）资金来源及依据（附“意向书”）、筹措方式以及贷款偿还计划。

8.4.11 项目财务评价

投资项目的财务评价是根据国家现行财税制度和价格体系，根据财务估算所提供的报表和数据，编制基本财务报表，分析和计算投资项目在整个生命周期发生的财务效益和费用，计算评价指标，考察项目的盈利能力、清偿能力以及外汇平衡等财务状况，据此判别项目的财务可行性。

财务评价是在前面财务基础数据分析的基础上进行的，是前述工作的延续和深入。财务评价是投资项目财务分析的核心，也是决定项目投资命运的重要决策

依据。

根据国家现行财税制度和现行价格，分析测算项目的效益和费用，考察项目的获利能力、清偿能力和外汇效果等财务状况，从企业的财务角度分析、判断项目的可行性。

8.4.12 项目国民经济评价

项目国民经济评价简称国民经济评价，是指从国家的整体角度考察项目的效益和费用，是项目经济评价的核心组成部分。用影子价格、影子工资、影子汇率计算项目给国民经济带来的净效益，以社会折现率作为评价经济合理性的标准。我国国家发改委1987年颁发的《建设项目经济评价方法与参数》规定：国民经济评价以经济内部收益率作为主要指标，以经济净现值、经济净现值率和投资效益率作为辅助指标。如是出口创汇和替代进口结汇项目，则需增加经济外汇净现值和经济换汇成本两个外汇效果分析辅助指标。国民经济评价应与财务评价同时进行，因为只有财务评价和国民经济评价都可行的项目，才允许建设。当两种评价的结果发生矛盾时，应按国民经济评价的结论考虑项目的取舍。

8.4.13 结论与建议

在上述各项研究的基础上，择优提出推荐方案，并对推荐方案的主要内容和论证结果进行总体描述。在肯定推荐方案优点的同时，还应指出可能存在的问题和可能遇到的主要风险，并作出项目及其推荐方案是否可行的明确结论。

对于未被推荐的一些重大比选方案，也要阐述方案的主要内容、优缺点和未被推荐的原因，以便决策者从多方面进行思考并作出决策。

其基本内容包括：

（1）运用各项数据，从技术、财务、经济等方面论述项目的可行性。

（2）存在的问题。

（3）建议。

8.5 工程项目后评价

8.5.1 工程项目后评价的概念

工程项目后评价是指工程项目建成投产并运行一段时间后，对工程项目从立项、决策、设计、实施直到投产运营全过程的投资建设活动进行系统的总结，从而判断工程项目预期目标实现程度的一种评价方法。

8.5.1.1 工程项目后评价的含义

工程项目后评价将原有的投资建设程序向后延伸了一步。工程项目竣工验收只是工程建设完成的标志，而并非项目投资建设程序的结束。项目是否达到投资决策时所确定的目标，只有经过交付使用取得了实际的投资效益，才能做出正确的判断；也只有在投产运行一段时间之后对项目进行评价和总结，才能得知投资建设程序各环节工作的成效和存在的问题。再将总结的经验和教训反馈到将来的工程项目决策工作中，作为其参考和借鉴，以提高今后类似工程项目的决策水平和建设管理水平。

8.5.1.2　工程项目后评价与工程项目前评估的区别

工程项目后评价与工程项目前评估在评价原则和方法上没有太大区别，都是采用定性与定量相结合的方法。但是，两者评价的时点和目的并不相同，这就决定了两者之间存在着较大的差别。其主要表现在以下五个方面：

（1）评价阶段不同。工程项目前评估是项目决策的前期工作，为项目投资决策提供依据；而后评价则是在工程项目建成投产运行一段时间之后，对项目全过程总体情况的再评价。

（2）评价依据不同。工程项目的前评估是依据行业资料和经验性资料，以及国家有关部门颁布的定额、方法和参数，评价项目的必要性、可行性和合理性；而工程项目后评价则主要依据项目建成投产后的现实资料进行分析，并将项目的现实情况与项目前评估时的预测情况、国内外同类项目情况进行比较，从中找出差距，提出改进措施。其准确度比项目前评估要高，且更有说服力。

（3）评价内容不同。工程项目的前评估主要是通过对项目的实施条件、设计方案、实施计划及经济效果的评价，为项目的投资决策提供依据；而后评价除了对上述内容进行再评价外，还要对工程项目决策的准确度和实施效率进行评价。

（4）评价的作用不同。工程项目的前评估直接为投资决策提供依据；而工程项目的后评价则以事实为依据，将现实情况与预测情况进行对比分析，并将信息反馈到投资决策部门。工程项目的后评价间接作用于未来项目的投资决策，提高决策的科学化水平。

（5）组织实施的机构不同。工程项目的前评估主要是由投资主体（投资者、银行、项目审批部门）组织实施的；而工程项目的后评价则是以投资运行的监督管理机构或独立的后评价机构为主，会同计划、财政、审计、银行、设计和质量等有关部门进行的，以保证工程项目后评价的全面性、客观性和公正性。

8.5.2　工程项目后评价的作用

工程项目的后评价在提高工程项目的决策水平、改进工程项目的管理、降低投资风险和提高投资效益方面都有着极其重要的作用。具体表现在以下三个方面：

（1）提高工程项目投资决策的科学化水平。工程项目的前评估是工程项目投资决策的依据，但前评价所做的预测和结论是否准确，需要通过工程项目的后评价来检验。因此，通过建立和完善工程项目的后评价制度和科学的方法体系，一方面可以加强对前评估人员工作的事后监督，增强其责任感，提高工程项目预测工作的准确性；另一方面，可以通过工程项目后评价的反馈信息，及时纠正项目决策中存在的问题，从而提高类似工程项目决策的准确程度和科学化水平。

（2）总结工程项目管理的经验教训，对项目本身的正常运营有监督和促进作用。工程项目的后评价通过对已建成工程项目的分析研究和论证，较全面地总结工程项目管理各阶段的经验教训，以指导项目今后的管理活动。同时，工程项目的后评价通过分析项目投产之后的运营情况，比较实际运营情况与预测情况的偏差，研究产生偏差的原因，提出切实可行的措施，从而促使项目运营状况的正常化，使项目尽快实现预期的效益、效果和目标。

（3）为国家今后制订投资计划、产业政策和技术经济参数提供重要依据。通过工程项目的后评价能够发现宏观投资管理中存在的问题，从而可以使国家及时修正某些不适合经济发展的技术经济政策，修订某些已过时的指标参数。同时，国家还可以根据工程项目后评价反馈的信息，合理确定投资规模和投资流向。此外，国家还可以根据工程项目后评价的反馈结果，充分运用法律、经济和行政手段，建立必要的法规、制度和机构，促进投资管理的良性循环。

8.5.3 工程项目后评价的主要内容

不同类型的工程项目，因其所属行业、类型、规模和后评价的目的、要求不同，后评价的内容也相应地有所区别和侧重。一般来说，工程项目的全面后评价包括以下几个方面。

8.5.3.1 工程项目前期工作的后评价

工程项目建设的前期工作是建设项目从酝酿决策到开工建设以前所进行的各项工作，是项目建设过程的重要阶段。前期工作的质量对项目的成败起着决定性的作用。因此，前期工作的后评价是工程项目后评价的重点内容。

工程项目前期工作后评价的内容主要有项目立项条件后评价、项目决策程序和方法后评价、项目决策阶段经济和环境后评价、项目勘察设计后评价和项目建设准备工作后评价等。

（1）工程项目立项条件后评价。工程项目立项条件后评价是从实际情况出发，对当初认可的立项条件和决策目标是否正确，项目的产品方案、工艺流程、设备方案、资源情况、建设条件、建设方案等是否适应项目需要，产品是否符合市场需求等进行的评价和分析。

（2）工程项目决策程序和方法后评价。这一部分主要检查和分析当初工程项目决策的程序和方法是否科学，是否符合我国现行有关制度和规定的要求，项目的审定是否带有个人意志和感情色彩等。

（3）工程项目决策阶段经济和环境后评价。这一阶段主要包括两个方面：一是在工程项目决策前，是否对项目的经济方面进行了科学的可行性研究工作，实际的资金需求及到位情况与前期的预测是否一致，从而检验前期经济评价结论的正确程度；二是前期决策时，是否全面深入地对工程项目的环境影响进行了客观、科学的估计和评价，是否提出了降低不利影响、避免风险的措施，并根据项目运行过程中对环境的实际影响，分析当初的环境评价是否科学。

（4）工程项目勘察设计后评价。工程项目勘察设计后评价主要包括承担工程项目勘察设计的单位是否经过招标优选；勘察、设计工作的质量如何；设计的依据、标准、规范、定额、费率是否符合国家有关规定，并根据施工实践和工程项目的生产使用情况，检验设计方案在技术上的可行性和经济上的合理性。

（5）工程项目建设准备工作后评价。工程项目建设准备工作后评价主要是对项目筹建工作、征地拆迁工作、安置补偿工作、工程招标工作、“三通一平”工作、建设资金筹措及设备、材料落实工作是否满足工程实施要求，项目的总进度计划是否能够控制工程建设进度、保证工程按期竣工等方面进行后评价。

8.5.3.2 工程项目实施阶段的后评价

工程项目实施阶段是指从项目开工到竣工验收的全过程，是项目建设程序中耗时较长的一段时期，也是建设投资最为集中的一个时期。这一阶段能够集中反映项目前期工作的深度、工程质量、工程造价、资金到位情况，以及影响项目投资效益发挥的各方面原因。

这一阶段工作的后评价主要包括以下几方面内容：

（1）工程项目施工和监理工作后评价。该阶段主要是对工程项目施工准备工作、施工单位和监理单位的招标和资质审查工作进行回顾和检查，对工程质量、工程进度、工程造价、施工安全、施工合同工作进行评价，重点是对工程实施过程中发生的超工期、超概算、质量差等原因的分析。

（2）投产准备工作后评价。该阶段主要检查工程项目投产前生产、技术人员的培训工作是否及时、到位，投产后所需原材料、燃料、动力条件是否在项目竣工验收之前已经落实，是否组建了合理的生产管理机构和制定了相关的生产经营制度等。

（3）工程项目竣工验收工作后评价。这一环节主要是回顾检查工程项目竣工验收是否及时，配套工程及辅助设施工程是否与主体工程同时建成使用，工程质量是否达到设计要求，能否达到综合生产能力，验收时的遗留问题是否被妥善处理，竣工决算是否及时编制，技术资料是否移交等。在此基础上对工程项目在造价、质量、工期方面存在的问题进行研究和分析。

8.5.3.3 工程项目运营阶段的后评价

工程项目运营阶段是指从项目竣工投产直到进行后评价之前的一段时期。这一时期是项目投资建设阶段的延续，是实现项目投资经济效益和投资回收的关键时期。因此，这一阶段的后评价是项目后评价的关键部分，其主要评价内容包括以下几方面：

（1）工程项目生产经营管理的后评价。工程项目生产经营管理的后评价主要包括项目生产条件及达产情况后评价；项目生产经营和市场情况以及产品品种、数量和质量是否与当初预测相符；生产技术和经营管理系统能否保证生产正常进行和提高经济效益；项目资源的投入和产出情况后评价等。

（2）工程项目经济效益后评价。工程项目经济效益后评价是工程项目后评价的主要内容。它以工程项目投产或交付使用后的实际数据（包括实际投资额、资金筹集和运用情况、实际生产成本、销售收入、税金及利润情况等）重新计算项目各有关经济效益指标，将它与当初预测的投资效益情况进行比较和分析，从中发现问题，分析原因，提出提高投资经济效益的具体建议和措施。

（3）工程项目对社会经济、环境影响的后评价。工程项目对社会经济、环境影响的后评价，主要是将投资项目对社会经济、环境的实际影响与当初预测的情况进行对比分析，找出变化的原因，并对存在社会经济和环境不利影响的项目，提出解决和防范措施。此外，还要对项目与社会经济、环境的相互适应性及项目的可持续性进行分析，说明项目能否持续发挥投资效益。

8.5.4 工程项目后评价的程序和方法

8.5.4.1 工程项目后评价的程序

工程项目后评价的程序一般包括以下五个阶段。

（1）提出问题，明确工程项目后评价的目的及具体要求。

（2）组建后评价机构，制订实施计划。工程项目后评价的提出单位可以自行组织实施后评价工作，也可委托有相应资质的评估机构组成的评价小组进行评估。评价小组负责制订工程项目后评价工作的详细实施计划，包括人员配备、组织机构、进度安排、评估内容和评估方法等。

（3）收集资料。按照实施计划规定的内容和要求，收集工程项目的立项、决策、建设实施、投产运营各阶段的资料及国家经济政策和行业相关资料。

（4）对资料数据进行分析研究，提出问题和建议。围绕工程项目后评价内容，对实际资料的完整性和准确性进行审查和核实，并运用定性与定量相结合的方法对核实后的资料数据进行分析研究，客观评价工程项目的实际成果，找出存在的问题和不足，提出具体的改进措施和建议。

（5）编制工程项目后评价报告。根据工程项目后评价的结果，编写系统、全面的项目后评价报告，提交委托单位和上级有关部门。

8.5.4.2 工程项目后评价的方法

工程项目的实际效果是检验前期决策正确与否的重要标准。因此，工程项目后评价的主要方法就是比较法。通过将工程项目产生的实际效果和可行性研究与评估的预测结果进行比较，从中发现变化，分析原因，总结经验和教训，进而提出改进措施和建议。常用的工程项目后评价方法包括以下四种。

（1）效益评价法。效益评价法是把工程项目实际产生的效益或效果，与前评估时预测的目标进行比较，以判断项目决策是否正确的后评价方法。在工程项目后评价阶段，效益指标（主要指经济指标）的计算完全以实际数值为依据，进行会计和统计核算；而在工程项目的可行性研究阶段，则是以估算数值为基础进行预测分析。

（2）影响评价法。影响评价法是将工程项目建成投产后实际产生的对社会和环境的影响，与前期预测的目标进行对比，分析实际影响与预测效果之间的偏差，以判断项目决策是否正确的一种后评价方法。大中型工程项目从前期决策到建成投产或交付使用一般都要经过两年以上的时间，不管投资决策者的主观意愿如何，项目建成投产或交付使用后，对社会和环境必然会产生各方面的影响，这些影响与前期预测的影响相比也可能会发生变化。通过将工程项目建成投产或交付使用后产生的实际影响与决策时预测效果相比较，对存在的问题进行分析，提出改进或补救措施，消除或减轻不利影响；对产生的有利影响或意想不到的效果，进行总结和分析，促进工程项目的持续发展，改善环境质量。

（3）过程评价法。效益评价法是通过将工程项目实际的经济效益与当初预测的经济效益进行比较，以判断投资决策的正确性；而影响评价法则是将工程项目对社会、环境的影响与前期预测的影响相比较，以判断项目是否达到了预期目标。这两种评价方法都没有考虑工程项目的实际效果与预测效果不同的原因，无法通过工程项目后评价获得必要的经验和教训，进而无法为今后同类工程项目的科学决策提供依据。

过程评价法则弥补了上述两种方法的不足。该方法通过对工程项目立项、决策、设计、实施直至生产经营各阶段的实际过程与前期的计划、目标相比较，通过分析，找出导致工程项目偏离目标的环节和原因，总结经验和教训，有利于提高今后同类工程项目决策和实施的科学性。

过程评价按照投资项目建设程序可以划分为四个阶段：①前期决策过程评价；②设计和建设准备阶段过程评价；③工程建设实施至竣工验收阶段过程评价；④工程项目投产或交付使用后生产经营阶段过程评价。

过程评价各个阶段的调查分析资料是工程项目后评价结论的主要依据，也是编写工程项目后评价报告的主要内容。

（4）系统评价法。上述三种评价方法因其评价角度不同而决定了其评价结论的局限性，因此将三种评价方法有机地结合起来，进行综合的系统评价，才能得出最佳的后评价结论。系统评价法就是将效益评价法、影响评价法和过程评价法有机结合的一种系统的综合分析评价方法，它不但分析了工程项目的经济效益和对社会、环境的影响，而且通过对工程项目建设过程各阶段的系统分析，找出了项目实际的经济效益和社会、环境影响发生的原因，针对存在的问题，提出相应的措施和建议，提高工程项目后评价的客观性、科学性和可借鉴性。

8.5.4.3 工程项目后评价的指标体系

• 工程项目后评估体系的设置原则

根据工程项目后评估的目的和特点，其指标体系的设置应遵循下述原则：

（1）全面性与目的性相结合。工程项目后评估的指标既要围绕后评估项目的目的，有一定的针对性，又要全面反映项目全过程的情况。

（2）指标的可比性。项目后评估的指标应与前评估指标、同行业指标基本一致，以增强指标的可比性。

（3）综合指标与单项指标相结合。综合指标能弥补单项指标的片面性与松散性，反映项目的整体情况。但综合指标受多种因素的影响，可能会掩盖某些方面的不足，需要用单项指标来做进一步的诠释和补充。

（4）动态与静态评价指标相结合。与前评估项目一样，项目后评估的评价指标也包括静态和动态两方面的指标。

（5）微观投资效果指标与宏观投资效果指标相结合。整个国民经济和各行业、各地区、各企业的根本利益是一致的，所以后评估指标既要反映项目给企业或部门带来的微观投资效果，也要反映给整个国民经济带来的实际宏观投资效果。

• 项目后评估的主要指标

项目后评估指标众多，这里只介绍工业项目后评估中主要的一些指标。

（1）实际设计周期。这一指标是指从设计合同生效直到设计完成提交建设单位实际经历的时间。将实际设计周期与预测的设计周期或合同约定的设计周期进行比较，从中找出设计周期延长或缩短的原因，并指出对工程项目实施造成的影响。

（2）实际建设工期。实际建设工期是指从开工到竣工验收所经历的时间。通过这一指标来反映实际工期与计划工期的偏离程度。

（3）实际建设成本。将实际建设成本与计划建设成本相比较，可以反映建设成本的偏离程度。

（4）实际工程合格率及优良率。这两个指标反映的是实际工程质量。

（5）实际返工损失率。它是指因项目质量事故停工或返工而增加的项目投资额与项目累计完成投资额的百分比。

（6）实际投资总额。它是指工程项目竣工投产后审定的实际完成投资总额，将它与计划投资总额相比较，可以判断项目投资增加或减少的程度。

（7）实际单位生产能力投资。它是指竣工验收项目实际投资总额与该项目实际形成的生产能力的比值。该指标越小，项目实际投资效果越好；反之，实际投资效果则越差。

（8）实际达产年限。它是指从项目投产到达到设计生产能力所需要的时间，通过与预计达产年限相比较，可以发现实际达产年限与计划的偏离程度。

（9）实际生产能力利用率。它是指项目投产后的实际产量与设计生产能力的百分比，从中可以看出生产能力是不足还是过剩。

（10）实际产品价格变化率及其对销售利润的影响。反映产品实际价格与预测价格的偏离程度及其对实际利润的影响。

（11）实际产品成本变化率及其对销售利润的影响。反映产品实际成本与预测成本的偏离程度及其对实际利润的影响。

（12）实际销售数量变化率及其对销售利润的影响。反映产品实际销售数量与预测数量的偏离程度及其对实际利润的影响。

（13）实际销售利润变化率。反映实际销售利润与预测值的偏离程度。

（14）实际投资利润率。

$$实际投资利润率=\frac{实际年平均利润额}{实际投资总额}\times 100\%$$

（15）实际投资利税率。

$$实际投资利税率=\frac{实际年平均利税额}{实际投资总额}\times 100\%$$

（16）实际净现值。它是根据项目投产后实际的年净现金流量以及根据实际情况重新预测的剩余寿命期内各年的净现金流量，按照重新选定的折现率计算出的建设初期的净现值。该指标越大，说明项目实际投资效益越好。

（17）实际净现值率。它等于实际净现值与建设初期投资现值的百分比，表示单位实际投资额的现值所带来的净现值的多少。

（18）实际投资回收期。实际投资回收期包括实际静态投资回收期和动态投资回收期两种指标，表示用项目实际净收益或重新预测的净收益来回收项目实际投资所需要的时间。

（19）实际内部收益率。它是根据项目投产后实际的年净现金流量或重新预测的剩余寿命期内各年的净现金流量计算出的净现值等于零时的折现率。当该指标大于重新选定的基准收益率或行业基准收益率时，说明该项目的实际效益较好。

（20）实际借款偿还期。它是指用项目投产后实际的或重新预测的可用作还款的资金数额来偿还项目投资实际借款本息所需要的时间，该指标反映的是项目的实际清偿能力。

上述指标因工程特点及性质的不同会有所区别，视具体情况还可增加一些其他指标。

8.5.5 工程项目后评价报告

各类工程项目后评价报告的内容因其工程类别的不同而各有侧重，这里仅以工业项目为例说明工程项目后评价报告所包含的内容。

8.5.5.1 总论

总论用来说明工程项目名称、工程项目后评价提出的背景、工程项目后评价工作的组织和管理、工程项目后评价工作的开始和完成时间、工程项目实施总体概况、工程项目后评价资料的来源及依据和工程项目后评价方法等。

8.5.5.2 工程项目前期工作后评价

（1）工程项目立项条件后评价。该阶段主要是结合实际，对当初认可的立项条件和决策目标是否正确，项目的产品方案、工艺流程、设备方案、资源情况、建设条件和建设方案等是否适应项目需要，产品是否符合市场需求等进行评价和分析。

（2）对工程项目决策工作的后评价。该阶段主要评价工程项目决策的程序和方法是否科学，包括项目可行性研究承担单位的名称和资质、可行性研究编制依据、可行性研究起始和完成时间、决策部门和决策效率等。

（3）对工程项目决策阶段经济和环境预测的后评价。该阶段包括前期决策时对经济方面的预测与实际是否相符；实际的资金需求及到位情况与前期的预测是否一致；前期决策时对项目的环境影响进行的估计和评价与实际对环境的影响有无变化；前期决策时是否提出了降低不利影响、避免风险的措施。

（4）对工程项目勘察设计的后评价。该阶段主要包括对承担项目勘察设计单位的名称及资格的审查；勘察、设计工作的标准和质量，并根据施工实践和项目的生产使用情况，检验设计方案在技术上的可行性和经济上的合理性。

（5）对工程项目建设准备工作的后评价。该阶段主要包括项目的筹建工作、征地拆迁工作、安置补偿工作、工程招标工作、“三通一平”工作、建设资金的筹措及设备、材料落实工作是否满足工程实施的要求；有无因准备工作不充分造成的工期延误现象；征地和安置工作是否符合国家规定等。

8.5.5.3 工程项目实施阶段后评价

（1）工程项目施工和监理工作后评价。其主要包括以下几方面的内容：

1）对施工单位和监理单位的名称及资质的审查，对施工合同、监理合同的审查。

2）对工程设计变更及现场签证的审查。包括设计变更原因及其对进度和成本的影响，现场签证内容及手续是否齐备。

3）对施工管理和监理的评价。包括对施工组织、工程成本、进度、质量的控制，施工安全、合同的执行工作等进行评价，主要是对建设工期延期或提前的原因、建设成本超支或节约的原因以及质量情况进行评价。

（2）对建设资金供求情况的后评价。主要包括建设资金到位是否及时；有无因资金供应不及时而延误进度的情况；有无追加资金的情况及追加原因等。

（3）工程项目竣工验收和投产准备工作后评价。主要包括竣工验收是否及时；工程质量是否达到设计要求；竣工决算和技术资料移交是否及时；投产前对相关人员的培训是否完成；生产所需原材料、燃料、动力条件是否已经落实等，在此基础上对项目在造价、质量、工期方面存在的问题进行研究和分析。

8.5.5.4 工程项目运营阶段的后评价

（1）工程项目生产条件及达产情况后评价。

（2）产品品种、数量和质量情况后评价。

（3）项目资源的投入和产出情况后评价。

（4）生产技术和经营管理水平后评价。

8.5.5.5 工程项目经济后评价

（1）工程项目财务后评价。根据项目投产使用后的实际数据重新计算项目各有关经济效益指标，并与当初预测的各种指标进行比较和分析，分析财务状况的发展和变化趋势，提出提高投资经济效益的具体建议和措施。

（2）工程项目国民经济后评价。包括对工程项目国民经济指标的计算和分析，对国民经济效益状况的预测等。

8.5.5.6 结论

结论主要包括对工程项目可行性研究及决策水平的综合评价、预期目标的实现程度、实际经济效益评价、评价中发现的问题及改进措施和项目的发展前景等。

本章小结

可行性研究也称技术经济论证，它是指在深入细致的调查研究和科学预测的基础上，综合论证项目的技术先进性和适用性、经济的合理性和有利性以及建设的可行性，为项目投资决策提供科学依据的一种论证方法。

可行性研究一般可分为投资机会研究、初步可行性研究、详细可行性研究、评估和投资决策四个阶段。

工程项目后评价是指工程项目建成投产并运行一段时间后，对工程项目从立项、决策、设计、实施直到投产运营全过程的投资建设活动进行系统的总结，从而判断工程项目预期目标实现程度的一种评价方法。

工程项目后评价与工程项目前评估在评价原则和方法上没有太大区别，都是采用定性与定量相结合的方法。但是，两者评价的时点和目的并不相同。

思考题

1. 什么是项目可行性研究？
2. 可行性研究有什么特点？
3. 可行性研究的主要作用是什么？
4. 项目可行性研究的主要内容是什么？
5. 什么是工程项目后评价？工程项目后评价与前评估有何区别？
6. 工程项目后评价的基本内容有哪些？
7. 工程项目后评价的基本程序包括哪些？
8. 工程项目后评价有哪些评价方法？

9 工程项目的财务评价及国民经济评价

【知识目标】

- 了解工程项目经济评价的内容。
- 了解工程项目财务评价的概念和作用。
- 明确工程项目财务评价的基本内容、方法和步骤。
- 能够编制一般新建项目财务评价报表，计算评价指标，进行评价分析。
- 了解工程项目国民经济评价的概念。
- 明确国民经济评价中效益与费用的含义、内容、识别与计算。
- 掌握影子价格及其他通用参数的确定方法和国民经济评价的步骤。
- 能够编制国民经济评价报表，计算评价指标，并对分析、计算结果作出判断。

为了把有限的资源用于经济效益和社会效益真正最优的工程项目中，需要通过工程项目的经济评价预先估算拟建项目的经济效益，避免由于依据不足、方法不当、盲目决策所导致的失误。进行工程项目经济评价还有利于引导投资方向，控制投资规模，提高计划质量。

工程项目的经济评价是项目的可行性研究和评估的核心内容及决策的重要依据，包括财务评价和国民经济评价两个层次。

财务评价是根据国家现行财务制度和价格体系，分析计算项目直接发生的财务效益和费用，编制财务报表，计算评价指标，考察项目的盈利能力、清偿能力以及外汇平衡等财务状况，据此判别项目的财务可行性。

国民经济评价按照资源合理配置的原则，从国家的整体角度考察项目的效益和费用，利用货物的影子价格、影子工资、影子汇率和社会折现率等经济参数分析、计算项目对国民经济的净贡献，评价项目的经济合理性。

基于我国的基本国情，项目评价后的取舍应以国民经济的结论为主。对那些国民经济评价好，财务评价不好但确实是国计民生所必需的建设项目，国家和有关部门可考虑给予优惠政策或进行补贴，使其在财务方面变成可行而得以实施。

我国于1981年开始组织力量对建设项目经济评价技术的基础理论和方法进行研究。1987年10月，由国家发改委组织编写，中国计划出版社出版的《建设项目经济评价方法与参数》填补了我国建设项目经济评价的空白。1993年4月，《建设项目经济评价方法与参数》修改后再版。修改后的《建设项目经济评价方法与参数》成为我国各工程咨询公司、规划设计单位进行投资项目评价的指导性读物，是各级计划部门审批设计任务书（可行性研究报告）和全能机构审查投资贷款的基本依据。

9.1 财务评价

9.1.1 财务评价的目的和主要内容

企业是独立的经营单位，是投资后果的直接承担者。财务评价是从投资项目或企业角度进行经济分析的，是企业投资决策的基础。

9.1.1.1 财务评价的主要目的

（1）从企业或项目角度出发，分析投资效果，判明企业投资所获得的实际利益。

（2）为企业制定资金规划。

（3）为协调企业利益和国家利益提供依据。

9.1.1.2 财务评价的主要内容

（1）在对投资项目的总体了解和对市场、环境、技术方案充分调查与掌握的基础上，收集、预测财务分析基础数据，用若干基础财务报表（如投资估算表、折旧表、成本表、利润表等）归纳整理。

（2）编制资金规划与计划。

（3）计算和分析财务效果。

9.1.2 费用与收益的识别

识别费用与收益是编制财务报表的前提。企业对项目投资，其目的是在向社会提供有用产品或劳务的同时追求最大利润。因此，项目的盈利性是识别费用与收益的标准。在判断费用与收益的计算范围时，只计入企业的支出与收入。对工业投资项目来说，建设投资、流动资金投资、销售税和经营成本等是费用，而销售收入、资产回收和补偿等是收益。

折旧是固定资产价值转移到产品中的部分，是产品成本的组成部分。但由于设备和建筑物等固定资产与原材料等不同，不是一次随产品的出售而消失的，而是随产品的一次次销售，以折旧的形式将其回收并积累起来，形成补偿资金，到折旧期满，原有固定资产的投资得到全部回收。因此，折旧是固定资产投资的回收。无形资产、递延资产的摊销费用也具有与折旧相同的性质。利息是项目利润的一种转化，财务评价时用基准收益率表示预期收益指标。因此，折旧费和摊销费不能作为支出。

9.1.3 价格和汇率

财务分析中的收益和费用的计算都涉及价格，使用外汇或产品（服务）出口的项目还涉及汇率问题。财务分析的价格一律采用预期的成交价格（市场价格或计划价格）。汇率采用预期的实际结算的汇率，一般可按国家公布的官方汇率计算。

9.1.4　资金规划

9.1.4.1　资金结构与财务杠杆效应

使用不同来源的资金所需付出的代价是不同的。资金结构指投资项目的资金来源与数量构成关系。如何选择资金的来源与数量，不仅与项目所需的资金量有关，而且与项目的经济效益有关。

项目全部投资（自有资金与负债之和）的盈利能力基本上（除所得税外）不受融资方案的影响，可以反映项目方案本身的盈利水平，可供企业投资者和债权人决策是否值得投资或贷款。自有资金的盈利能力反映企业投资者出资的盈利水平，反映企业从项目中获得的经济效果。因此，在有负债资金的情况下，一般来说，全部投资的效果与自有资金的效果是不相同的。

例如，某投资项目，其全部投资的净现金流量图如图 9-1 所示，若初始投资中的 750 万元向银行借款，年利率为 10%，借款条件是从投产当年开始，分五年等额偿清本利。那么，五年等额还本付息额 A 为：

$$A=750\ (A/P,\ 10\%,\ 5)=197.85\ (万元)$$

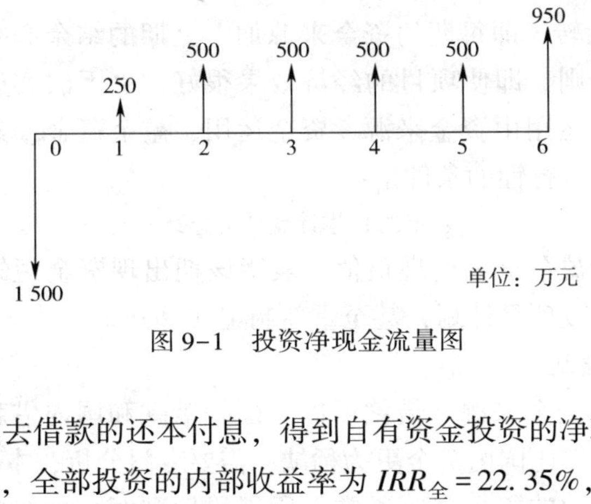

图 9-1　投资净现金流量图

从图 9-1 中减去借款的还本付息，得到自有资金投资的净现金流量图如图 9-2 所示。由计算可得，全部投资的内部收益率为 $IRR_{全}=22.35\%$，自有资金投资的内部收益率为 $IRR_{自}=29.56\%$。

由本例的计算可知，如果项目投资的 1 500 万元都是自有资金，可以得到的内部收益率是 22.35%；如果项目投资的一半资金采用借款，自有资金的内部收益率便上升到 29.56%。显然，采用借款企业的经济效果更好。

通常，全部投资利润率等于贷款利率，二者差额的后果将由企业承担，从而使自有资金投资的经济效果变好或变坏。下面以投资利润率指标为例来说明这个问题。

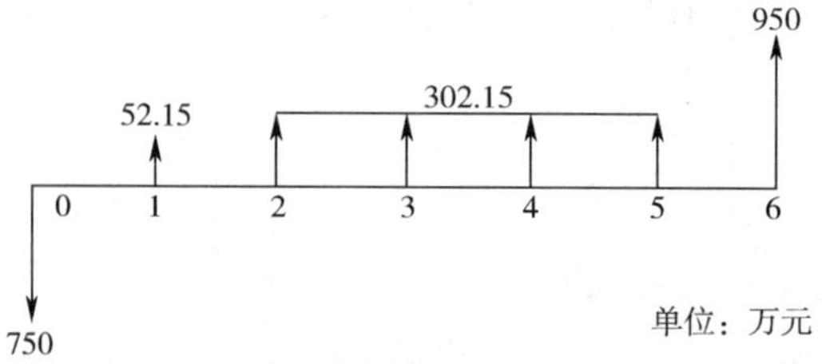

图 9-2　自有资金投资净现金流量图

设全部投资为 K，自有资金为 K_0，贷款为 K_L，全部投资收益率为 R，自有资金收益率为 R_0，贷款利率为 R_T，由投资收益率的公式可得

$$R_0 = R + \frac{K_L}{K_0}(R - R_T) \tag{9-1}$$

由式（9-1）可知，当 $R>R_T$时，$R_0>R$；当 $R<R_T$时，$R_0<R$，而且全部投资收益率与贷款利率的差别（$R-R_T$）被资金构成比 K_L/K_0所放大，这种放大效应称为财务杠杆效应，K_L/K_0 称为债务比。可见，由于 R 不受融资方案的影响，因此对于一个确定的技术方案，所选择的资金构成比不同，对企业的利益会产生不同的影响。

9.1.4.2　资金运行的可行性

资金运行的可行性是指项目的资金安排必须使每期（年）资金能够保证项目每期（年）的正常运转，即每期的资金来源加上上期的结余必须足以支付本期所需要的使用资金。否则，即使项目的经济效果很好，也无法实施。项目寿命周期内的资金来源与资金运用由资金来源、资金运用、盈余资金、累计盈余资金四项构成。满足资金运行可行性的条件是：

（各年的）累计盈余资金≥0

如果某期的累计盈余资金出现负值，表明该期出现资金短缺，必须事先筹集资金弥补缺口或者修改项目计划，甚至重新制定项目方案。

9.1.4.3　债务偿还

（1）偿还借款的资金来源。借款可以是国外借款和国内借款。国外借款通常要用外汇来偿还。外汇比国内资金更为稀缺，需要专门分析，本书不做讨论。

企业偿还国内借款的资金来源通常有所得税后利润、折旧费、摊销费、营业外收入等其他收入。企业必须按照政府部门对偿还借款的资金规定及有关法规，计算出每年可用于还款的资金数额。

（2）借款利息计算。借款利息如果按实际提款、还款日期计算将十分繁杂，通常可简化为长期借款的当年贷款按半年计算，当年归还的贷款按全年计息。计息计算公式如下：

$$\text{建设期年利息额（纯借款期）} = \left(\text{年初借款累计} + \frac{\text{本年借款额}}{2}\right) \times \text{年利率} \tag{9-2}$$

生产期年利息额（还款）= 年初借款累计×年利率　　(9-3)

流动资金借款及其他短期借款，当年均按全年计算。

借款偿还期指从开始到偿清借款本息所经历的时间。借款的还款方式有许多种，不同的还款方式每期的还本付息额不同，因而借款偿还期可能不同。如果计算出的借款偿还期大于银行规定的期限，则说明企业还款能力不足。此时要进行项目分析，并在财务甚至技术方案及投资计划上采取措施，直至偿债能力与银行的限定期一致。

9.1.5 财务基本报表

为了计算评价指标，考察项目的盈利能力、清偿能力以及外汇平衡等财务状况，需先编制财务报表。下面讨论几个主要的财务基本报表。

9.1.5.1 现金流量表

现金流量表反映项目计算期内各年的现金收支（现金流入及流出），用以计算各项动态和静态评价指标，进行项目财务盈利能力分析。按投资计算基础的不同，现金流量表又分为全部投资现金流量表和自有资金现金流量表。

1. 全部投资现金流量表

全部投资现金流量表见表9-1，该表不分投资资金来源，以全部投资作为计算基础用于计算全部投资所得税前及所得税后的财务内部收益率、净现值及投资回收期等评价指标，考察项目全部投资的盈利能力，为各个方案进行比较建立共同的基础。

表9-1　全部投资现金流量表　　单位：万元

序号	年份 / 科目	建设期		投产期		达到设计能力生产期				合计
		0	1	2	3	4	5	…	n	
	生产负荷/%									
1	现金流入									
1.1	产品销售（营业）收入									
1.2	回收固定资产余值									
1.3	回收流动资金									
2	现金流出									
2.1	建设资金									
2.2	流动资金									
2.3	经营成本									
2.4	销售税金及附加									
2.5	所得税									
3	净现金流量（1-2）									

2. 自有资金现金流量表

自有资金现金流量表见表 9–2。该表从直接投资者角度出发，以投资者的出资额作为计算基础，把借款本金偿还和利息支付作为现金流出，用于计算自有资金内部收益率、净现值等评价指标，考察项目自有资金的盈利能力。

表 9–2 自有资金现金流量表 单位：万元

序号	科目＼年份	建设期		投产期		达到设计能力生产期				合计
		0	1	2	3	4	5	…	n	
	生产负荷/%									
1	现金流入									
1.1	产品销售（营业）收入									
1.2	回收固定资产余值									
1.3	回收流动资金									
2	现金流出									
2.1	自有资金									
2.2	借款本金偿还									
2.3	借款利息支付									
2.4	经营成本									
2.5	销售税金及附加									
2.6	所得税									
3	净现金流量（1–2）									

9.1.5.2 损益与利润分配估算表

损益与利润分配估算表见表 9–3。该表反映项目计算期内各年的利润总额、所得税和税后利润的分配情况，用于计算投资利润率、投资利税率和资金利润率等指标。

表 9–3 损益与利润分配估算表 单位：万元

序号	科目＼年份	投资期		达到设计能力生产期				合计
		2	3	4	5	…	n	
	生产负荷/%							
1	产品销售（营业）收入							
2	销售税金及附加							
3	总成本费用							
4	利润总额（1–2–3）							
5	所得税							
6	税后利润（4–5）							
7	盈余公积金							
8	应付利润							
9	未分配利润							
	累计未分配利润							

9.1.5.3 资金来源与运用表

资金来源与运用表见表9-4。该表通过“累计盈余资金”项反映项目计算期内各年的资金是否充裕（是盈余还是短缺），是否有足够的能力清偿债务。若累计盈余大于零，则表明当年有资金盈余；若累计盈余小于零，则表明当年会出现资金短缺，需要筹措资金或调整借款及还款计划。因此，该表主要用于选择资金的筹措方案，制订适宜的借款及偿还计划，并为编制资产负债表提供依据。

表9-4 资金来源与运用表 单位：万元

序号	科目＼年份	投产期		生产经营期			合计	期末余值
		0	1	2	…	n		
1	资金来源							
1.1	利润总额							
1.2	折旧与摊销费							
1.3	长期借款							
1.4	短期借款							
1.5	自有资金							
1.6	回收固定资产余值							
1.7	回收流动资金							
1.8	其他							
2	资金运用							
2.1	固定投资							
2.2	建设期利息							
2.3	流动资金							
2.4	所得税							
2.5	应付利润							
2.6	长期借款本金偿还							
2.7	短期借款本金偿还							
3	盈余资金（1-2）							
4	累计盈余资金							

9.1.5.4 资产负债表

资产负债表和前面介绍的现金流量表（包括利润表、损益表、资金来源与运用表）的根本区别在于前者记录的是现金存量而后者是现金流量，见表9-5。所谓存量是指某一时刻的累计值；流量反映的是某一时段（通常为一年）发生的现金流量，或者说增量存量。资产负债表综合反映项目计算期内各年年末资产、负债和所有者权益的增减变化及对应关系，以考察项目资产、负债、所有者权益的结构是否合理，用于计算资产负债率、流动比率及速动比率，进行清偿能力和资金流动性分析。

表 9-5 资产负债表

单位：万元

序号	科目＼年份	投产期		生产经营期				
		0	1	2	3	4	…	n
1	资产							
1.1	流动资金总额							
1.1.1	应收账款							
1.1.2	存货							
1.1.3	现金							
1.1.4	累计盈余资金							
1.2	在建工程							
1.3	固定资产净值							
1.4	无形资产及递延资金净值							
2	负债及所有者权益							
2.1	流动负债总额							
2.1.1	应付账款							
2.1.2	短期借款							
2.2	长期负债							
	负债合计							
2.3	所有者权益							
2.3.1	资本金							
2.3.2	资本公积金							
2.3.3	累计盈余公积金							
2.3.4	累计未分配利润							

9.1.5.5 外汇平衡表

外汇平衡表适用于有外汇收支的项目，用于反映项目计算期内各年外汇的余缺程度，进行外汇平衡分析。

9.1.6 财务评价指标

财务评价是可行性研究的核心内容，它包括盈利能力分析和清偿能力分析等内容。盈利能力分析有两类评价指标，一类是静态评价指标，另一类是动态评价指标。

9.1.6.1 盈利能力分析的静态指标

（1）全部投资回收期

项目的全部投资包括自有资金出资部分和债务资金（包括借款、债券发行收入和融资租赁）的投资。对应的投资收益是税后利润、折旧与摊销以及利息，其中利息可以看作是债务资金的盈利。在研究全部投资的盈利能力时，按前面介绍的全部投资现金流量表计算投资回收期，根据基准投资回收期做出可行与否的判断。

全部投资的盈利能力指标基本上不受融资方案的影响，可以反映项目方案本身的盈利水平。

（2）投资利润率

投资利润率是指项目达到设计生产能力后的一个正常生产年份的年利润总额或年平均利润总额与项目总投资的比率。对生产期内各年的利润总额变化幅度较大的项目，应计算生产期的年平均利润总额与项目总投资的比率。

$$投资利润率=\frac{年利润总额（或年平均利润总额）}{项目总投资}\times 100\% \tag{9-4}$$

投资利润率可根据损益与利润分配估算表中的有关数据求得，与行业平均投资利润率对比，以判别项目的单位投资盈利能力是否达到本行业的平均水平。

（3）投资利税率

投资利税率是指项目达到设计生产能力后的一个正常生产年份的年利税总额或项目生产期内年平均利税总额与项目总投资的比率。

$$投资利税率=\frac{年利税总额(或年平均利税总额)}{项目总投资}\times 100\% \tag{9-5}$$

$$年利税总额=年利润总额+销售税金及附加=年销售收入-年总成本费用$$

投资利税率可由损益与利润分配估算表中的有关数据求得，与行业平均投资利税率对比，以判别项目的单位投资对国家的贡献水平是否达到本行业的平均水平。

（4）资本金利润率

资本金利润率是项目的利润总额与资本金总额的比率，有所得税前和所得税后之分。资本金是项目吸收投资者投入企业经营活动的各种财产物资的货币表现。

$$资本金利润率=\frac{利润总额}{资本金总额}\times 100\% \tag{9-6}$$

资本金利润率用于衡量投资者投入项目的资本金的获利能力。在市场经济条件下，投资者关心的不仅是项目全部资金所提供的利润，更关心投资者投入的资本金所创造的利润。资本金利润率指标越高，反映投资者投入项目资本金的获利能力越大。资本金利润率还是向投资者分配股利的重要参考依据。一般情况下，向投资者分配的股利率要低于资本金利润率。

9.1.6.2　盈利能力分析的动态指标

（1）财务内部收益率 *FIRR*

财务内部收益率（包括投资内部收益率和自有资金内部收益率）是指项目在整个计算期内各年净现金流量现值累计等于零时的折现率，它反映项目所占用资金的盈利率。其表达式为：

$$\sum_{t=0}^{n}(CI_t - CO_t)(1 + FIRR)^{-t} = 0 \tag{9-7}$$

财务内部收益率可根据财务现金流量表（全部投资现金流量表和自有资金现金流量表）中净现金流量的数据，用线性插值法计算求得，与行业的基准收益率或设定的折现率 i_0 比较，当 $FIRR \geqslant i_0$ 时，即认为其盈利能力已满足最低要求，财务上是可以考虑接受的。

（2）财务净现值 *FNPV*

财务净现值是指按行业的基准收益率或设定的折现率，将项目计算期内各年净现金流量折现到建设期的现值之和。其表达式为：

$$FNPV = \sum_{t=0}^{n}(CI_t - CO_t)(1 + i_0)^{-t} \tag{9-8}$$

财务净现值可根据财务现金流量表的数据计算求得。如果 $FNPV \geqslant 0$，项目是可以考虑接受的。

9.1.6.3　清偿能力分析的指标

（1）借款偿还期

借款偿还期是指在国家政策规定及项目具体财务条件下，以项目投资投产后可用于还款的资金，偿还建设投资国内借款本金和建设期利息（不包括已用自有资金支付的建设期利息）所需要的时间。

$$I = \sum_{t=1}^{p_t} R_t \tag{9-9}$$

式中　I——建设投资国内借款本金和建设期利息之和；

p_t——建设投资国内借款偿还期，从借款开始年计算；

R_t——第 t 年可用于还款的资金，包括税后的利润、折旧费、摊销费及其他还款资金。

借款偿还期可由资金来源与运用表及国内借款还本付息表的数据直接推算，通常用“年”表示。从开始年份算起的偿还期的详细计算公式为：

$$借款偿还期 = 借款偿还后首次出现盈余的年份数 - 开始借款年份 + \frac{当年偿还借款额}{当年可用于还款的资金额} \tag{9-10}$$

当借款偿还期满足贷款机构的要求期限时，即认为项目有清偿能力。

（2）资产负债率

资产负债率是负债与资产之比，它衡量企业利用债权人提供的资金进行经营活动的能力，既反映项目各年所面临的财务风险程度及债务清偿能力，也反映债权人发放贷款的安全程度。计算资产负债率所需要的相关数据可在资产负债表中获得。其公式如下：

$$资产负债率 = \frac{负债合计}{资产合计} \times 100\% \tag{9-11}$$

一般认为资产负债率为 0.5～0.7 是合适的。由于财务杠杆效应的存在，权益的所有者从盈利出发，希望保持较高的债务比，赋予资本金较高的杠杆力，用较少的资本来控制整个项目。但是，资产负债比越高，项目风险就越大。当资产负债率太高时，可通过增加自有资金出资和减少利润分配等途径来调节。

（3）流动比率

流动比率是反映项目各年偿付流动负债能力的指标，衡量项目流动资产在短期债务到期以前可以变为现金用于偿还流动负债的能力。所需的相关数据可在资产负债表中获得。其公式如下：

$$\text{流动比率}=\frac{\text{流动资产总额}}{\text{流动负债总额}}\times 100\% \tag{9-12}$$

因为存货是一类不易变现的流动资产，所以流动比率不能确切反映项目的瞬时偿债能力。

（4）速动比率

速动比率反映项目快速偿付（用可以立即变现的货币资金偿付）流动负债的能力。其公式如下：

$$\text{速动比率}=\frac{\text{流动资产总额}-\text{存货}}{\text{流动负债总额}}\times 100\% \tag{9-13}$$

一般认为，流动比率不小于 1.2~2.0，速动比率应不小于 1.0~1.2。

9.1.7　财务评价案例分析

本节以一个新建项目为例，说明基础会计报表、主要财务报表的编制方法及财务效果计算。

9.1.7.1　案例的财务预测及基础财务报表

• 数据资料

新建一个工厂，预计从此项目建设开始寿命期为 15 年。项目建设期为 3 年，第 4 年投产，第 5 年开始达到设计生产能力。

（1）固定投资（固定资产投资）为 8 000 万元，其中自有资金投资为 4 000 万元。分年投资情况见表 9-6，不足部分向银行借款。银行贷款条件是年利率 $i_{借}=10\%$，建设期间只计息不还款，第 4 年投产后开始还贷，每年付清利息，并分 10 年等额偿还建设期利息资本化后的全部借款本金。

表 9-6　分年投资情况　　　　单位：万元

项目＼年数	1	2	3	合计
固定投资	2 500	3 500	2 000	8 000
其中自有资金投资	1 500	1 500	1 000	4 000

（2）流动资金投资约需 2 490 万元，全部用银行贷款，年利率为 10%。

（3）销售收入、销售税金及经营成本的预测值见表9-7，其他支出忽略不计。

表9-7　销售收入、销售税金及经营成本的预测值　　单位：万元

年数 项目	4	5	6	…	15
销售收入	5 600	8 000	8 000	…	8 000
销售税金及附加	320	480	480	…	480
经营成本	3 500	5 000	5 000	…	5 000

• 要求

进行全部投资和自有资金投资盈利能力分析和清偿能力分析。（设基准折现率 $i_0 = 12\%$ ）

• 基础财务报表

（1）借款需要量计算见表9-8。

表9-8　借款需要量计算　　单位：万元

年数 项目	1	2	3	4	合计
固定投资总数	2 500	3 500	2 000		8 000
流动资金				2 490	2 490
自有资金	1 500	1 500	1 000		4 000
借款需要量	1 000	2 000	1 000	2 490	6 490

（2）固定资产投资借款建设期利息计算见表9-9。

表9-9　建设期利息计算　　单位：万元

年数 内容	1	2	3	4	附注
年初欠款	0	1 050	3 255	4 630. 5	
当年借款	1 000	2 000	1 000		
当年利息	50	205	375. 5		建设期利息约为630
年末欠款累计	1 050	3 255	4 630. 5		

当年借款额只计一半利息，第4年年初累计的欠款即为利息资本化后的总本金。

（3）固定资产投资还款计划与利息计算见表9-10。

表 9-10 固定资产投资还款计划与利息计算 单位：万元

内容＼年数	4	5	6	7	8	9	10	11	12	13
年初欠款	4 630	4 167	3 704	3 241	2 778	2 315	1 852	1 389	926	463
当年利息支付	463	417	370	324	278	232	185	139	93	46
当年还本	463	463	463	463	463	463	463	463	463	463
当年欠款	4 167	3 704	3 241	2 778	2 315	1 852	1 389	926	463	0

根据与银行商定的条件，第 4 年开始支付每年的利息再还本金的 1/10，10 年内还清，利息可计入当期损益。

- 固定资产折旧计算

平均折旧年限为 15 年，残值率为 5%。建设期利息计入固定资产原值内：

$$年折旧额=\frac{(8\ 000+630)\times(1-5\%)}{15}=547\ (万元)$$

第 15 年回收固定资产余值为：

$$(8\ 000+630)-547\times12=2\ 066\ (万元)$$

9.1.7.2 主要财务报表

（1）案例的损益及利润分配表，见表 9-11。

表 9-11 案例的损益及利润分配表 单位：万元

项目＼年数	4	5	6	7	8	9	10	11	12	13	14	15
销售收入	5 600	8 000	8 000	8 000	8 000	8 000	8 000	8 000	8 000	8 000	8 000	8 000
经营成本	3 500	5 000	5 000	5 000	5 000	5 000	5 000	5 000	5 000	5 000	5 000	5 000
折旧	547	547	547	547	547	547	547	547	547	547	547	547
建设投资借款利息	463	417	370	324	278	232	185	139	93	46	0	0
流动资金借款利息	249	249	249	249	249	249	249	249	249	249	249	249
销售税金及附加	320	480	480	480	480	480	480	480	480	480	480	480
利润总额	521	1 307	1 354	1 400	1 446	1 492	1 539	1 585	1 631	1 678	1 724	1 724
所得税	172	431	447	462	477	492	508	523	538	554	569	569
盈余公积金	35	88	91	94	97	100	103	106	109	112	116	116
公益金	18	44	45	47	48	50	52	53	55	56	58	58
应付利润	296	744	771	797	824	850	876	903	929	956	981	981
未分配利润	0	0	0	0	0	0	0	0	0	0	0	0

注：所得税税率假定为 33%。

（2）案例的全部投资现金流量表，见表 9-12。

（3）案例的自有资金现金流量表，见表 9-13。

（4）案例的资金来源与运用表，见表 9-14。

（5）案例的资产负债表，见表 9-15。

表 9-12　案例的全部投资现金流量表　　单位：万元

项目＼年份	建设期				投产期	达产期										
	0	1	2	3	4	5	6	7	8	9	10	11	12	13	14	15
现金收入																
销售收入					5 600											
回收固定资产																
回收流动资金																
现金流出																
固定投资																
流动资金																
经营成本																
销售税金及附加																
所得税																
净现金流量																

9.1.7.3 分析与说明

（1）盈利能力分析

在表 9-12 中，列出了所得税后的净现金流量，由此可计算所得税后的各项经济效果指标。

投资回收期（静态）$T_{全}=8.31$ 年

财务内部收益率 $FIRR_{全}=12.94\%$

财务净现值 $FNPV_{全}$（12%）= 522.121 9（万元）

由表 9-13 可计算自有资金投资的经济效果指标。

投资回收期（静态）$T_{自}=7.56$（年）

财务内部收益率 $FIRR_{自}=16.27\%$

财务净现值 $FNPV_{自}$（12%）= 1 267.971 1（万元）

本例中，$FIRR_{全}>i_0$，$FNPV_{全}>0$，表明方案本身的经济效果好于投资者的最低预期，方案可行。$FNPV_{自}>FNPV_{全}$，$FIRR_{自}>FIRR_{全}$，表明在总投资中采用借款可以使企业获得更好的经济效果，这是因为 $FIRR_{全}>I_{债}$，债务比越高，财务杠杆

表 9-13 案例的自有资金现金流量表

单位:万元

项目 \ 年份	建设期				投产期	达产期										
	0	1	2	3	4	5	6	7	8	9	10	11	12	13	14	15
现金收入																
销售收入					5 600	8 000	8 000	8 000	8 000	8 000	8 000	8 000	8 000	8 000	8 000	8 000
回收固定资产																
回收流动资金																
现金流出																
固定资产中的自有资产	1 500	1 500	1 000													
流动资金中的自有资金																
经营成本					3 500	5 000	5 000	5 000	5 000	5 000	5 000	5 000	5 000	5 000	5 000	5 000
销售税金及附加					320	480	480	480	480	480	480	480	480	480	480	480
所得税					172	431	447	462	477	492	508	523	538	554	569	569
固定投资本金偿还					463	463	463	463	463	463	463	463	463	463	0	0
固定投资利息支付					463	417	370	324	278	232	185	139	93	46	0	0
流动资金利息偿还																
流动资金利息支付					249	249	249	249	249	249	249	249	249	249	249	249
净现金流量	−1 500	−1 500	−1 000		433	960	991	1 022	1 053	1 084	1 115	1 146	1 177	1 208	1 702	3 768

表 9-14 案例的资金来源与运用表

单位:万元

序号	项目＼年份	建设期				生产经营期							生产经营期					期末余额
		0	1	2	3	4	5	6	7	8	9	10	11	12	13	14	15	
1	资金来源	2 500	3 500	2 000	2 490	1 068	1 854	1 901	1 947	1 993	2 039	2 086	2 132	2 178	2 225	2 271	2 271	4 556
1.1	利润总额					521	1 307	1 354	1 400	1 446	1 492	1 539	1 585	1 631	1 678	1 724	1 724	
1.2	折旧与摊销费					547	547	547	547	547	547	547	547	547	547	547	547	
1.3	长期借款	1 000	2 000	1 000														
1.4	短期借款				2 490													
1.5	自有资金	1 500	1 500	1 000														
1.6	回收固定资产余值																	2 066
1.7	回收流动资金																	2 490
2	资金运用	2 500	3 500	2 000	2 490	931	1 638	1 681	1 722	1 764	1 805	1 847	1 889	1 930	1 973	1 550	1 500	2 490
2.1	固定投资	2 500	3 500	2 000														
2.2	建设期利息																	
2.3	流动资金				2 490													
2.4	所得税					172	431	447	462	477	492	508	523	538	554	569	569	
2.5	应付利润					296	744	771	797	824	850	876	903	929	956	981	981	
2.6	长期借款本金偿还					463	463	463	463	463	463	463	463	463	463	0	0	
2.7	短期借款本金偿还																	2 490
3	盈余资金(1-2)	0	0	0	0	137	216	220	225	229	234	239	243	248	252	721	721	2 066
4	累计盈余资金	0	0	0	0	137	353	573	798	1 027	1 261	1 500	1 743	1 991	2 243	2 964	3 685	5 751

表 9-15 案例的资产负债表

单位：万元

序号	年份 项目	建设期			生产经营期							生产经营期				
		1	2	3	4	5	6	7	8	9	10	11	12	13	14	15
1	资产	2 550	6 255	11 120	10 710	10 379	10 052	9 730	9 412	9 099	8 791	8 487	8 188	7 893	8 067	8 241
1.1	流动资产总额			2 490	2 627	2 843	3 063	3 288	3 517	3 751	3 990	4 233	4 481	4 733	5 454	6 175
1.1.1	流动资产			2 490	2 490	2 490	2 490	2 490	2 490	2 490	2 490	2 490	2 490	2 490	2 490	2 490
1.1.2	累计盈余资金				137	535	573	798	1 027	1 261	1 500	1 743	1 991	2 243	2 964	3 685
1.2	在建工程	2 550	6 255	8 630												
1.3	固定资产净值				8 083	7 536	6 989	6 442	5 895	5 348	4 801	4 254	3 707	3 160	2 613	2 066
2	负债与所有者权益	2 550	6 255	11 120	10 610	10 379	10 052	9 730	9 412	9 099	8 791	8 487	8 188	7 893	8 067	8 241
2.1	流动负债总额			2 490	2 490	2 490	2 490	2 490	2 490	2 490	2 490	2 490	2 490	2 490	2 490	2 490
2.1.1	短期借款			2 490	2 490	2 490	2 490	2 490	2 490	2 490	2 490	2 490	2 490	2 490	2 490	2 490
2.2	长期借款	1 050	3 255	4 630	4 167	3 704	3 241	2 778	2 315	1 852	1 389	926	463	0	0	0
	负债小计	1 050	3 255	7 120	6 657	6 194	5 731	5 268	4 805	4 342	3 879	3 416	2 953	2 490	2 490	2 490
2.3	所有者权益	1 500	3 000	4 000	4 053	4 185	4 321	4 463	4 607	4 757	4 912	5 017	5 235	5 403	5 577	5 751
2.3.1	资本金	1 500	3 000	4 000	4 000	4 000	4 000	4 000	4 000	4 000	4 000	4 000	4 000	4 000	4 000	4 000
2.3.2	累计盈余公积金	0	0	0	35	123	214	308	405	505	608	714	823	935	1 051	1 167
2.3.3	累计公益金	0	0	0	18	62	107	154	202	252	304	357	412	468	526	584
	资产负债率	0.41	0.52	0.64	0.62	0.60	0.57	0.54	0.51	0.48	0.44	0.40	0.36	0.32	0.31	0.30
	流动比率			1.0	1.1	1.1	1.2	1.3	1.4	1.5	1.6	1.7	1.8	1.9	2.2	2.5

效应使自有资金的经济效果变得越好。自有资金投资的经济效果一部分来自自有资金本身，另一部分来自债务资金。

（2）资金平衡及偿债能力分析

由表9-14可以看出，用项目筹措的资金和项目的净收益足以支付各项支出，不需用短期借款即可保证资金收支相抵有余，各年的累计盈余资金均大于零，可满足项目运行要求。

表9-15中的资产负债率、流动比率两项指标的负债比率除个别年份外，均在60%以下，随着生产经营的继续，两项指标将更为好转。从整体来看，该项目的偿债能力较强。

从总体上看，该项目的投资效果较好。

9.2 工程项目的国民经济评价

9.2.1 国民经济评价的含义

国民经济评价是工程项目经济评价的重要组成部分。它是按资源合理配置的原则，从国家经济的角度考察耗费的社会资源和对社会的贡献，采用影子价格、影子工资、社会折现率等国民经济评价参数体系，分析、计算项目给国民经济带来的净贡献，以评价投资项目的经济合理性。

相对于人们的需要来说，任何一个国家的资源都是有限的，而一种资源用于某一方面，其他方面就不得不减少对这种资源的使用量，这就使国家必须按照一定的准则对资源的配置作出合理的选择。例如公路建设项目，就该项目自身来说，如果是公益性的基础设施建设，不是收费公路，则在财务上项目是没有收费的，无法进行财务上的评价，但从国民经济的整体来看，公路的建设将大大增加旅客、货物的运输量，节约旅客、货物的在途时间，缓解其他道路的拥挤状况，给周边地区的土地带来增值等，这些都是国民经济效益。再例如小型冶炼厂，虽然其在财务上有生存能力，能为某一小区域的经济带来效益，但是它造成的严重的环境污染和资源浪费都是国民经济付出的代价。因此，许多项目的实施不仅要考虑项目本身的效益和费用情况，还要考虑到该项目对整个国民经济产生的影响，即由国民经济评价为该类项目是否可行提供决策依据。

9.2.2 国民经济评价与财务评价的关系

国民经济评价和财务评价是建设项目经济评价的两个层次，它们既有联系又有区别。国民经济评价既可以单独进行，也可以在财务评价的基础上进行调整计算。

9.2.2.1 国民经济评价与财务评价的联系

（1）评价目的相同。国民经济评价和财务评价都是要寻求以最小的投入获得最大的产出。

(2) 评价基础相同。国民经济评价和财务评价都是在完成了产品需求预测、工程技术方案、资金筹措等可行性研究的基础上进行的评价。

9.2.2.2 国民经济评价与财务评价的区别

(1) 评价角度不同。财务评价是从企业财务考察收支和盈利状况及偿还借款能力，以确定投资项目的财务可行性。国民经济评价是从国民经济（国家的）角度考察项目需要国家付出的代价和对国家的贡献，以确定投资项目的经济合理性。

(2) 费用、效益的划分不同。财务评价是根据项目直接发生的实际收支确定项目的效益和费用，凡是项目的货币支出都视为费用，税金、利息等也均计为费用。国民经济评价则着眼于项目所耗费的全社会有用资源来考察项目的费用，而根据项目对社会提供的有用产品（包括服务）来考察项目的效益。税金、国内借款利息和财政补贴等一般并不导致资源的实际增加和耗用，多是国民经济内部的“转移支付”，因此不列为项目的费用和效益。另外，国民经济评价还需考虑间接效益与间接费用。

(3) 采用的价格不同。财务评价要确定投资项目在财务上的现实可行性，因而对投入物和产出物均采用财务价格，即现行市场价格（预测值）。国民经济评价则采用根据机会成本和供求关系确定的影子价格。

(4) 主要参数不同。财务评价采用的汇率一般选用当时的官方汇率。国民经济评价则采用国家统一测定和颁布的影子汇率和社会折现率。

9.2.2.3 国民经济评价结论与财务评价结论的关系

由于财务评价和国民经济评价有所区别，虽然在很多情况下两者的结论是一致的，但也有不少时候两种评价结论是不同的。可能出现的四种情况及相应的决策原则如下：

(1) 财务评价和国民经济评价均可行的项目，应予以通过。

(2) 财务评价和国民经济评价均不可行的项目，应予以否定。

(3) 财务评价不可行，国民经济评价可行的项目应予以通过，但国家和主管部门应采取相应的优惠政策，如减免税、财政补贴等，使项目在财务上具有生存能力。

(4) 财务评价可行，国民经济评价不可行的项目，应予以否定，或者重新考虑方案，进行“再设计”。

9.2.3 效益与费用

项目的国民经济效益是指项目对国民经济所做的贡献，分为直接效益和间接效益；项目的国民经济费用是指国民经济为项目付出的代价，分为直接费用和间接费用。

9.2.3.1 直接效益与直接费用

• 直接效益

直接效益是指由项目产出物直接产生，并在项目范围内计算的经济效益。一般包括以下内容：

（1）增加项目产出物（或服务）的数量以增加国内市场的供应量，其效益就是所满足的国内需求。

（2）项目产出物（或服务）替代相同或类似企业的产出物（或服务），使被替代企业减产从而减少国家有用资源的耗用（或损失），其效益就是被替代企业释放出来的资源。

（3）项目产出物（或服务）增加了出口量，其效益就是增加的外汇收入。

（4）项目产出物（或服务）减少了进口量，即替代了进口货物，其效益为所节约的外汇支出。

• 直接费用

直接费用是指项目使用投入物所产生的，并在项目范围内计算的经济费用。一般包括以下内容：

（1）国内其他部门为本部门项目提供投入物，而扩大了该部门的生产规模，其费用为该部门增加生产所耗用的资源。

（2）项目投入物本来用于其他项目，由于改用于拟建项目而减少了对其他项目（或最终消费）投入物的供应，其费用为其他项目（或最终消费）因此而放弃的消费。

（3）项目的投入物来自国外，即增加进口，其费用为增加的外汇支出。

（4）项目的投入物本来第一用于出口，为满足项目需求而减少了出口，其费用为减少出口所减少的外汇收入。

注意：交通运输项目的国民经济效益有其特殊的表现形式，具体计算查阅《建设项目经济评价方法与参数》一书中的“交通运输项目国民经济效益计算方法”。

在国民经济评价中，建设项目的直接费用和效益的识别与度量通常是在财务评价的基础上进行的。一般来说，需要对财务费用和效益进行调整。如果某些投入物和产出物的市场价格与影子价格存在偏差，则必须对其按影子价格重新进行估计；在财务评价中被排除的某些费用和效益可能需要补充进来，而另一些在财务评价中已经考虑的费用和效益则可能根据其对经济整体的影响重新进行归类或调整。

9.2.3.2 间接效益与间接费用

间接效益与间接费用是指项目对国民经济做出的贡献或国民经济为项目付出的代价，在直接效益与直接费用中未得到反映的那部分效益和费用。通常把与项目相关的间接效益（外部效益）和间接费用（外部费用）统称为外部效果。

外部效果的计算应考虑环境及生态影响效果、技术扩散效果和产业关联效果。对显著的外部效果能定量的要作定量分析，计入项目的效益和费用，不能定量的，应作定性描述。在计算中为了防止间接效益的扩大化，项目的外部效果一般只计算一次相关效果，不应连续扩展。一般情况下，可以考虑以下内容。

(1) 环境及生态影响效果。这一效果主要是指工业项目排放“三废”造成的环境污染和生态平衡被破坏，是一种间接费用。环境的污染和生态平衡被破坏，从项目本身讲，所造成的损失并不计入成本，而从全社会的角度讲，这种破坏是全社会福利的损失，是实施该项目的成本。因此，作国民经济评价时，必须把这些在对项目作财务评价时不会考虑到的成本计算在内。

(2) 技术扩散效果。这一效果通常包括技术培训和技术推广等，这是一种比较明显的技术外部效果，是一种间接效益。投资兴建一个技术先进的项目，会培养和造就大量的工程技术人员、管理人员或技术性较强的操作工人，由于人员的流动和技术外流，最终会给整个社会经济的发展带来好处。由于这种效果通常是隐蔽的、滞后的，因而是难以识别和计量的，在实际中大多只作定性的描述。

(3) 产业关联效果。这一效果包括对上游企业和下游企业的关联效果。对下游企业的关联效果主要是指生产初级产品的项目对以其产出物为原料的经济部门产生效果。对上游企业的关联效果是指一个项目的建设会刺激那些为该项目提供原材料或半成品的经济部门的发展。例如，项目所需要的原材料原来在国内没有生产，由于新项目的建设产生了国内需求，刺激了原材料工业的发展。如果其价格低于进口价格，显然对国民经济是有利的。

项目范围内主要为本项目服务的商业、教育、文化、卫生、住宅等生活福利设施的投资应计为项目的费用。这些生活设施所产生的效益可视为已经体现在项目的产出效益中，一般不必单独核算。

9.2.3.3 转移支出

项目的某些财务收益和支出，从国民经济的角度来看，并不真正反映经济整体的有用资源的投入和产出的变化，没有造成资源的实际增加或减少，只是表现为资源的使用权从社会的一个实体转到另一个实体手中，是国民经济内部的“转移支出”，不能计为项目的国民经济效益或费用。它主要包括以下几方面内容。

(1) 国家和地方政府的税收，仅是从项目转移到政府。无论是增值税还是关税等都是政府调节分配和供求的手段。纳税对于企业财务评价来说，确实是一项费用支出，但是对于国民经济评价来说，它仅仅表示项目对国民经济的贡献有一部分转到政府手中，由政府再分配。项目对国民经济的贡献大小并不随税金的多少而变化，因而它属于国民经济内部的转移支付。

土地税、城乡维护建设税和资源等是政府为了补偿社会耗费而代为征收的费用，这些税种包含了很多政策因素，并不代表社会为项目付出的代价。因此，原则上这些税种也视为项目与政府间的转移支付，不计为国民经济评价中的费用或效益。

（2）国家或地方政府给予项目的补贴，仅是从政府转移到项目。政府对项目的补贴，仅仅表示在国民经济为项目所付出的代价中，有一部分来自政府财务支出，但是整个国民经济为项目所付代价并不以这些代价来自何处为计算依据，更不会由于有无补偿或补贴多少而改变。因此，补贴也不是国民经济评价中的费用或效益。

（3）国内银行借款利息，仅是从项目转移到金融机构。国内贷款利息在企业财务评价中的资本金财务现金流量中是一项费用。对于国民经济评价来说，它表示项目对国民经济的贡献有一部分转移到了政府或国内贷款机构。项目对国民经济所做贡献的多少，与所支付的国内贷款利息多少无关。因此，它也不是国民经济评价中的费用或效益。

（4）国外贷款与还本付息。在国民经济评价中，国外贷款和还本付息根据分析的角度不同，有两种不同的处理原则。

1）在全部投资效益费用流量表中的处理。在全部投资效益费用流量表中，把国外贷款看作国内投资，以项目的全部投资作为计算基础，对拟建项目使用的全部资源的使用效果进行评价。随着国外贷款的发放，国外相应的实际资源的支配权力也同时转移到了国内。这些国外贷款资源与国内资源一样，也存在着合理配置的问题。因此，在全部投资效益费用流量表中，国外贷款还本付息与国内贷款还本付息一样，既不作为效益，也不作为费用。

2）在国内投资效益费用流量表中的处理。为了考察国内投资对国民经济的实际贡献，应以国内投资作为计算的基础，因此在国内投资效益费用流量表中，把国外贷款还本付息视为费用。

如果以项目的财务评价为基础进行国民经济评价，则应从财务效益和费用中剔除其中的转移支付部分。

9.2.3.4 影子价格

影子价格是指依据一定原则确定的，能反映投入物和产出物真实经济价值，反映市场供求状况，反映资源稀缺程度，使资源得到合理配置的价格。进行国民经济评价时，项目的主要投入物和产出物的价格，原则上都应采用影子价格。为了简化计算，在不影响评价结论的前提下，可只对其价格在效益或费用中比重较大，或者国内价格明显不合格的产出物或投入物使用影子价格。

• 由市场机制定价的货物的影子价格

随着我国市场经济的发展和贸易范围的扩大，大部分货物由市场定价，受供求影响，其价格可以近似反映其真实价值，进行国民经济评价可将这些货物的市场价格加减国内运杂费等作为影子价格。只是在确定其影子价格之前，应先将货物区分为外贸货物和非外贸货物。

（1）外贸货物的影子价格。外贸货物是指其使用或生产将直接或间接影响国家进出口的货物，即产出物直接出口、间接出口或替代进口的货物，投入物直接进口、间接进口或减少出口（原可用于出口）的货物。

外贸货物影子价格的确定，以口岸价（包括到岸价和离岸价）为基础，乘以影子汇率，加或减国内运杂费和贸易费用。计算公式为：

投入物影子价格（项目投入物的到厂价格）= 到岸价×影子汇率+国内运杂费+贸易费用 (9-14)

产出物影子价格（项目产出物的出厂价格）= 离岸价×影子汇率-国内运杂费-贸易费用 (9-15)

贸易费用是指外贸部门为进出口货物所耗用的，用影子价格计算的流通费用，包括货物的储运、再包装、短途运输、装卸、保险等环节的费用支出以及资金占用的机会成本，但不包括长途运输费用。贸易费用一般用货物的口岸价乘以贸易费用率求得。贸易费用率的含义和具体计算将在后面的评价参数中介绍。

（2）非贸易货物的影子价格。非贸易货物是指其生产或使用不影响国家进出口的货物。其中包括“天然”不能进行外贸的货物和服务，如建筑物、国内运输等，还包括由于地理位置所限、运输费用过高或受国内外贸易政策等限制而不能进行外贸的货物。非外贸货物的影子价格以市场价格加减国内运杂费作为影子价格。计算公式为：

投入物影子价格（投入物的到厂价）= 市场价格+国内运杂费 (9-16)

产出物影子价格（产出物的出厂价）= 市场价格-国内运杂费 (9-17)

• 由国家调控价格的货物的影子价格

在目前我国价格管理体制条件下，有些货物（或服务）不完全由市场机制形成价格，还受国家宏观调控的制约，这些调控价格包括指导价、最高限价、最低限价等，调控价格不能完全反映货物的真实价值。在进行国民经济评价时，其影子价格应采用特殊方法确定。确定影子价格的原则是投入物按机会成本分解定价；产出物按消费者支付意愿定价。

（1）电价。电力作为项目投入物时的影子价格，一般按完全成本分解定价，电力过剩时按可变成本分解定价；作为项目产出物的影子价格，可按电力对当地经济的边际贡献定价。

（2）铁路运价。铁路作为项目投入物时的影子价格，一般按完全成本分解定价，对运力有富裕的路段，按可变成本分解定价；铁路项目的国民经济效益按“有无法”计算运输费用节约等效益。

（3）水价。水作为项目投入物时的影子价格，按后备水源的边际成本分解定价，或按恢复水功能的成本计算；作为项目产出物的影子价格，按消费者支付意愿（一般消费者承受能力加政府补贴）计算。

• 特殊投入物的影子价格

项目的特殊投入物是指项目在建设、生产运营中使用的劳动力、土地和自然资源等物品。项目使用这些特殊投入物所产生的国民经济费用，应分别采用下列方法确定其影子价格。

（1）劳动力的影子价格。

1）劳动力影子价格的构成。劳动力作为一种资源被项目使用时，国民经济评价采用“影子工资”计算其费用。影子工资是国民经济为项目使用劳动力所付出的真实代价，由劳动力机会成本和劳动力就业或转移而引起的新增资源耗费两部分构成。

①劳动力机会成本，是指项目的劳动力如果不用于拟建项目使用而用于其他生产经营活动所能创造的最大效益。它与劳动力的技术熟练程度、过剩或稀缺程度有关，技术熟练程度和稀缺程度越高，其机会成本越高；反之，越低。

②劳动力就业或转移而引起的新增资源耗费，是指因项目使用劳动力而引起的培训费、劳动力搬迁费用、城市管理费用、城市交通等基础设施投资费用等。

2）影子工资的计算。在国民经济评价中，影子工资作为经济费用计入经营费用。为了计算方便，其计算公式为：

$$影子工资=（财务工资+职工福利基金）\times 影子工资换算系数 \quad (9\text{-}18)$$

影子工资换算系数将在后面的评价参数中介绍。

（2）土地的影子价格。土地是一种不可再生的资源，除了荒漠戈壁和严寒极地暂时无法为人类利用外，其余的土地，尤其是城市建设用地总是表现出稀缺性。土地的影子价格反映土地用于拟建项目而使社会为此放弃的国民经济效益，以及国民经济为此增加的资源消耗。

土地的影子价格包括以下三部分：

1）土地的机会成本。土地的机会成本按照土地因项目占用而放弃的“最好可替代用途”的净收益测算，原则上根据具体项目情况，由项目评价人员自行测算。在难以测算的情况下，可参考有关土地分类、土地净收益和经济区域划分的规定执行。(参见《建设项目经济评价方法与参数》)

因土地占用而新增加的社会资源消耗，如拆迁费、劳动力安置费、养老保险费等。

2）农用土地影子价格的计算。农用土地的影子价格是指项目占用农用土地使国家为此损失的收益，由土地的机会成本和占用土地而引起的新增资源消耗两部分构成。土地机会成本按项目占用土地而使国家为此损失的该土地的最佳替代用途的净收益计算。土地的影子价格中新增的资源消耗一般包括拆迁费用和劳动力安置费用。

土地的影子价格既可以直接从机会成本和新增资源消耗两方面求得，也可在财务评价土地费用的基础上调整计算得出。项目实际征地费用包括以下三部分：一是机会成本性质的费用，如土地补偿费、青苗补偿费等，应按机会成本的计算方法调整计算；二是新增资源消耗，如拆迁费用、剩余劳动力安置费用、养老保险费用等，应按影子价格调整计算；三是转移支付，如粮食开发基金、耕地占用税等，则应予以剔除。

3）城镇土地影子价格的计算。通常按市场价格计算，主要包括土地出让金、征地费、拆迁安置补偿费等。

（3）自然资源的影子价格。各种有限的自然资源也是一种特殊的投入物。一个项目使用了矿产资源、水资源、森林资源等，是对国家资源的占用和消耗。矿产等不可再生自然资源的影子价格按资源的机会成本计算，可再生自然资源的影子价格按资源再生费用计算。

9.2.4　国民经济评价的其他重要参数

国民经济评价参数是国民经济评价的基础。正确理解和使用评价参数，对正确计算费用、效益和评价指标以及方案的优化比选具有重要作用。国民经济评价参数中除了有上述的货物的影子价格、特殊投入物的影子价格外，还有社会折现率、影子汇率和影子工资换算系数等通用参数。

9.2.4.1　社会折现率（影子利率）

社会折现率是用以衡量资金时间价值的重要参数，代表社会资金被占用应获得的最低收益率，也用作不同年份资金价值换算的折现率。

适当的社会折现率有利于合理分配建设资金，引导有限资金流向对国民经济贡献大的建设项目，提高整个社会的资金利用率。正因为如此，社会折现率是根据国民经济发展的多种因素综合测定的，由国家统一发布。各类投资项目的国民经济评价都应采用国家统一发布的社会折现率作为计算经济净现值的折现率，也作为经济内部收益率的判据。根据目前国民经济运作的实际情况、投资收益水平、资金供求情况、资金机会成本以及国家宏观调控目标取向等因素综合分析，我国目前的社会折现率取值为12%。

9.2.4.2　影子汇率

影子汇率是指能正确反映外汇增加或减少对国民经济贡献或损失的汇率，即外汇的影子价格，体现了从国家角度对外汇价格的估算。凡是工程项目投入物和产出物涉及进出口的，都应采用影子汇率进行外汇与人民币之间的换算。同时，影子汇率又是经济换汇或结汇成本的判断依据。

影子汇率以美元与人民币的比价表示，对于美元以外的其他国家的货币，应先根据项目评价确定的某个时间国家公布的国际金融市场美元与该种货币的兑换率，折现为美元，再用影子汇率换算成人民币。

目前，影子汇率通过影子汇率换算系数计算。计算公式为：

$$影子汇率=外汇牌价（即官方汇率）\times影子汇率换算系数 \quad (9-19)$$

影子汇率换算系数是影子汇率与国家外汇牌价之比，其取值的高低，会影响项目评价中进出口的选择，影响采用进出口设备还是国产设备的选择，影响产品进出口型项目的选择。因此，影子汇率换算系数由国家统一测定和定期发布。根据目前我国外汇收支状况、主要进出口商品的国内价格与国外价格的比较、出口换汇成本及进出口关税等因素综合分析，目前我国的影子汇率换算系数仍取值为1.08。

9.2.4.3 影子工资换算系数

影子工资换算系数是影子工资与财务评价中劳动力的工资和福利费之比值。影子工资换算系数是工程项目国民经济评价的通用参数，由国家发改委和原建设部根据我国劳动力的状况、结构及就业水平等测定和发布。根据目前我国劳动力市场状况，一般建设项目的影子工资换算系数为1。若依据充分，某些特殊项目可依据当地劳动力的充裕程度以及所用劳动力的技术熟练程度，适当地提高或降低影子工资换算系数。对于压力很大的地区，如果是占用大量非熟练劳动力的项目，影子工资换算系数取值可小于1；如果是占用大量专业技术人员的项目，影子工资换算系数取值可大于1。

9.2.4.4 贸易费用率

国民经济评价中的贸易费用是指外贸部门为进出口货物所耗用的、用影子价格计算的流通费用，包括货物的储运、再包装、短途运输、装卸、保险和检验等环节的费用支出以及资金占用的机会成本，但不包括长途运输费用。而贸易费用率是贸易费用与货物影子价格之比率，是工程项目国民经济评价中的重要参数，由国家有关部门测定和发布。目前，我国贸易费用率一般取6%。对于少数价格高、体积和重量较小的货物，可适当降低贸易费用率。

实际运用时，可用下列公式计算：

$$\text{进口货物贸易费用}=\text{到岸价}\times\text{影子汇率}\times\text{贸易费用率} \tag{9-20}$$

$$\text{出口货物贸易费用}=(\text{离岸价}\times\text{影子汇率}-\text{国内长途运输费})\times\text{贸易费用率} \tag{9-21}$$

9.2.5 国民经济评价的步骤及指标

9.2.5.1 国民经济评价的步骤

（1）识别国民经济的效益和费用。在国民经济评价中，应从整个国民经济的角度来划分和考虑项目的效益和费用。它包括项目本身的直接效益费用和间接效益费用。

（2）确定影子价格。正确确定项目产出物和投入物的影子价格是保障项目国民经济评价正确性的关键。在国民经济的评价中应选择既能够反映资源本身的真实经济价值，又能够反映供求关系及国家经济政策的影子价格。

（3）编制评价报表。影子价格确定以后，可以将项目的各项财务评价基础数据按照影子价格进行调整，计算项目的各项国民经济效益和费用。根据调整、计算所得的项目的各项国民经济效益及费用数值，编制国民经济评价报表（包括辅助报表和基本报表）；也可以直接计算项目的各项国民经济效益与费用，编制国民经济评价报表。

（4）评价指标的计算与分析。根据国民经济评价报表及社会折现率等经济参数，计算项目的国民经济评价指标，分析项目的国民经济效益及经济合理性。此外，应对难以量化的外部效果进行定性分析，还可以从整个社会的角度来考虑和分析项目对社会目标的贡献，即进行所谓的费用效益分析。

(5) 作出评价结论与建议。根据上述费用效益，对项目的经济合理性作出判断。然后结合财务的评价结果，作出项目经济评价的最终结论，提出相应建议。

9.2.5.2 国民经济评价报表

进行国民经济评价，一般只需编制国民经济效益费用流量表，分析国民经济盈利能力。国民经济效益费用流量表分两种：一是全投资效益费用流量表，二是国内投资效益费用流量表。全投资效益费用流量表以全部投资作为分析对象，分析项目全部投资盈利能力。国内投资效益费用流量表以国内投资作为分析对象，分析项目国内投资部分的盈利能力。

国民经济效益费用流量表可在财务评价的基础上进行调整编制，也可以直接编制。

- 在财务评价基础上调整编制国民经济效益费用流量表

以财务评价为基础编制国民经济效益费用流量表，须根据项目的具体情况，合理调整项目的费用与效益的范围和数值，确定可以量化的外部效果。分析确定哪些是项目的重要外部效益和外部费用，需采取什么方法估算，并保持效益费用计算口径一致。调整内容如下：

(1) 调整固定资产投资。用影子价格、影子汇率和影子工资等逐项调整构成固定资产投资的各项费用，具体包括以下 8 个方面的内容：

1) 剔除转移支付。将财务现金流量表中列支的流转税金及附加、国内借款利息、国家或地方政府给予的补贴作为转移支付剔除。

2) 调整引进设备的价值。包括利用影子汇率将外币价值折算为人民币价值和运输费用的调整。

3) 调整国内设备的价值。包括采用影子价格计算设备本身的价值和运输费。

4) 调整建筑费用。原则上应按分解成本方法计算建筑工程的影子造价。为了简化计算，也可只作材料费用的价格调整。一般的项目也可将建筑工程的财务价格直接乘以建筑工程的影子价格换算系数，得出影子造价。对于建筑工程占比例较大或不符合《建设项目经济评价方法与参数》中该系数使用范围情况的，最好由评价人员自行调整。

5) 调整安装费用。一般情况下可主要调整安装材料的价格（主要指钢材），计算采用影子价格后所引起的变化。如果使用引进材料还要考虑采用影子汇率所引起的数值调整。

6) 调整土地费用。如果项目占用农田、林地、山坡地和荒滩等，可将项目占用该土地导致国民经济的净收益损失加上土地征购补偿费中属于实际新增资源耗费的费用作为项目占用土地的费用；如果占用土地有明显的其他替代用途，原则上应按该替代用途所能产生的净收益计算。

7) 其他费用调整。其他费用中的外币须按影子汇率折算为人民币。其他费用中的有些项目，如供电补贴费应从投资额中剔除。

8）将反映建设期内价格上涨的涨价预备费从投资额中剔除。

（2）调整流动资金。

1）调整范围。构成流动资金总额的存货部分既是项目本身的费用，又是国民经济为项目付出的代价，在国民经济评价中仍然为费用。而流动资金的应收、应付货款及现金（银行存款和库存现金）占用，只是财务会计账目上的资产或负债占用，并没有实际耗用经济资源（其中，库存现金虽确属资金占用，但因数额很小，可忽略不计），因此在国民经济评价时应从流动资金中剔除。

2）调整方法。如果财务评价流动资金是采用扩大指标法估算的，则国民经济评价仍应按扩大指标法，以调整后的销售收入、经营费用等乘以相应的流动资金指标系数进行估算；如果财务评价流动资金是采用分项详细估算法进行估算的，则应用影子价格重新分项详细估算。

根据固定资产投资和流动资金的调整结果，编制国民经济评价辅助报表中的投资调整计算表，格式见表9-16。

表9-16　国民经济评价投资调整计算表　　单位：万元、万美元

序号	项目	财务评价				国民经济评价				国民经济评价比财务评价增减（±）
		合计	其中			合计	其中			
			外币	折合人民币	人民币		外币	折合人民币	人民币	
1	固定资产投资									
1.1	建筑工程									
1.2	设备									
1.2.1	进口设备									
1.2.2	国内设备									
1.3	安装工程									
1.3.1	进口材料									
1.3.2	国内部分材料及费用									
1.4	其他费用									
	其中： （1）土地费用 （2）涨价预备费									
2	流动资金									
3	合计									

①调整经营成本。用影子价格调整各项经营费用，具体调整内容包括以下三方面：

a. 确定主要原材料、燃料及外购动力的货物类型（属于外贸货物还是非外贸货物），然后根据其属性确定影子价格，并重新计算该项成本。对自产水、电、气等原则上按其成本构成重新调整计算后确定影子价格。

b. 根据调整后的固定资产投资计算出调整后的固定资产原值与递延资产原值，除国内借款的建设期利息不计入固定资产原值外，其他各项的计算方法与财务评价相同。

c. 确定影子工资换算系数，对劳动工资及福利按影子工资进行调整。

最后将调整后的项目与未调整的项目相加即得调整后的经营费用，并编制国民经济评价辅助报表中的经营费用调整计算表，格式见表 9-17；国民经济评价销售收入调整计算表见表 9-18。

表 9-17　国民经济评价经营费用调整计算表

序号	项目	单位	年耗量	财务评价		国民经济评价	
				单价/元	年经营成本/万元	单价/元（或调整系数）	年经营费用/万元
1	外购材料……						
2	外购燃料和动力						
2.1	煤						
2.2	水						
2.3	电						
2.4	气						
2.5	重油						
3	工资及福利费						
4	修理费						
5	其他费用						
6	合计						

②调整外汇价值。对于涉及进出口或外汇收支的项目，应对各项销售收入和费用支出中的外汇部分，用影子汇率调整和计算外汇价值。对于从国外借入的资金和向国外支付的投资收益和贷款的还本付息，也应用影子汇率进行调整，并编制经济外汇流量表，用于计算外汇效果分析指标。（参见《建设项目经济评价方法与参数》）

表 9-18　国民经济评价销售收入调整计算表

序号	产品名称	年销售量					财务评价				国民经济评价						
		单价/元	内销/万元	替代进口/万美元	外销/万美元	合计/万元	内销		外销		内销		替代进口		外销		合计/万元
							单价/元	销售收入/万元	单价/美元	销售收入/万美元	单价/元	销售收入/万元	单价/美元	销售收入/万美元	单价/美元	销售收入/万美元	
1	投产第一年生产负荷（%） 产品 A 产品 B																
2	投产第二年生产负荷（%） 产品 A 产品 B																
3	正常生产年份生产负荷（100%） 产品 A 产品 B																
4																	

根据辅助报表编制国民经济评价的基本报表（表 9-19）和全部投资国民经济效益费用流量表（表 9-20）。

表 9-19　国民经济效益费用流量表（国内投资）　　单位：万元

序号	年份 项目	建设期		投产期		达到设计能力生产期				合计
		1	2	3	4	5	6	…	n	
1	效益流量									
1.1	销售（营业）收入									
1.2	回收固定资产余值									
1.3	回收流动资金									
1.4	项目间接效益									

续表

序号	项目 \ 年份	建设期		投产期		达到设计能力生产期				合计
		1	2	3	4	5	6	…	n	
2	费用流量									
2.1	固定资产投资中国内资金									
2.2	流动资金中国内资金									
2.3	经营费用									
2.4	流至国外的资金									
2.4.1	偿还国外借款本金									
2.4.2	支付国外借款利息									
2.4.3	其他费用									
2.5	项目间接费用									
3	净效益流量（1-2）									

计算指标：经济内部收益率/%

经济净现值（i_s=%）

表 9-20 国民经济效益费用流量表（全部投资） 单位：万元

序号	项目 \ 年份	建设期		投产期		达到设计能力生产期				合计
		1	2	3	4	5	6	…	n	
1	效益流量									
1.1	销售（营业）收入									
1.2	回收固定资产余值									
1.3	回收流动资金									
1.4	项目间接效益									
2	费用流量									
2.1	固定资产投资									
2.2	流动资金									
2.3	经营费用									
2.4	项目间接费用									
3	净效益流量（1-2）									

计算指标：经济内部收益率/%

经济净现值（i_s=%）

• 直接编制国民经济效益费用流量表

有些行业的项目（如交通运输项目）可能需要直接进行国民经济评价来判断项目的经济合理性。在这种情况下，可按以下步骤直接编制国民经济效益费用流量表。

（1）识别和计算项目的国民经济直接效益。对为国民经济提供产出物的项目，按产出物的种类、数量及相应的影子价格计算项目的直接效益；对为国民经济提供服务的项目，根据提供服务的数量及用户的受益程度计算项目的直接效益。

（2）投资估算。用货物的影子价格、土地的影子价格、影子工资和社会折现率等，参照财务评价的投资估算方法和程序，直接进行投资估算，包括固定资产投资估算和流动资金估算。

（3）计算经营费用。根据生产消耗数据，用货物影子价格、影子工资和影子汇率等计算项目的经营费用。

（4）识别、计算或分析项目的间接效益和间接费用。对能定量的项目外部效果进行定量计算，对难以定量的作定性描述。

根据上述数据编制国民经济评价基本报表，具体格式与表 9-4 和表 9-5 相同。

9.2.5.3 国民经济评价指标体系

在国民经济评价中，由于不计清偿能力，因此没有时间型指标，而价值型指标、比率型指标与财务评价类似。

国民经济评价指标与国民经济评价内容、基本报表的关系详见表 9-21。

表 9-21 国民经济评价内容、基本报表与评价指标的关系

评价内容	基本报表	国民经济评价指标
盈利能力分析	全部投资国民经济效益费用流量表	价值型指标：经济净现值
		比率型指标：经济内部收益率
	国内投资国民经济效益费用流量表	价值型指标：经济净现值
		比率型指标：经济内部收益率

• 经济净现值（*ENPV*）

经济净现值是反映项目对国民经济净贡献的绝对指标，是用社会折现率将项目计算期内各年的净效益流量折算到建设期初的现值之和。其计算公式为：

$$ENPV = \sum_{t=1}^{n} (B - C)_t (1 + i_s)^{-t} \tag{9-22}$$

式中 $(B-C)_t$——第 t 年的国民经济净效益流量；

n——计算期；

B——国民经济效益流量；

C——国民经济费用流量；

i_s——社会折现率。

项目经济净现值等于或大于零，表示国家为拟建项目付出的代价可以得到符合社会折现率要求的社会盈余的补偿，或除得到符合社会折现率的社会盈余的补偿外，还可以得到以现值计算的超额社会盈余。经济净现值越大，表示项目所带来的经济效益的绝对值越大。

• 经济内部收益率（*EIRR*）

经济内部收益率是反映项目对国民经济净贡献的相对指标，它表示项目占用的资金所能获得的动态收益率，是项目在计算期内各年经济净效益流量的现值累计等于零时的折现率。其计算公式为：

$$\sum_{t=1}^{n}(B-C)_t(1+EIRR)^{-t}=0 \tag{9-23}$$

经济内部收益率等于或大于社会折现率，表示项目对国民经济的净贡献达到或超过要求的水平，应认为项目可以接受。

按分析对象的不同，上述评价指标又可分为全投资与国内投资经济内部收益率和经济净现值。如果该项目没有国外投资和国内借款，则全投资指标与国内投资指标相同。如果项目有国外资金流入与流出，则应以国内投资的经济内部收益率和经济净现值作为项目国民经济评价的取舍指标。

本章小结

工程项目的经济评价是项目的可行性研究和评估的核心内容与决策的重要依据，包括财务评价和国民经济评价两个层次。

财务评价是根据国家现行财务制度和价格体系，分析计算项目直接发生的财务效益和费用，编制财务报表，计算评价指标，考察项目的盈利能力、清偿能力以及外汇平衡等财务状况，据此判别项目的财务可行性。

国民经济评价按照资源合理配置的原则，从国家整体角度考察项目的效益和费用，用货物的影子价格、影子工资、影子汇率和社会折现率等经济参数分析、计算项目对国民经济的净贡献，评价项目的经济合理性。

国民经济评价和财务评价是建设项目经济评价的两个层次，它们既相互联系，又有区别。国民经济评价既可以单独进行，也可以在财务评价的基础上进行调整计算。

思 考 题

1. 为什么要对工程项目进行评价？其主要内容有哪些？
2. 工程项目财务评价与国民经济评价有何异同？
3. 什么是影子价格？如何确定各种投入物和产出物的影子价格？
4. 国民经济评价中的通用参数有哪些？
5. 国民经济评价的基本步骤是什么？
6. 国民经济评价的基本报表有哪些？如何编制国民经济评价的基本报表？
7. 国民经济评价指标体系的内容是什么？各指标的判断依据是什么？

附　　录

表1　复利系数表（1%）

年份 n	一次收付		等额系列			
	终值系数 $(F/P, i, n)$ $(1+i)^n$	现值系数 $(P/F, i, n)$ $\frac{1}{(1+i)^n}$	终值系数 $(F/A, i, n)$ $\frac{(1+i)^n-1}{i}$	偿债基金系数 $(A/F, i, n)$ $\frac{i}{(1+i)^n-1}$	资金回收系数 $(A/P, i, n)$ $\frac{i(1+i)^n}{(1+i)^n-1}$	现值系数 $(P/A, i, n)$ $\frac{(1+i)^n-1}{i(1+i)^n}$
1	(1.010 0)	(0.990 1)	(1.000 0)	(1.000 0)	(1.010 0)	(0.990 1)
2	(1.020 1)	(0.980 3)	(2.010 0)	(0.497 5)	(0.507 5)	(1.970 4)
3	(1.030 3)	(0.970 6)	(3.030 1)	(0.330 0)	(0.340 0)	(2.941 0)
4	(1.040 6)	(0.961 0)	(4.060 4)	(0.246 3)	(0.256 3)	(3.902 0)
5	(1.051 0)	(0.951 5)	(5.101 0)	(0.196 0)	(0.206 0)	(4.853 4)
6	(1.061 5)	(0.942 0)	(6.152 0)	(0.162 5)	(0.172 5)	(5.795 5)
7	(1.072 1)	(0.932 7)	(7.213 5)	(0.138 6)	(0.148 6)	(6.728 2)
8	(1.082 9)	(0.923 5)	(8.285 7)	(0.120 7)	(0.130 7)	(7.651 7)
9	(1.093 7)	(0.914 3)	(9.368 5)	(0.106 7)	(0.116 7)	(8.566 0)
10	(1.104 6)	(0.905 3)	(10.462 2)	(0.095 6)	(0.105 6)	(9.471 3)
11	(1.115 7)	(0.896 3)	(11.566 8)	(0.086 5)	(0.096 5)	(10.367 6)
12	(1.126 8)	(0.887 4)	(12.682 5)	(0.078 8)	(0.088 8)	(11.255 1)
13	(1.138 1)	(0.878 7)	(13.809 3)	(0.072 4)	(0.082 4)	(12.133 7)
14	(1.149 5)	(0.870 0)	(14.947 4)	(0.066 9)	(0.076 9)	(13.003 7)
15	(1.161 0)	(0.861 3)	(16.096 9)	(0.062 1)	(0.072 1)	(13.865 1)
16	(1.172 6)	(0.852 8)	(17.257 9)	(0.057 9)	(0.067 9)	(14.717 9)
17	(1.184 3)	(0.844 4)	(18.430 4)	(0.054 3)	(0.064 3)	(15.562 3)
18	(1.196 1)	(0.836 0)	(19.614 7)	(0.051 0)	(0.061 0)	(16.398 3)
19	(1.208 1)	(0.827 7)	(20.810 9)	(0.048 1)	(0.058 1)	(17.226 0)
20	(1.220 2)	(0.819 5)	(22.019 0)	(0.045 4)	(0.055 4)	(18.045 6)
21	(1.232 4)	(0.811 4)	(23.239 2)	(0.043 0)	(0.053 0)	(18.857 0)
22	(1.244 7)	(0.803 4)	(24.471 6)	(0.040 9)	(0.050 9)	(19.660 4)

续表

年份 n	一次收付		等额系列			
	终值系数 $(F/P, i, n)$ $(1+i)^n$	现值系数 $(P/F, i, n)$ $\frac{1}{(1+i)^n}$	终值系数 $(F/A, i, n)$ $\frac{(1+i)^n-1}{i}$	偿债基金系数 $(A/F, i, n)$ $\frac{i}{(1+i)^n-1}$	资金回收系数 $(A/P, i, n)$ $\frac{i(1+i)^n}{(1+i)^n-1}$	现值系数 $(P/A, i, n)$ $\frac{(1+i)^n-1}{i(1+i)^n}$
23	(1.257 2)	(0.795 4)	(25.716 3)	(0.038 9)	(0.048 9)	(20.455 8)
24	(1.269 7)	(0.787 6)	(26.973 5)	(0.037 1)	(0.047 1)	(21.243 4)
25	(1.282 4)	(0.779 8)	(28.243 2)	(0.035 4)	(0.045 4)	(22.023 2)
26	(1.295 3)	(0.772 0)	(29.525 6)	(0.033 9)	(0.043 9)	(22.795 2)
27	(1.308 2)	(0.764 4)	(30.820 9)	(0.032 4)	(0.042 4)	(23.559 6)
28	(1.321 3)	(0.756 8)	(32.129 1)	(0.031 1)	(0.041 1)	(24.316 4)
29	(1.334 5)	(0.749 3)	(33.450 4)	(0.029 9)	(0.039 9)	(25.065 8)
30	(1.347 8)	(0.741 9)	(34.784 9)	(0.028 7)	(0.038 7)	(25.807 7)

表 2 复利系数表（2%）

年份 n	一次收付		等额系列			
	终值系数 $(F/P, i, n)$ $(1+i)^n$	现值系数 $(P/F, i, n)$ $\frac{1}{(1+i)^n}$	终值系数 $(F/A, i, n)$ $\frac{(1+i)^n-1}{i}$	偿债基金系数 $(A/F, i, n)$ $\frac{i}{(1+i)^n-1}$	资金回收系数 $(A/P, i, n)$ $\frac{i(1+i)^n}{(1+i)^n-1}$	现值系数 $(P/A, i, n)$ $\frac{(1+i)^n-1}{i(1+i)^n}$
1	(1.020 0)	(0.980 4)	(1.000 0)	(1.000 0)	(1.020 0)	(0.980 4)
2	(1.040 4)	(0.961 2)	(2.020 0)	(0.495 0)	(0.515 0)	(1.941 6)
3	(1.061 2)	(0.942 3)	(3.060 4)	(0.326 8)	(0.346 8)	(2.883 9)
4	(1.082 4)	(0.923 8)	(4.121 6)	(0.242 6)	(0.262 6)	(3.807 7)
5	(1.104 1)	(0.905 7)	(5.204 0)	(0.192 2)	(0.212 2)	(4.713 5)
6	(1.126 2)	(0.888 0)	(6.308 1)	(0.158 5)	(0.178 5)	(5.601 4)
7	(1.148 7)	(0.870 6)	(7.434 3)	(0.134 5)	(0.154 5)	(6.472 0)
8	(1.171 7)	(0.853 5)	(8.583 0)	(0.116 5)	(0.136 5)	(7.325 5)
9	(1.195 1)	(0.836 8)	(9.754 6)	(0.102 5)	(0.122 5)	(8.162 2)
10	(1.219 0)	(0.820 3)	(10.949 7)	(0.091 3)	(0.111 3)	(8.982 6)
11	(1.243 4)	(0.804 3)	(12.168 7)	(0.082 2)	(0.102 2)	(9.786 8)
12	(1.268 2)	(0.788 5)	(13.412 1)	(0.074 6)	(0.094 6)	(10.575 3)
13	(1.293 6)	(0.773 0)	(14.680 3)	(0.068 1)	(0.088 1)	(11.348 4)

续表

年份 n	一次收付		等额系列			
	终值系数 $(F/P, i, n)$ $(1+i)^n$	现值系数 $(P/F, i, n)$ $\frac{1}{(1+i)^n}$	终值系数 $(F/A, i, n)$ $\frac{(1+i)^n-1}{i}$	偿债基金系数 $(A/F, i, n)$ $\frac{i}{(1+i)^n-1}$	资金回收系数 $(A/P, i, n)$ $\frac{i(1+i)^n}{(1+i)^n-1}$	现值系数 $(P/A, i, n)$ $\frac{(1+i)^n-1}{i(1+i)^n}$
14	(1.319 5)	(0.757 9)	(15.973 9)	(0.062 6)	(0.082 6)	(12.106 2)
15	(1.345 9)	(0.743 0)	(17.293 4)	(0.057 8)	(0.077 8)	(12.849 3)
16	(1.372 8)	(0.728 4)	(18.639 3)	(0.053 7)	(0.073 7)	(13.577 7)
17	(1.400 2)	(0.714 2)	(20.012 1)	(0.050 0)	(0.070 0)	(14.291 9)
18	(1.428 2)	(0.700 2)	(21.412 3)	(0.046 7)	(0.066 7)	(14.992 0)
19	(1.456 8)	(0.686 4)	(22.840 6)	(0.043 8)	(0.063 8)	(15.678 5)
20	(1.485 9)	(0.673 0)	(24.297 4)	(0.041 2)	(0.061 2)	(16.351 4)
21	(1.515 7)	(0.659 8)	(25.783 3)	(0.038 8)	(0.058 8)	(17.011 2)
22	(1.546 0)	(0.646 8)	(27.299 0)	(0.036 6)	(0.056 6)	(17.658 0)
23	(1.576 9)	(0.634 2)	(28.845 0)	(0.034 7)	(0.054 7)	(18.292 2)
24	(1.608 4)	(0.621 7)	(30.421 9)	(0.032 9)	(0.052 9)	(18.913 9)
25	(1.640 6)	(0.609 5)	(32.030 3)	(0.031 2)	(0.051 2)	(19.523 5)
26	(1.673 4)	(0.597 6)	(33.670 9)	(0.029 7)	(0.049 7)	(20.121 0)
27	(1.706 9)	(0.585 9)	(35.344 3)	(0.028 3)	(0.048 3)	(20.706 9)
28	(1.741 0)	(0.574 4)	(37.051 2)	(0.027 0)	(0.047 0)	(21.281 3)
29	(1.775 8)	(0.563 1)	(38.792 2)	(0.025 8)	(0.045 8)	(21.844 4)
30	(1.811 4)	(0.552 1)	(40.568 1)	(0.024 6)	(0.044 6)	(22.396 5)

表3 复利系数表（3%）

年份 n	一次收付		等额系列			
	终值系数 $(F/P, i, n)$ $(1+i)^n$	现值系数 $(P/F, i, n)$ $\frac{1}{(1+i)^n}$	终值系数 $(F/A, i, n)$ $\frac{(1+i)^n-1}{i}$	偿债基金系数 $(A/F, i, n)$ $\frac{i}{(1+i)^n-1}$	资金回收系数 $(A/P, i, n)$ $\frac{i(1+i)^n}{(1+i)^n-1}$	现值系数 $(P/A, i, n)$ $\frac{(1+i)^n-1}{i(1+i)^n}$
1	(1.030 0)	(0.970 9)	(1.000 0)	(1.000 0)	(1.030 0)	(0.970 9)
2	(1.060 9)	(0.942 6)	(2.030 0)	(0.492 6)	(0.522 6)	(1.913 5)
3	(1.092 7)	(0.915 1)	(3.090 9)	(0.323 5)	(0.353 5)	(2.828 6)
4	(1.125 5)	(0.888 5)	(4.183 6)	(0.239 0)	(0.269 0)	(3.717 1)

续表

年份 n	一次收付		等额系列			
	终值系数 $(F/P, i, n)$ $(1+i)^n$	现值系数 $(P/F, i, n)$ $\frac{1}{(1+i)^n}$	终值系数 $(F/A, i, n)$ $\frac{(1+i)^n-1}{i}$	偿债基金系数 $(A/F, i, n)$ $\frac{i}{(1+i)^n-1}$	资金回收系数 $(A/P, i, n)$ $\frac{i(1+i)^n}{(1+i)^n-1}$	现值系数 $(P/A, i, n)$ $\frac{(1+i)^n-1}{i(1+i)^n}$
5	(1.159 3)	(0.862 6)	(5.309 1)	(0.188 4)	(0.218 4)	(4.579 7)
6	(1.194 1)	(0.837 5)	(6.468 4)	(0.154 6)	(0.184 6)	(5.417 2)
7	(1.229 9)	(0.813 1)	(7.662 5)	(0.130 5)	(0.160 5)	(6.230 3)
8	(1.266 8)	(0.789 4)	(8.892 3)	(0.112 5)	(0.142 5)	(7.019 7)
9	(1.304 8)	(0.766 4)	(10.159 1)	(0.098 4)	(0.128 4)	(7.786 1)
10	(1.343 9)	(0.744 1)	(11.463 9)	(0.087 2)	(0.117 2)	(8.530 2)
11	(1.384 2)	(0.722 4)	(12.807 8)	(0.078 1)	(0.108 1)	(9.252 6)
12	(1.425 8)	(0.701 4)	(14.192 0)	(0.070 5)	(0.100 5)	(9.954 0)
13	(1.468 5)	(0.681 0)	(15.617 8)	(0.064 0)	(0.094 0)	(10.635 0)
14	(1.512 6)	(0.661 1)	(17.086 3)	(0.058 5)	(0.088 5)	(11.296 1)
15	(1.558 0)	(0.641 9)	(18.598 9)	(0.053 8)	(0.083 8)	(11.937 9)
16	(1.604 7)	(0.623 2)	(20.156 9)	(0.049 6)	(0.079 6)	(12.561 1)
17	(1.652 8)	(0.605 0)	(21.761 6)	(0.046 0)	(0.076 0)	(13.166 1)
18	(1.702 4)	(0.587 4)	(23.414 4)	(0.042 7)	(0.072 7)	(13.753 5)
19	(1.753 5)	(0.570 3)	(25.116 9)	(0.039 8)	(0.069 8)	(14.323 8)
20	(1.806 1)	(0.553 7)	(26.870 4)	(0.037 2)	(0.067 2)	(14.877 5)
21	(1.860 3)	(0.537 5)	(28.676 5)	(0.034 9)	(0.064 9)	(15.415 0)
22	(1.916 1)	(0.521 9)	(30.536 8)	(0.032 7)	(0.062 7)	(15.936 9)
23	(1.973 6)	(0.506 7)	(32.452 9)	(0.030 8)	(0.060 8)	(16.443 6)
24	(2.032 8)	(0.491 9)	(34.426 5)	(0.029 0)	(0.059 0)	(16.935 5)
25	(2.093 8)	(0.477 6)	(36.459 3)	(0.027 4)	(0.057 4)	(17.413 1)
26	(2.156 6)	(0.463 7)	(38.553 0)	(0.025 9)	(0.055 9)	(17.876 8)
27	(2.221 3)	(0.450 2)	(40.709 6)	(0.024 6)	(0.054 6)	(18.327 0)
28	(2.287 9)	(0.437 1)	(42.930 9)	(0.023 3)	(0.053 3)	(18.764 1)
29	(2.356 6)	(0.424 3)	(45.218 9)	(0.022 1)	(0.052 1)	(19.188 5)
30	(2.427 3)	(0.412 0)	(47.575 4)	(0.021 0)	(0.051 0)	(19.600 4)

表 4 复利系数表（4%）

年份 n	一次收付		等额系列			
	终值系数 $(F/P, i, n)$ $(1+i)^n$	现值系数 $(P/F, i, n)$ $\frac{1}{(1+i)^n}$	终值系数 $(F/A, i, n)$ $\frac{(1+i)^n-1}{i}$	偿债基金系数 $(A/F, i, n)$ $\frac{i}{(1+i)^n-1}$	资金回收系数 $(A/P, i, n)$ $\frac{i(1+i)^n}{(1+i)^n-1}$	现值系数 $(P/A, i, n)$ $\frac{(1+i)^n-1}{i(1+i)^n}$
1	(1.040 0)	(0.961 5)	(1.000 0)	(1.000 0)	(1.040 0)	(0.961 5)
2	(1.081 6)	(0.924 6)	(2.040 0)	(0.490 2)	(0.530 2)	(1.886 1)
3	(1.124 9)	(0.889 0)	(3.121 6)	(0.320 3)	(0.360 3)	(2.775 1)
4	(1.169 9)	(0.854 8)	(4.246 5)	(0.235 5)	(0.275 5)	(3.629 9)
5	(1.216 7)	(0.821 9)	(5.416 3)	(0.184 6)	(0.224 6)	(4.451 8)
6	(1.265 3)	(0.790 3)	(6.633 0)	(0.150 8)	(0.190 8)	(5.242 1)
7	(1.315 9)	(0.759 9)	(7.898 3)	(0.126 6)	(0.166 6)	(6.002 1)
8	(1.368 6)	(0.730 7)	(9.214 2)	(0.108 5)	(0.148 5)	(6.732 7)
9	(1.423 3)	(0.702 6)	(10.582 8)	(0.094 5)	(0.134 5)	(7.435 3)
10	(1.480 2)	(0.675 6)	(12.006 1)	(0.083 3)	(0.123 3)	(8.110 9)
11	(1.539 5)	(0.649 6)	(13.486 4)	(0.074 1)	(0.114 1)	(8.760 5)
12	(1.601 0)	(0.624 6)	(15.025 8)	(0.066 6)	(0.106 6)	(9.385 1)
13	(1.665 1)	(0.600 6)	(16.626 8)	(0.060 1)	(0.100 1)	(9.985 6)
14	(1.731 7)	(0.577 5)	(18.291 9)	(0.054 7)	(0.094 7)	(10.563 1)
15	(1.800 9)	(0.555 3)	(20.023 6)	(0.049 9)	(0.089 9)	(11.118 4)
16	(1.873 0)	(0.533 9)	(21.824 5)	(0.045 8)	(0.085 8)	(11.652 3)
17	(1.947 9)	(0.513 4)	(23.697 5)	(0.042 2)	(0.082 2)	(12.165 7)
18	(2.025 8)	(0.493 6)	(25.645 4)	(0.039 0)	(0.079 0)	(12.659 3)
19	(2.106 8)	(0.474 6)	(27.671 2)	(0.036 1)	(0.076 1)	(13.133 9)
20	(2.191 1)	(0.456 4)	(29.778 1)	(0.033 6)	(0.073 6)	(13.590 3)
21	(2.278 8)	(0.438 8)	(31.969 2)	(0.031 3)	(0.071 3)	(14.029 2)
22	(2.369 9)	(0.422 0)	(34.248 0)	(0.029 2)	(0.069 2)	(14.451 1)
23	(2.464 7)	(0.405 7)	(36.617 9)	(0.027 3)	(0.067 3)	(14.856 8)
24	(2.563 3)	(0.390 1)	(39.082 6)	(0.025 6)	(0.065 6)	(15.247 0)
25	(2.665 8)	(0.375 1)	(41.645 9)	(0.024 0)	(0.064 0)	(15.622 1)
26	(2.772 5)	(0.360 7)	(44.311 7)	(0.022 6)	(0.062 6)	(15.982 8)
27	(2.883 4)	(0.346 8)	(47.084 2)	(0.021 2)	(0.061 2)	(16.329 6)
28	(2.998 7)	(0.333 5)	(49.967 6)	(0.020 0)	(0.060 0)	(16.663 1)
29	(3.118 7)	(0.320 7)	(52.966 3)	(0.018 9)	(0.058 9)	(16.983 7)
30	(3.243 4)	(0.308 3)	(56.084 9)	(0.017 8)	(0.057 8)	(17.292 0)

表 5　复利系数表（5%）

年份 n	一次收付		等额系列			
	终值系数 $(F/P, i, n)$ $(1+i)^n$	现值系数 $(P/F, i, n)$ $\frac{1}{(1+i)^n}$	终值系数 $(F/A, i, n)$ $\frac{(1+i)^n-1}{i}$	偿债基金系数 $(A/F, i, n)$ $\frac{i}{(1+i)^n-1}$	资金回收系数 $(A/P, i, n)$ $\frac{i(1+i)^n}{(1+i)^n-1}$	现值系数 $(P/A, i, n)$ $\frac{(1+i)^n-1}{i(1+i)^n}$
1	(1.050 0)	(0.952 4)	(1.000 0)	(1.000 0)	(1.050 0)	(0.952 4)
2	(1.102 5)	(0.907 0)	(2.050 0)	(0.487 8)	(0.537 8)	(1.859 4)
3	(1.157 6)	(0.863 8)	(3.152 5)	(0.317 2)	(0.367 2)	(2.723 2)
4	(1.215 5)	(0.822 7)	(4.310 1)	(0.232 0)	(0.282 0)	(3.546 0)
5	(1.276 3)	(0.783 5)	(5.525 6)	(0.181 0)	(0.231 0)	(4.329 5)
6	(1.340 1)	(0.746 2)	(6.801 9)	(0.147 0)	(0.197 0)	(5.075 7)
7	(1.407 1)	(0.710 7)	(8.142 0)	(0.122 8)	(0.172 8)	(5.786 4)
8	(1.477 5)	(0.676 8)	(9.549 1)	(0.104 7)	(0.154 7)	(6.463 2)
9	(1.551 3)	(0.644 6)	(11.026 6)	(0.090 7)	(0.140 7)	(7.107 8)
10	(1.628 9)	(0.613 9)	(12.577 9)	(0.079 5)	(0.129 5)	(7.721 7)
11	(1.710 3)	(0.584 7)	(14.206 8)	(0.070 4)	(0.120 4)	(8.306 4)
12	(1.795 9)	(0.556 8)	(15.917 1)	(0.062 8)	(0.112 8)	(8.863 3)
13	(1.885 6)	(0.530 3)	(17.713 0)	(0.056 5)	(0.106 5)	(9.393 6)
14	(1.979 9)	(0.505 1)	(19.598 6)	(0.051 0)	(0.101 0)	(9.898 6)
15	(2.078 9)	(0.481 0)	(21.578 6)	(0.046 3)	(0.096 3)	(10.379 7)
16	(2.182 9)	(0.458 1)	(23.657 5)	(0.042 3)	(0.092 3)	(10.837 8)
17	(2.292 0)	(0.436 3)	(25.840 4)	(0.038 7)	(0.088 7)	(11.274 1)
18	(2.406 6)	(0.415 5)	(28.132 4)	(0.035 5)	(0.085 5)	(11.689 6)
19	(2.527 0)	(0.395 7)	(30.539 0)	(0.032 7)	(0.082 7)	(12.085 3)
20	(2.653 3)	(0.376 9)	(33.066 0)	(0.030 2)	(0.080 2)	(12.462 2)
21	(2.786 0)	(0.358 9)	(35.719 3)	(0.028 0)	(0.078 0)	(12.821 2)
22	(2.925 3)	(0.341 8)	(38.505 2)	(0.026 0)	(0.076 0)	(13.163 0)
23	(3.071 5)	(0.325 6)	(41.430 5)	(0.024 1)	(0.074 1)	(13.488 6)
24	(3.225 1)	(0.310 1)	(44.502 0)	(0.022 5)	(0.072 5)	(13.798 6)
25	(3.386 4)	(0.295 3)	(47.727 1)	(0.021 0)	(0.071 0)	(14.093 9)
26	(3.555 7)	(0.281 2)	(51.113 5)	(0.019 6)	(0.069 6)	(14.375 2)
27	(3.733 5)	(0.267 8)	(54.669 1)	(0.018 3)	(0.068 3)	(14.643 0)
28	(3.920 1)	(0.255 1)	(58.402 6)	(0.017 1)	(0.067 1)	(14.898 1)
29	(4.116 1)	(0.242 9)	(62.322 7)	(0.016 0)	(0.066 0)	(15.141 1)
30	(4.321 9)	(0.231 4)	(66.438 8)	(0.015 1)	(0.065 1)	(15.372 5)

表 6　复利系数表（6%）

年份 n	一次收付		等额系列			
	终值系数 $(F/P, i, n)$ $(1+i)^n$	现值系数 $(P/F, i, n)$ $\frac{1}{(1+i)^n}$	终值系数 $(F/A, i, n)$ $\frac{(1+i)^n-1}{i}$	偿债基金系数 $(A/F, i, n)$ $\frac{i}{(1+i)^n-1}$	资金回收系数 $(A/P, i, n)$ $\frac{i(1+i)^n}{(1+i)^n-1}$	现值系数 $(P/A, i, n)$ $\frac{(1+i)^n-1}{i(1+i)^n}$
1	(1.060 0)	(0.943 4)	(1.000 0)	(1.000 0)	(1.060 0)	(0.943 4)
2	(1.123 6)	(0.890 0)	(2.060 0)	(0.485 4)	(0.545 4)	(1.833 4)
3	(1.191 0)	(0.839 6)	(3.183 6)	(0.314 1)	(0.374 1)	(2.673 0)
4	(1.262 5)	(0.792 1)	(4.374 6)	(0.228 6)	(0.288 6)	(3.465 1)
5	(1.338 2)	(0.747 3)	(5.637 1)	(0.177 4)	(0.237 4)	(4.212 4)
6	(1.418 5)	(0.705 0)	(6.975 3)	(0.143 4)	(0.203 4)	(4.917 3)
7	(1.503 6)	(0.665 1)	(8.393 8)	(0.119 1)	(0.179 1)	(5.582 4)
8	(1.593 8)	(0.627 4)	(9.897 5)	(0.101 0)	(0.161 0)	(6.209 8)
9	(1.689 5)	(0.591 9)	(11.491 3)	(0.087 0)	(0.147 0)	(6.801 7)
10	(1.790 8)	(0.558 4)	(13.180 8)	(0.075 9)	(0.135 9)	(7.360 1)
11	(1.898 3)	(0.526 8)	(14.971 6)	(0.066 8)	(0.126 8)	(7.886 9)
12	(2.012 2)	(0.497 0)	(16.869 9)	(0.059 3)	(0.119 3)	(8.383 8)
13	(2.132 9)	(0.468 8)	(18.882 1)	(0.053 0)	(0.113 0)	(8.852 7)
14	(2.260 9)	(0.442 3)	(21.015 1)	(0.047 6)	(0.107 6)	(9.295 0)
15	(2.396 6)	(0.417 3)	(23.276 0)	(0.043 0)	(0.103 0)	(9.712 2)
16	(2.540 4)	(0.393 6)	(25.672 5)	(0.039 0)	(0.099 0)	(10.105 9)
17	(2.692 8)	(0.371 4)	(28.212 9)	(0.035 4)	(0.095 4)	(10.477 3)
18	(2.854 3)	(0.350 3)	(30.905 7)	(0.032 4)	(0.092 4)	(10.827 6)
19	(3.025 6)	(0.330 5)	(33.760 0)	(0.029 6)	(0.089 6)	(11.158 1)
20	(3.207 1)	(0.311 8)	(36.785 6)	(0.027 2)	(0.087 2)	(11.469 9)
21	(3.399 6)	(0.294 2)	(39.992 7)	(0.025 0)	(0.085 0)	(11.764 1)
22	(3.603 5)	(0.277 5)	(43.392 3)	(0.023 0)	(0.083 0)	(12.041 6)
23	(3.819 7)	(0.261 8)	(46.995 8)	(0.021 3)	(0.081 3)	(12.303 4)
24	(4.048 9)	(0.247 0)	(50.815 6)	(0.019 7)	(0.079 7)	(12.550 4)
25	(4.291 9)	(0.233 0)	(54.864 5)	(0.018 2)	(0.078 2)	(12.783 4)
26	(4.549 4)	(0.219 8)	(59.156 4)	(0.016 9)	(0.076 9)	(13.003 2)
27	(4.822 3)	(0.207 4)	(63.705 8)	(0.015 7)	(0.075 7)	(13.210 5)
28	(5.111 7)	(0.195 6)	(68.528 1)	(0.014 6)	(0.074 6)	(13.406 2)
29	(5.418 4)	(0.184 6)	(73.639 8)	(0.013 6)	(0.073 6)	(13.590 7)
30	(5.743 5)	(0.174 1)	(79.058 2)	(0.012 6)	(0.072 6)	(13.764 8)

表 7　复利系数表（7%）

年份 n	一次收付		等额系列			
	终值系数 $(F/P, i, n)$ $(1+i)^n$	现值系数 $(P/F, i, n)$ $\frac{1}{(1+i)^n}$	终值系数 $(F/A, i, n)$ $\frac{(1+i)^n-1}{i}$	偿债基金系数 $(A/F, i, n)$ $\frac{i}{(1+i)^n-1}$	资金回收系数 $(A/P, i, n)$ $\frac{i(1+i)^n}{(1+i)^n-1}$	现值系数 $(P/A, i, n)$ $\frac{(1+i)^n-1}{i(1+i)^n}$
1	(1.070 0)	(0.934 6)	(1.000 0)	(1.000 0)	(1.070 0)	(0.934 6)
2	(1.144 9)	(0.873 4)	(2.070 0)	(0.483 1)	(0.553 1)	(1.808 0)
3	(1.225 0)	(0.816 3)	(3.214 9)	(0.311 1)	(0.381 1)	(2.624 3)
4	(1.310 8)	(0.762 9)	(4.439 9)	(0.225 2)	(0.295 2)	(3.387 2)
5	(1.402 6)	(0.713 0)	(5.750 7)	(0.173 9)	(0.243 9)	(4.100 2)
6	(1.500 7)	(0.666 3)	(7.153 3)	(0.139 8)	(0.209 8)	(4.766 5)
7	(1.605 8)	(0.622 7)	(8.654 0)	(0.115 6)	(0.185 6)	(5.389 3)
8	(1.718 2)	(0.582 0)	(10.259 8)	(0.097 5)	(0.167 5)	(5.971 3)
9	(1.838 5)	(0.543 9)	(11.978 0)	(0.083 5)	(0.153 5)	(6.515 2)
10	(1.967 2)	(0.508 3)	(13.816 4)	(0.072 4)	(0.142 4)	(7.023 6)
11	(2.104 9)	(0.475 1)	(15.783 6)	(0.063 4)	(0.133 4)	(7.498 7)
12	(2.252 2)	(0.444 0)	(17.888 5)	(0.055 9)	(0.125 9)	(7.942 7)
13	(2.409 8)	(0.415 0)	(20.140 6)	(0.049 7)	(0.119 7)	(8.357 7)
14	(2.578 5)	(0.387 8)	(22.550 5)	(0.044 3)	(0.114 3)	(8.745 5)
15	(2.759 0)	(0.362 4)	(25.129 0)	(0.039 8)	(0.109 8)	(9.107 9)
16	(2.952 2)	(0.338 7)	(27.888 1)	(0.035 9)	(0.105 9)	(9.446 6)
17	(3.158 8)	(0.316 6)	(30.840 2)	(0.032 4)	(0.102 4)	(9.763 2)
18	(3.379 9)	(0.295 9)	(33.999 0)	(0.029 4)	(0.099 4)	(10.059 1)
19	(3.616 5)	(0.276 5)	(37.379 0)	(0.026 8)	(0.096 8)	(10.335 6)
20	(3.869 7)	(0.258 4)	(40.995 5)	(0.024 4)	(0.094 4)	(10.594 0)
21	(4.140 6)	(0.241 5)	(44.865 2)	(0.022 3)	(0.092 3)	(10.835 5)
22	(4.430 4)	(0.225 7)	(49.005 7)	(0.020 4)	(0.090 4)	(11.061 2)
23	(4.740 5)	(0.210 9)	(53.436 1)	(0.018 7)	(0.088 7)	(11.272 2)
24	(5.072 4)	(0.197 1)	(58.176 7)	(0.017 2)	(0.087 2)	(11.469 3)
25	(5.427 4)	(0.184 2)	(63.249 0)	(0.015 8)	(0.085 8)	(11.653 6)
26	(5.807 4)	(0.172 2)	(68.676 5)	(0.014 6)	(0.084 6)	(11.825 8)
27	(6.213 9)	(0.160 9)	(74.483 8)	(0.013 4)	(0.083 4)	(11.986 7)
28	(6.648 8)	(0.150 4)	(80.697 7)	(0.012 4)	(0.082 4)	(12.137 1)
29	(7.114 3)	(0.140 6)	(87.346 5)	(0.011 4)	(0.081 4)	(12.277 7)
30	(7.612 3)	(0.131 4)	(94.460 8)	(0.010 6)	(0.080 6)	(12.409 0)

表 8　复利系数表（8%）

年份 n	一次收付		等额系列			
	终值系数 $(F/P, i, n)$ $(1+i)^n$	现值系数 $(P/F, i, n)$ $\frac{1}{(1+i)^n}$	终值系数 $(F/A, i, n)$ $\frac{(1+i)^n-1}{i}$	偿债基金系数 $(A/F, i, n)$ $\frac{i}{(1+i)^n-1}$	资金回收系数 $(A/P, i, n)$ $\frac{i(1+i)^n}{(1+i)^n-1}$	现值系数 $(P/A, i, n)$ $\frac{(1+i)^n-1}{i(1+i)^n}$
1	(1.080 0)	(0.925 9)	(1.000 0)	(1.000 0)	(1.080 0)	(0.925 9)
2	(1.166 4)	(0.857 3)	(2.080 0)	(0.480 8)	(0.560 8)	(1.783 3)
3	(1.259 7)	(0.793 8)	(3.246 4)	(0.308 0)	(0.388 0)	(2.577 1)
4	(1.360 5)	(0.735 0)	(4.506 1)	(0.221 9)	(0.301 9)	(3.312 1)
5	(1.469 3)	(0.680 6)	(5.866 6)	(0.170 5)	(0.250 5)	(3.992 7)
6	(1.586 9)	(0.630 2)	(7.335 9)	(0.136 3)	(0.216 3)	(4.622 9)
7	(1.713 8)	(0.583 5)	(8.922 8)	(0.112 1)	(0.192 1)	(5.206 4)
8	(1.850 9)	(0.540 3)	(10.636 6)	(0.094 0)	(0.174 0)	(5.746 6)
9	(1.999 0)	(0.500 2)	(12.487 6)	(0.080 1)	(0.160 1)	(6.246 9)
10	(2.158 9)	(0.463 2)	(14.486 6)	(0.069 0)	(0.149 0)	(6.710 1)
11	(2.331 6)	(0.428 9)	(16.645 5)	(0.060 1)	(0.140 1)	(7.139 0)
12	(2.518 2)	(0.397 1)	(18.977 1)	(0.052 7)	(0.132 7)	(7.536 1)
13	(2.719 6)	(0.367 7)	(21.495 3)	(0.046 5)	(0.126 5)	(7.903 8)
14	(2.937 2)	(0.340 5)	(24.214 9)	(0.041 3)	(0.121 3)	(8.244 2)
15	(3.172 2)	(0.315 2)	(27.152 1)	(0.036 8)	(0.116 8)	(8.559 5)
16	(3.425 9)	(0.291 9)	(30.324 3)	(0.033 0)	(0.113 0)	(8.851 4)
17	(3.700 0)	(0.270 3)	(33.750 2)	(0.029 6)	(0.109 6)	(9.121 6)
18	(3.996 0)	(0.250 2)	(37.450 2)	(0.026 7)	(0.106 7)	(9.371 9)
19	(4.315 7)	(0.231 7)	(41.446 3)	(0.024 1)	(0.104 1)	(9.603 6)
20	(4.661 0)	(0.214 5)	(45.762 0)	(0.021 9)	(0.101 9)	(9.818 1)
21	(5.033 8)	(0.198 7)	(50.422 9)	(0.019 8)	(0.099 8)	(10.016 8)
22	(5.436 5)	(0.183 9)	(55.456 8)	(0.018 0)	(0.098 0)	(10.200 7)
23	(5.871 5)	(0.170 3)	(60.893 3)	(0.016 4)	(0.096 4)	(10.371 1)
24	(6.341 2)	(0.157 7)	(66.764 8)	(0.015 0)	(0.095 0)	(10.528 8)
25	(6.848 5)	(0.146 0)	(73.105 9)	(0.013 7)	(0.093 7)	(10.674 8)
26	(7.396 4)	(0.135 2)	(79.954 4)	(0.012 5)	(0.092 5)	(10.810 0)
27	(7.988 1)	(0.125 2)	(87.350 8)	(0.011 4)	(0.091 4)	(10.935 2)
28	(8.627 1)	(0.115 9)	(95.338 8)	(0.010 5)	(0.090 5)	(11.051 1)
29	(9.317 3)	(0.107 3)	(103.965 9)	(0.009 6)	(0.089 6)	(11.158 4)
30	(10.062 7)	(0.099 4)	(113.283 2)	(0.008 8)	(0.088 8)	(11.257 8)

表9　复利系数表（9%）

年份 n	一次收付		等额系列			
	终值系数 $(F/P,\ i,\ n)$ $(1+i)^n$	现值系数 $(P/F,\ i,\ n)$ $\frac{1}{(1+i)^n}$	终值系数 $(F/A,\ i,\ n)$ $\frac{(1+i)^n-1}{i}$	偿债基金系数 $(A/F,\ i,\ n)$ $\frac{i}{(1+i)^n-1}$	资金回收系数 $(A/P,\ i,\ n)$ $\frac{i(1+i)^n}{(1+i)^n-1}$	现值系数 $(P/A,\ i,\ n)$ $\frac{(1+i)^n-1}{i(1+i)^n}$
1	(1.090 0)	(0.917 4)	(1.000 0)	(1.000 0)	(1.090 0)	(0.917 4)
2	(1.188 1)	(0.841 7)	(2.090 0)	(0.478 5)	(0.568 5)	(1.759 1)
3	(1.295 0)	(0.772 2)	(3.278 1)	(0.305 1)	(0.395 1)	(2.531 3)
4	(1.411 6)	(0.708 4)	(4.573 1)	(0.218 7)	(0.308 7)	(3.239 7)
5	(1.538 6)	(0.649 9)	(5.984 7)	(0.167 1)	(0.257 1)	(3.889 7)
6	(1.677 1)	(0.596 3)	(7.523 3)	(0.132 9)	(0.222 9)	(4.485 9)
7	(1.828 0)	(0.547 0)	(9.200 4)	(0.108 7)	(0.198 7)	(5.033 0)
8	(1.992 6)	(0.501 9)	(11.028 5)	(0.090 7)	(0.180 7)	(5.534 8)
9	(2.171 9)	(0.460 4)	(13.021 0)	(0.076 8)	(0.166 8)	(5.995 2)
10	(2.367 4)	(0.422 4)	(15.192 9)	(0.065 8)	(0.155 8)	(6.417 7)
11	(2.580 4)	(0.387 5)	(17.560 3)	(0.056 9)	(0.146 9)	(6.805 2)
12	(2.812 7)	(0.355 5)	(20.140 7)	(0.049 7)	(0.139 7)	(7.160 7)
13	(3.065 8)	(0.326 2)	(22.953 4)	(0.043 6)	(0.133 6)	(7.486 9)
14	(3.341 7)	(0.299 2)	(26.019 2)	(0.038 4)	(0.128 4)	(7.786 2)
15	(3.642 5)	(0.274 5)	(29.360 9)	(0.034 1)	(0.124 1)	(8.060 7)
16	(3.970 3)	(0.251 9)	(33.003 4)	(0.030 3)	(0.120 3)	(8.312 6)
17	(4.327 6)	(0.231 1)	(36.973 7)	(0.027 0)	(0.117 0)	(8.543 6)
18	(4.717 1)	(0.212 0)	(41.301 3)	(0.024 2)	(0.114 2)	(8.755 6)
19	(5.141 7)	(0.194 5)	(46.018 5)	(0.021 7)	(0.111 7)	(8.950 1)
20	(5.604 4)	(0.178 4)	(51.160 1)	(0.019 5)	(0.109 5)	(9.128 5)
21	(6.108 8)	(0.163 7)	(56.764 5)	(0.017 6)	(0.107 6)	(9.292 2)
22	(6.658 6)	(0.150 2)	(62.873 3)	(0.015 9)	(0.105 9)	(9.442 4)
23	(7.257 9)	(0.137 8)	(69.531 9)	(0.014 4)	(0.104 4)	(9.580 2)
24	(7.911 1)	(0.126 4)	(76.789 8)	(0.013 0)	(0.103 0)	(9.706 6)
25	(8.623 1)	(0.116 0)	(84.700 9)	(0.011 8)	(0.101 8)	(9.822 6)
26	(9.399 2)	(0.106 4)	(93.324 0)	(0.010 7)	(0.100 7)	(9.929 0)
27	(10.245 1)	(0.097 6)	(102.723 1)	(0.009 7)	(0.099 7)	(10.026 6)
28	(11.167 1)	(0.089 5)	(112.968 2)	(0.008 9)	(0.098 9)	(10.116 1)
29	(12.172 2)	(0.082 2)	(124.135 4)	(0.008 1)	(0.098 1)	(10.198 3)
30	(13.267 7)	(0.075 4)	(136.307 5)	(0.007 3)	(0.097 3)	(10.273 7)

表 10　复利系数表（10%）

年份 n	一次收付		等额系列			
	终值系数 $(F/P, i, n)$ $(1+i)^n$	现值系数 $(P/F, i, n)$ $\frac{1}{(1+i)^n}$	终值系数 $(F/A, i, n)$ $\frac{(1+i)^n-1}{i}$	偿债基金系数 $(A/F, i, n)$ $\frac{i}{(1+i)^n-1}$	资金回收系数 $(A/P, i, n)$ $\frac{i(1+i)^n}{(1+i)^n-1}$	现值系数 $(P/A, i, n)$ $\frac{(1+i)^n-1}{i(1+i)^n}$
1	(1.100 0)	(0.909 1)	(1.000 0)	(1.000 0)	(1.100 0)	(0.909 1)
2	(1.210 0)	(0.826 4)	(2.100 0)	(0.476 2)	(0.576 2)	(1.735 5)
3	(1.331 0)	(0.751 3)	(3.310 0)	(0.302 1)	(0.402 1)	(2.486 9)
4	(1.464 1)	(0.683 0)	(4.641 0)	(0.215 5)	(0.315 5)	(3.169 9)
5	(1.610 5)	(0.620 9)	(6.105 1)	(0.163 8)	(0.263 8)	(3.790 8)
6	(1.771 6)	(0.564 5)	(7.715 6)	(0.129 6)	(0.229 6)	(4.355 3)
7	(1.948 7)	(0.513 2)	(9.487 2)	(0.105 4)	(0.205 4)	(4.868 4)
8	(2.143 6)	(0.466 5)	(11.435 9)	(0.087 4)	(0.187 4)	(5.334 9)
9	(2.357 9)	(0.424 1)	(13.579 5)	(0.073 6)	(0.173 6)	(5.759 0)
10	(2.593 7)	(0.385 5)	(15.937 4)	(0.062 7)	(0.162 7)	(6.144 6)
11	(2.853 1)	(0.350 5)	(18.531 2)	(0.054 0)	(0.154 0)	(6.495 1)
12	(3.138 4)	(0.318 6)	(21.384 3)	(0.046 8)	(0.146 8)	(6.813 7)
13	(3.452 3)	(0.289 7)	(24.522 7)	(0.040 8)	(0.140 8)	(7.103 4)
14	(3.797 5)	(0.263 3)	(27.975 0)	(0.035 7)	(0.135 7)	(7.366 7)
15	(4.177 2)	(0.239 4)	(31.772 5)	(0.031 5)	(0.131 5)	(7.606 1)
16	(4.595 0)	(0.217 6)	(35.949 7)	(0.027 8)	(0.127 8)	(7.823 7)
17	(5.054 5)	(0.197 8)	(40.544 7)	(0.024 7)	(0.124 7)	(8.021 6)
18	(5.559 9)	(0.179 9)	(45.599 2)	(0.021 9)	(0.121 9)	(8.201 4)
19	(6.115 9)	(0.163 5)	(51.159 1)	(0.019 5)	(0.119 5)	(8.364 9)
20	(6.727 5)	(0.148 6)	(57.275 0)	(0.017 5)	(0.117 5)	(8.513 6)
21	(7.400 2)	(0.135 1)	(64.002 5)	(0.015 6)	(0.115 6)	(8.648 7)
22	(8.140 3)	(0.122 8)	(71.402 7)	(0.014 0)	(0.114 0)	(8.771 5)
23	(8.954 3)	(0.111 7)	(79.543 0)	(0.012 6)	(0.112 6)	(8.883 2)
24	(9.849 7)	(0.101 5)	(88.497 3)	(0.011 3)	(0.111 3)	(8.984 7)
25	(10.834 7)	(0.092 3)	(98.347 1)	(0.010 2)	(0.110 2)	(9.077 0)
26	(11.918 2)	(0.083 9)	(109.181 8)	(0.009 2)	(0.109 2)	(9.160 9)
27	(13.110 0)	(0.076 3)	(121.099 9)	(0.008 3)	(0.108 3)	(9.237 2)
28	(14.421 0)	(0.069 3)	(134.209 9)	(0.007 5)	(0.107 5)	(9.306 6)
29	(15.863 1)	(0.063 0)	(148.630 9)	(0.006 7)	(0.106 7)	(9.369 6)
30	(17.449 4)	(0.057 3)	(164.494 0)	(0.006 1)	(0.106 1)	(9.426 9)

表 11　复利系数表（11%）

年份 n	一次收付		等额系列			
	终值系数 $(F/P, i, n)$ $(1+i)^n$	现值系数 $(P/F, i, n)$ $\frac{1}{(1+i)^n}$	终值系数 $(F/A, i, n)$ $\frac{(1+i)^n-1}{i}$	偿债基金系数 $(A/F, i, n)$ $\frac{i}{(1+i)^n-1}$	资金回收系数 $(A/P, i, n)$ $\frac{i(1+i)^n}{(1+i)^n-1}$	现值系数 $(P/A, i, n)$ $\frac{(1+i)^n-1}{i(1+i)^n}$
1	(1.110 0)	(0.900 9)	(1.000 0)	(1.000 0)	(1.110 0)	(0.900 9)
2	(1.232 1)	(0.811 6)	(2.110 0)	(0.473 9)	(0.583 9)	(1.712 5)
3	(1.367 6)	(0.731 2)	(3.342 1)	(0.299 2)	(0.409 2)	(2.443 7)
4	(1.518 1)	(0.658 7)	(4.709 7)	(0.212 3)	(0.322 3)	(3.102 4)
5	(1.685 1)	(0.593 5)	(6.227 8)	(0.160 6)	(0.270 6)	(3.695 9)
6	(1.870 4)	(0.534 6)	(7.912 9)	(0.126 4)	(0.236 4)	(4.230 5)
7	(2.076 2)	(0.481 7)	(9.783 3)	(0.102 2)	(0.212 2)	(4.712 2)
8	(2.304 5)	(0.433 9)	(11.859 4)	(0.084 3)	(0.194 3)	(5.146 1)
9	(2.558 0)	(0.390 9)	(14.164 0)	(0.070 6)	(0.180 6)	(5.537 0)
10	(2.839 4)	(0.352 2)	(16.722 0)	(0.059 8)	(0.169 8)	(5.889 2)
11	(3.151 8)	(0.317 3)	(19.561 4)	(0.051 1)	(0.161 1)	(6.206 5)
12	(3.498 5)	(0.285 8)	(22.713 2)	(0.044 0)	(0.154 0)	(6.492 4)
13	(3.883 3)	(0.257 5)	(26.211 6)	(0.038 2)	(0.148 2)	(6.749 9)
14	(4.310 4)	(0.232 0)	(30.094 9)	(0.033 2)	(0.143 2)	(6.981 9)
15	(4.784 6)	(0.209 0)	(34.405 4)	(0.029 1)	(0.139 1)	(7.190 9)
16	(5.310 9)	(0.188 3)	(39.189 9)	(0.025 5)	(0.135 5)	(7.379 2)
17	(5.895 1)	(0.169 6)	(44.500 8)	(0.022 5)	(0.132 5)	(7.548 8)
18	(6.543 6)	(0.152 8)	(50.395 9)	(0.019 8)	(0.129 8)	(7.701 6)
19	(7.263 3)	(0.137 7)	(56.939 5)	(0.017 6)	(0.127 6)	(7.839 3)
20	(8.062 3)	(0.124 0)	(64.202 8)	(0.015 6)	(0.125 6)	(7.963 3)
21	(8.949 2)	(0.111 7)	(72.265 1)	(0.013 8)	(0.123 8)	(8.075 1)
22	(9.933 6)	(0.100 7)	(81.214 3)	(0.012 3)	(0.122 3)	(8.175 7)
23	(11.026 3)	(0.090 7)	(91.147 9)	(0.011 0)	(0.121 0)	(8.266 4)
24	(12.239 2)	(0.081 7)	(102.174 2)	(0.009 8)	(0.119 8)	(8.348 1)
25	(13.585 5)	(0.073 6)	(114.413 3)	(0.008 7)	(0.118 7)	(8.421 7)
26	(15.079 9)	(0.066 3)	(127.998 8)	(0.007 8)	(0.117 8)	(8.488 1)
27	(16.738 6)	(0.059 7)	(143.078 6)	(0.007 0)	(0.117 0)	(8.547 8)
28	(18.579 9)	(0.053 8)	(159.817 3)	(0.006 3)	(0.116 3)	(8.601 6)
29	(20.623 7)	(0.048 5)	(178.397 2)	(0.005 6)	(0.115 6)	(8.650 1)
30	(22.892 3)	(0.043 7)	(199.020 9)	(0.005 0)	(0.115 0)	(8.693 8)

表 12　复利系数表（12%）

年份 n	一次收付		等额系列			
	终值系数 $(F/P, i, n)$ $(1+i)^n$	现值系数 $(P/F, i, n)$ $\frac{1}{(1+i)^n}$	终值系数 $(F/A, i, n)$ $\frac{(1+i)^n-1}{i}$	偿债基金系数 $(A/F, i, n)$ $\frac{i}{(1+i)^n-1}$	资金回收系数 $(A/P, i, n)$ $\frac{i(1+i)^n}{(1+i)^n-1}$	现值系数 $(P/A, i, n)$ $\frac{(1+i)^n-1}{i(1+i)^n}$
1	(1.120 0)	(0.892 9)	(1.000 0)	(1.000 0)	(1.120 0)	(0.892 9)
2	(1.254 4)	(0.797 2)	(2.120 0)	(0.471 7)	(0.591 7)	(1.690 1)
3	(1.404 9)	(0.711 8)	(3.374 4)	(0.296 3)	(0.416 3)	(2.401 8)
4	(1.573 5)	(0.635 5)	(4.779 3)	(0.209 2)	(0.329 2)	(3.037 3)
5	(1.762 3)	(0.567 4)	(6.352 8)	(0.157 4)	(0.277 4)	(3.604 8)
6	(1.973 8)	(0.506 6)	(8.115 2)	(0.123 2)	(0.243 2)	(4.111 4)
7	(2.210 7)	(0.452 3)	(10.089 0)	(0.099 1)	(0.219 1)	(4.563 8)
8	(2.476 0)	(0.403 9)	(12.299 7)	(0.081 3)	(0.201 3)	(4.967 6)
9	(2.773 1)	(0.360 6)	(14.775 7)	(0.067 7)	(0.187 7)	(5.328 2)
10	(3.105 8)	(0.322 0)	(17.548 7)	(0.057 0)	(0.177 0)	(5.650 2)
11	(3.478 5)	(0.287 5)	(20.654 6)	(0.048 4)	(0.168 4)	(5.937 7)
12	(3.896 0)	(0.256 7)	(24.133 1)	(0.041 4)	(0.161 4)	(6.194 4)
13	(4.363 5)	(0.229 2)	(28.029 1)	(0.035 7)	(0.155 7)	(6.423 5)
14	(4.887 1)	(0.204 6)	(32.392 6)	(0.030 9)	(0.150 9)	(6.628 2)
15	(5.473 6)	(0.182 7)	(37.279 7)	(0.026 8)	(0.146 8)	(6.810 9)
16	(6.130 4)	(0.163 1)	(42.753 3)	(0.023 4)	(0.143 4)	(6.974 0)
17	(6.866 0)	(0.145 6)	(48.883 7)	(0.020 5)	(0.140 5)	(7.119 6)
18	(7.690 0)	(0.130 0)	(55.749 7)	(0.017 9)	(0.137 9)	(7.249 7)
19	(8.612 8)	(0.116 1)	(63.439 7)	(0.015 8)	(0.135 8)	(7.365 8)
20	(9.646 3)	(0.103 7)	(72.052 4)	(0.013 9)	(0.133 9)	(7.469 4)
21	(10.803 8)	(0.092 6)	(81.698 7)	(0.012 2)	(0.132 2)	(7.562 0)
22	(12.100 3)	(0.082 6)	(92.502 6)	(0.010 8)	(0.130 8)	(7.644 6)
23	(13.552 3)	(0.073 8)	(104.602 9)	(0.009 6)	(0.129 6)	(7.718 4)
24	(15.178 6)	(0.065 9)	(118.155 2)	(0.008 5)	(0.128 5)	(7.784 3)
25	(17.000 1)	(0.058 8)	(133.333 9)	(0.007 5)	(0.127 5)	(7.843 1)
26	(19.040 1)	(0.052 5)	(150.333 9)	(0.006 7)	(0.126 7)	(7.895 7)
27	(21.324 9)	(0.046 9)	(169.374 0)	(0.005 9)	(0.125 9)	(7.942 6)
28	(23.883 9)	(0.041 9)	(190.698 9)	(0.005 2)	(0.125 2)	(7.984 4)
29	(26.749 9)	(0.037 4)	(214.582 8)	(0.004 7)	(0.124 7)	(8.021 8)
30	(29.959 9)	(0.033 4)	(241.332 7)	(0.004 1)	(0.124 1)	(8.055 2)

表13　复利系数表（13%）

年份 n	一次收付		等额系列			
	终值系数 $(F/P, i, n)$ $(1+i)^n$	现值系数 $(P/F, i, n)$ $\frac{1}{(1+i)^n}$	终值系数 $(F/A, i, n)$ $\frac{(1+i)^n-1}{i}$	偿债基金系数 $(A/F, i, n)$ $\frac{i}{(1+i)^n-1}$	资金回收系数 $(A/P, i, n)$ $\frac{i(1+i)^n}{(1+i)^n-1}$	现值系数 $(P/A, i, n)$ $\frac{(1+i)^n-1}{i(1+i)^n}$
1	(1.130 0)	(0.885 0)	(1.000 0)	(1.000 0)	(1.130 0)	(0.885 0)
2	(1.276 9)	(0.783 1)	(2.130 0)	(0.469 5)	(0.599 5)	(1.668 1)
3	(1.442 9)	(0.693 1)	(3.406 9)	(0.293 5)	(0.423 5)	(2.361 2)
4	(1.630 5)	(0.613 3)	(4.849 8)	(0.206 2)	(0.336 2)	(2.974 5)
5	(1.842 4)	(0.542 8)	(6.480 3)	(0.154 3)	(0.284 3)	(3.517 2)
6	(2.082 0)	(0.480 3)	(8.322 7)	(0.120 2)	(0.250 2)	(3.997 5)
7	(2.352 6)	(0.425 1)	(10.404 7)	(0.096 1)	(0.226 1)	(4.422 6)
8	(2.658 4)	(0.376 2)	(12.757 3)	(0.078 4)	(0.208 4)	(4.798 8)
9	(3.004 0)	(0.332 9)	(15.415 7)	(0.064 9)	(0.194 9)	(5.131 7)
10	(3.394 6)	(0.294 6)	(18.419 7)	(0.054 3)	(0.184 3)	(5.426 2)
11	(3.835 9)	(0.260 7)	(21.814 3)	(0.045 8)	(0.175 8)	(5.686 9)
12	(4.334 5)	(0.230 7)	(25.650 2)	(0.039 0)	(0.169 0)	(5.917 6)
13	(4.898 0)	(0.204 2)	(29.984 7)	(0.033 4)	(0.163 4)	(6.121 8)
14	(5.534 8)	(0.180 7)	(34.882 7)	(0.028 7)	(0.158 7)	(6.302 5)
15	(6.254 3)	(0.159 9)	(40.417 5)	(0.024 7)	(0.154 7)	(6.462 4)
16	(7.067 3)	(0.141 5)	(46.671 7)	(0.021 4)	(0.151 4)	(6.603 9)
17	(7.986 1)	(0.125 2)	(53.739 1)	(0.018 6)	(0.148 6)	(6.729 1)
18	(9.024 3)	(0.110 8)	(61.725 1)	(0.016 2)	(0.146 2)	(6.839 9)
19	(10.197 4)	(0.098 1)	(70.749 4)	(0.014 1)	(0.144 1)	(6.938 0)
20	(11.523 1)	(0.086 8)	(80.946 8)	(0.012 4)	(0.142 4)	(7.024 8)
21	(13.021 1)	(0.076 8)	(92.469 9)	(0.010 8)	(0.140 8)	(7.101 6)
22	(14.713 8)	(0.068 0)	(105.491 0)	(0.009 5)	(0.139 5)	(7.169 5)
23	(16.626 6)	(0.060 1)	(120.204 8)	(0.008 3)	(0.138 3)	(7.229 7)
24	(18.788 1)	(0.053 2)	(136.831 5)	(0.007 3)	(0.137 3)	(7.282 9)
25	(21.230 5)	(0.047 1)	(155.619 6)	(0.006 4)	(0.136 4)	(7.330 0)
26	(23.990 5)	(0.041 7)	(176.850 1)	(0.005 7)	(0.135 7)	(7.371 7)
27	(27.109 3)	(0.036 9)	(200.840 6)	(0.005 0)	(0.135 0)	(7.408 6)
28	(30.633 5)	(0.032 6)	(227.949 9)	(0.004 4)	(0.134 4)	(7.441 2)
29	(34.615 8)	(0.028 9)	(258.583 4)	(0.003 9)	(0.133 9)	(7.470 1)
30	(39.115 9)	(0.025 6)	(293.199 2)	(0.003 4)	(0.133 4)	(7.495 7)

表 14　复利系数表（14%）

年份 n	一次收付		等额系列			
	终值系数 $(F/P, i, n)$ $(1+i)^n$	现值系数 $(P/F, i, n)$ $\frac{1}{(1+i)^n}$	终值系数 $(F/A, i, n)$ $\frac{(1+i)^n-1}{i}$	偿债基金系数 $(A/F, i, n)$ $\frac{i}{(1+i)^n-1}$	资金回收系数 $(A/P, i, n)$ $\frac{i(1+i)^n}{(1+i)^n-1}$	现值系数 $(P/A, i, n)$ $\frac{(1+i)^n-1}{i(1+i)^n}$
1	(1.140 0)	(0.877 2)	(1.000 0)	(1.000 0)	(1.140 0)	(0.877 2)
2	(1.299 6)	(0.769 5)	(2.140 0)	(0.467 3)	(0.607 3)	(1.646 7)
3	(1.481 5)	(0.675 0)	(3.439 6)	(0.290 7)	(0.430 7)	(2.321 6)
4	(1.689 0)	(0.592 1)	(4.921 1)	(0.203 2)	(0.343 2)	(2.913 7)
5	(1.925 4)	(0.519 4)	(6.610 1)	(0.151 3)	(0.291 3)	(3.433 1)
6	(2.195 0)	(0.455 6)	(8.535 5)	(0.117 2)	(0.257 2)	(3.888 7)
7	(2.502 3)	(0.399 6)	(10.730 5)	(0.093 2)	(0.233 2)	(4.288 3)
8	(2.852 6)	(0.350 6)	(13.232 8)	(0.075 6)	(0.215 6)	(4.638 9)
9	(3.251 9)	(0.307 5)	(16.085 3)	(0.062 2)	(0.202 2)	(4.946 4)
10	(3.707 2)	(0.269 7)	(19.337 3)	(0.051 7)	(0.191 7)	(5.216 1)
11	(4.226 2)	(0.236 6)	(23.044 5)	(0.043 4)	(0.183 4)	(5.452 7)
12	(4.817 9)	(0.207 6)	(27.270 7)	(0.036 7)	(0.176 7)	(5.660 3)
13	(5.492 4)	(0.182 1)	(32.088 7)	(0.031 2)	(0.171 2)	(5.842 4)
14	(6.261 3)	(0.159 7)	(37.581 1)	(0.026 6)	(0.166 6)	(6.002 1)
15	(7.137 9)	(0.140 1)	(43.842 4)	(0.022 8)	(0.162 8)	(6.142 2)
16	(8.137 2)	(0.122 9)	(50.980 4)	(0.019 6)	(0.159 6)	(6.265 1)
17	(9.276 5)	(0.107 8)	(59.117 6)	(0.016 9)	(0.156 9)	(6.372 9)
18	(10.575 2)	(0.094 6)	(68.394 1)	(0.014 6)	(0.154 6)	(6.467 4)
19	(12.055 7)	(0.082 9)	(78.969 2)	(0.012 7)	(0.152 7)	(6.550 4)
20	(13.743 5)	(0.072 8)	(91.024 9)	(0.011 0)	(0.151 0)	(6.623 1)
21	(15.667 6)	(0.063 8)	(104.768 4)	(0.009 5)	(0.149 5)	(6.687 0)
22	(17.861 0)	(0.056 0)	(120.436 0)	(0.008 3)	(0.148 3)	(6.742 9)
23	(20.361 6)	(0.049 1)	(138.297 0)	(0.007 2)	(0.147 2)	(6.792 1)
24	(23.212 2)	(0.043 1)	(158.658 6)	(0.006 3)	(0.146 3)	(6.835 1)
25	(26.461 9)	(0.037 8)	(181.870 8)	(0.005 5)	(0.145 5)	(6.872 9)
26	(30.166 6)	(0.033 1)	(208.332 7)	(0.004 8)	(0.144 8)	(6.906 1)
27	(34.389 9)	(0.029 1)	(238.499 3)	(0.004 2)	(0.144 2)	(6.935 2)
28	(39.204 5)	(0.025 5)	(272.889 2)	(0.003 7)	(0.143 7)	(6.960 7)
29	(44.693 1)	(0.022 4)	(312.093 7)	(0.003 2)	(0.143 2)	(6.983 0)
30	(50.950 2)	(0.019 6)	(356.786 8)	(0.002 8)	(0.142 8)	(7.002 7)

表 15　复利系数表（15%）

年份 n	一次收付		等额系列			
	终值系数 $(F/P, i, n)$ $(1+i)^n$	现值系数 $(P/F, i, n)$ $\frac{1}{(1+i)^n}$	终值系数 $(F/A, i, n)$ $\frac{(1+i)^n-1}{i}$	偿债基金系数 $(A/F, i, n)$ $\frac{i}{(1+i)^n-1}$	资金回收系数 $(A/P, i, n)$ $\frac{i(1+i)^n}{(1+i)^n-1}$	现值系数 $(P/A, i, n)$ $\frac{(1+i)^n-1}{i(1+i)^n}$
1	(1.150 0)	(0.869 6)	(1.000 0)	(1.000 0)	(1.150 0)	(0.869 6)
2	(1.322 5)	(0.756 1)	(2.150 0)	(0.465 1)	(0.615 1)	(1.625 7)
3	(1.520 9)	(0.657 5)	(3.472 5)	(0.288 0)	(0.438 0)	(2.283 2)
4	(1.749 0)	(0.571 8)	(4.993 4)	(0.200 3)	(0.350 3)	(2.855 0)
5	(2.011 4)	(0.497 2)	(6.742 4)	(0.148 3)	(0.298 3)	(3.352 2)
6	(2.313 1)	(0.432 3)	(8.753 7)	(0.114 2)	(0.264 2)	(3.784 5)
7	(2.660 0)	(0.375 9)	(11.066 8)	(0.090 4)	(0.240 4)	(4.160 4)
8	(3.059 0)	(0.326 9)	(13.726 8)	(0.072 9)	(0.222 9)	(4.487 3)
9	(3.517 9)	(0.284 3)	(16.785 8)	(0.059 6)	(0.209 6)	(4.771 6)
10	(4.045 6)	(0.247 2)	(20.303 7)	(0.049 3)	(0.199 3)	(5.018 8)
11	(4.652 4)	(0.214 9)	(24.349 3)	(0.041 1)	(0.191 1)	(5.233 7)
12	(5.350 3)	(0.186 9)	(29.001 7)	(0.034 5)	(0.184 5)	(5.420 6)
13	(6.152 8)	(0.162 5)	(34.351 9)	(0.029 1)	(0.179 1)	(5.583 1)
14	(7.075 7)	(0.141 3)	(40.504 7)	(0.024 7)	(0.174 7)	(5.724 5)
15	(8.137 1)	(0.122 9)	(47.580 4)	(0.021 0)	(0.171 0)	(5.847 4)
16	(9.357 6)	(0.106 9)	(55.717 5)	(0.017 9)	(0.167 9)	(5.954 2)
17	(10.761 3)	(0.092 9)	(65.075 1)	(0.015 4)	(0.165 4)	(6.047 2)
18	(12.375 5)	(0.080 8)	(75.836 4)	(0.013 2)	(0.163 2)	(6.128 0)
19	(14.231 8)	(0.070 3)	(88.211 8)	(0.011 3)	(0.161 3)	(6.198 2)
20	(16.366 5)	(0.061 1)	(102.443 6)	(0.009 8)	(0.159 8)	(6.259 3)
21	(18.821 5)	(0.053 1)	(118.810 1)	(0.008 4)	(0.158 4)	(6.312 5)
22	(21.644 7)	(0.046 2)	(137.631 6)	(0.007 3)	(0.157 3)	(6.358 7)
23	(24.891 5)	(0.040 2)	(159.276 4)	(0.006 3)	(0.156 3)	(6.398 8)
24	(28.625 2)	(0.034 9)	(184.167 8)	(0.005 4)	(0.155 4)	(6.433 8)
25	(32.919 0)	(0.030 4)	(212.793 0)	(0.004 7)	(0.154 7)	(6.464 1)
26	(37.856 8)	(0.026 4)	(245.712 0)	(0.004 1)	(0.154 1)	(6.490 6)
27	(43.535 3)	(0.023 0)	(283.568 8)	(0.003 5)	(0.153 5)	(6.513 5)
28	(50.065 6)	(0.020 0)	(327.104 1)	(0.003 1)	(0.153 1)	(6.533 5)
29	(57.575 5)	(0.017 4)	(377.169 7)	(0.002 7)	(0.152 7)	(6.550 9)
30	(66.211 8)	(0.015 1)	(434.745 1)	(0.002 3)	(0.152 3)	(6.566 0)

表 16 复利系数表（16%）

年份 n	一次收付		等额系列			
	终值系数 $(F/P, i, n)$ $(1+i)^n$	现值系数 $(P/F, i, n)$ $\frac{1}{(1+i)^n}$	终值系数 $(F/A, i, n)$ $\frac{(1+i)^n-1}{i}$	偿债基金系数 $(A/F, i, n)$ $\frac{i}{(1+i)^n-1}$	资金回收系数 $(A/P, i, n)$ $\frac{i(1+i)^n}{(1+i)^n-1}$	现值系数 $(P/A, i, n)$ $\frac{(1+i)^n-1}{i(1+i)^n}$
1	(1.160 0)	(0.862 1)	(1.000 0)	(1.000 0)	(1.160 0)	(0.862 1)
2	(1.345 6)	(0.743 2)	(2.160 0)	(0.463 0)	(0.623 0)	(1.605 2)
3	(1.560 9)	(0.640 7)	(3.505 6)	(0.285 3)	(0.445 3)	(2.245 9)
4	(1.810 6)	(0.552 3)	(5.066 5)	(0.197 4)	(0.357 4)	(2.798 2)
5	(2.100 3)	(0.476 1)	(6.877 1)	(0.145 4)	(0.305 4)	(3.274 3)
6	(2.436 4)	(0.410 4)	(8.977 5)	(0.111 4)	(0.271 4)	(3.684 7)
7	(2.826 2)	(0.353 8)	(11.413 9)	(0.087 6)	(0.247 6)	(4.038 6)
8	(3.278 4)	(0.305 0)	(14.240 1)	(0.070 2)	(0.230 2)	(4.343 6)
9	(3.803 0)	(0.263 0)	(17.518 5)	(0.057 1)	(0.217 1)	(4.606 5)
10	(4.411 4)	(0.226 7)	(21.321 5)	(0.046 9)	(0.206 9)	(4.833 2)
11	(5.117 3)	(0.195 4)	(25.732 9)	(0.038 9)	(0.198 9)	(5.028 6)
12	(5.936 0)	(0.168 5)	(30.850 2)	(0.032 4)	(0.192 4)	(5.197 1)
13	(6.885 8)	(0.145 2)	(36.786 2)	(0.027 2)	(0.187 2)	(5.342 3)
14	(7.987 5)	(0.125 2)	(43.672 0)	(0.022 9)	(0.182 9)	(5.467 5)
15	(9.265 5)	(0.107 9)	(51.659 5)	(0.019 4)	(0.179 4)	(5.575 5)
16	(10.748 0)	(0.093 0)	(60.925 0)	(0.016 4)	(0.176 4)	(5.668 5)
17	(12.467 7)	(0.080 2)	(71.673 0)	(0.014 0)	(0.174 0)	(5.748 7)
18	(14.462 5)	(0.069 1)	(84.140 7)	(0.011 9)	(0.171 9)	(5.817 8)
19	(16.776 5)	(0.059 6)	(98.603 2)	(0.010 1)	(0.170 1)	(5.877 5)
20	(19.460 8)	(0.051 4)	(115.379 7)	(0.008 7)	(0.168 7)	(5.928 8)
21	(22.574 5)	(0.044 3)	(134.840 5)	(0.007 4)	(0.167 4)	(5.973 1)
22	(26.186 4)	(0.038 2)	(157.415 0)	(0.006 4)	(0.166 4)	(6.011 3)
23	(30.376 2)	(0.032 9)	(183.601 4)	(0.005 4)	(0.165 4)	(6.044 2)
24	(35.236 4)	(0.028 4)	(213.977 6)	(0.004 7)	(0.164 7)	(6.072 6)
25	(40.874 2)	(0.024 5)	(249.214 0)	(0.004 0)	(0.164 0)	(6.097 1)
26	(47.414 1)	(0.021 1)	(290.088 3)	(0.003 4)	(0.163 4)	(6.118 2)
27	(55.000 4)	(0.018 2)	(337.502 4)	(0.003 0)	(0.163 0)	(6.136 4)
28	(63.800 4)	(0.015 7)	(392.502 8)	(0.002 5)	(0.162 5)	(6.152 0)
29	(74.008 5)	(0.013 5)	(456.303 2)	(0.002 2)	(0.162 2)	(6.165 6)
30	(85.849 9)	(0.011 6)	(530.311 7)	(0.001 9)	(0.161 9)	(6.177 2)

表 17　复利系数表（17%）

年份 n	一次收付		等额系列			
	终值系数 $(F/P, i, n)$ $(1+i)^n$	现值系数 $(P/F, i, n)$ $\frac{1}{(1+i)^n}$	终值系数 $(F/A, i, n)$ $\frac{(1+i)^n-1}{i}$	偿债基金系数 $(A/F, i, n)$ $\frac{i}{(1+i)^n-1}$	资金回收系数 $(A/P, i, n)$ $\frac{i(1+i)^n}{(1+i)^n-1}$	现值系数 $(P/A, i, n)$ $\frac{(1+i)^n-1}{i(1+i)^n}$
1	(1.170 0)	(0.854 7)	(1.000 0)	(1.000 0)	(1.170 0)	(0.854 7)
2	(1.368 9)	(0.730 5)	(2.170 0)	(0.460 8)	(0.630 8)	(1.585 2)
3	(1.601 6)	(0.624 4)	(3.538 9)	(0.282 6)	(0.452 6)	(2.209 6)
4	(1.873 9)	(0.533 7)	(5.140 5)	(0.194 5)	(0.364 5)	(2.743 2)
5	(2.192 4)	(0.456 1)	(7.014 4)	(0.142 6)	(0.312 6)	(3.199 3)
6	(2.565 2)	(0.389 8)	(9.206 8)	(0.108 6)	(0.278 6)	(3.589 2)
7	(3.001 2)	(0.333 2)	(11.772 0)	(0.084 9)	(0.254 9)	(3.922 4)
8	(3.511 5)	(0.284 8)	(14.773 3)	(0.067 7)	(0.237 7)	(4.207 2)
9	(4.108 4)	(0.243 4)	(18.284 7)	(0.054 7)	(0.224 7)	(4.450 6)
10	(4.806 8)	(0.208 0)	(22.393 1)	(0.044 7)	(0.214 7)	(4.658 6)
11	(5.624 0)	(0.177 8)	(27.199 9)	(0.036 8)	(0.206 8)	(4.836 4)
12	(6.580 1)	(0.152 0)	(32.823 9)	(0.030 5)	(0.200 5)	(4.988 4)
13	(7.698 7)	(0.129 9)	(39.404 0)	(0.025 4)	(0.195 4)	(5.118 3)
14	(9.007 5)	(0.111 0)	(47.102 7)	(0.021 2)	(0.191 2)	(5.229 3)
15	(10.538 7)	(0.094 9)	(56.110 1)	(0.017 8)	(0.187 8)	(5.324 2)
16	(12.330 3)	(0.081 1)	(66.648 8)	(0.015 0)	(0.185 0)	(5.405 3)
17	(14.426 5)	(0.069 3)	(78.979 2)	(0.012 7)	(0.182 7)	(5.474 6)
18	(16.879 0)	(0.059 2)	(93.405 6)	(0.010 7)	(0.180 7)	(5.533 9)
19	(19.748 4)	(0.050 6)	(110.284 6)	(0.009 1)	(0.179 1)	(5.584 5)
20	(23.105 6)	(0.043 3)	(130.032 9)	(0.007 7)	(0.177 7)	(5.627 8)
21	(27.033 6)	(0.037 0)	(153.138 5)	(0.006 5)	(0.176 5)	(5.664 8)
22	(31.629 3)	(0.031 6)	(180.172 1)	(0.005 6)	(0.175 6)	(5.696 4)
23	(37.006 2)	(0.027 0)	(211.801 3)	(0.004 7)	(0.174 7)	(5.723 4)
24	(43.297 3)	(0.023 1)	(248.807 6)	(0.004 0)	(0.174 0)	(5.746 5)
25	(50.657 8)	(0.019 7)	(292.104 9)	(0.003 4)	(0.173 4)	(5.766 2)
26	(59.269 7)	(0.016 9)	(342.762 7)	(0.002 9)	(0.172 9)	(5.783 1)
27	(69.345 5)	(0.014 4)	(402.032 3)	(0.002 5)	(0.172 5)	(5.797 5)
28	(81.134 2)	(0.012 3)	(471.377 8)	(0.002 1)	(0.172 1)	(5.809 9)
29	(94.927 1)	(0.010 5)	(552.512 1)	(0.001 8)	(0.171 8)	(5.820 4)
30	(111.064 7)	(0.009 0)	(647.439 1)	(0.001 5)	(0.171 5)	(5.829 4)

表 18　复利系数表（18%）

年份 n	一次收付		等额系列			
	终值系数 $(F/P, i, n)$ $(1+i)^n$	现值系数 $(P/F, i, n)$ $\frac{1}{(1+i)^n}$	终值系数 $(F/A, i, n)$ $\frac{(1+i)^n-1}{i}$	偿债基金系数 $(A/F, i, n)$ $\frac{i}{(1+i)^n-1}$	资金回收系数 $(A/P, i, n)$ $\frac{i(1+i)^n}{(1+i)^n-1}$	现值系数 $(P/A, i, n)$ $\frac{(1+i)^n-1}{i(1+i)^n}$
1	(1.180 0)	(0.847 5)	(1.000 0)	(1.000 0)	(1.180 0)	(0.847 5)
2	(1.392 4)	(0.718 2)	(2.180 0)	(0.458 7)	(0.638 7)	(1.565 6)
3	(1.643 0)	(0.608 6)	(3.572 4)	(0.279 9)	(0.459 9)	(2.174 3)
4	(1.938 8)	(0.515 8)	(5.215 4)	(0.191 7)	(0.371 7)	(2.690 1)
5	(2.287 8)	(0.437 1)	(7.154 2)	(0.139 8)	(0.319 8)	(3.127 2)
6	(2.699 6)	(0.370 4)	(9.442 0)	(0.105 9)	(0.285 9)	(3.497 6)
7	(3.185 5)	(0.313 9)	(12.141 5)	(0.082 4)	(0.262 4)	(3.811 5)
8	(3.758 9)	(0.266 0)	(15.327 0)	(0.065 2)	(0.245 2)	(4.077 6)
9	(4.435 5)	(0.225 5)	(19.085 9)	(0.052 4)	(0.232 4)	(4.303 0)
10	(5.233 8)	(0.191 1)	(23.521 3)	(0.042 5)	(0.222 5)	(4.494 1)
11	(6.175 9)	(0.161 9)	(28.755 1)	(0.034 8)	(0.214 8)	(4.656 0)
12	(7.287 6)	(0.137 2)	(34.931 1)	(0.028 6)	(0.208 6)	(4.793 2)
13	(8.599 4)	(0.116 3)	(42.218 7)	(0.023 7)	(0.203 7)	(4.909 5)
14	(10.147 2)	(0.098 5)	(50.818 0)	(0.019 7)	(0.199 7)	(5.008 1)
15	(11.973 7)	(0.083 5)	(60.965 3)	(0.016 4)	(0.196 4)	(5.091 6)
16	(14.129 0)	(0.070 8)	(72.939 0)	(0.013 7)	(0.193 7)	(5.162 4)
17	(16.672 2)	(0.060 0)	(87.068 0)	(0.011 5)	(0.191 5)	(5.222 3)
18	(19.673 3)	(0.050 8)	(103.740 3)	(0.009 6)	(0.189 6)	(5.273 2)
19	(23.214 4)	(0.043 1)	(123.413 5)	(0.008 1)	(0.188 1)	(5.316 2)
20	(27.393 0)	(0.036 5)	(146.628 0)	(0.006 8)	(0.186 8)	(5.352 7)
21	(32.323 8)	(0.030 9)	(174.021 0)	(0.005 7)	(0.185 7)	(5.383 7)
22	(38.142 1)	(0.026 2)	(206.344 8)	(0.004 8)	(0.184 8)	(5.409 9)
23	(45.007 6)	(0.022 2)	(244.486 8)	(0.004 1)	(0.184 1)	(5.432 1)
24	(53.109 0)	(0.018 8)	(289.494 5)	(0.003 5)	(0.183 5)	(5.450 9)
25	(62.668 6)	(0.016 0)	(342.603 5)	(0.002 9)	(0.182 9)	(5.466 9)
26	(73.949 0)	(0.013 5)	(405.272 1)	(0.002 5)	(0.182 5)	(5.480 4)
27	(87.259 8)	(0.011 5)	(479.221 1)	(0.002 1)	(0.182 1)	(5.491 9)
28	(102.966 6)	(0.009 7)	(566.480 9)	(0.001 8)	(0.181 8)	(5.501 6)
29	(121.500 5)	(0.008 2)	(669.447 5)	(0.001 5)	(0.181 5)	(5.509 8)
30	(143.370 6)	(0.007 0)	(790.948 0)	(0.001 3)	(0.181 3)	(5.516 8)

表 19　复利系数表（19%）

年份 n	一次收付		等额系列			
	终值系数 $(F/P,\ i,\ n)$ $(1+i)^n$	现值系数 $(P/F,\ i,\ n)$ $\frac{1}{(1+i)^n}$	终值系数 $(F/A,\ i,\ n)$ $\frac{(1+i)^n-1}{i}$	偿债基金系数 $(A/F,\ i,\ n)$ $\frac{i}{(1+i)^n-1}$	资金回收系数 $(A/P,\ i,\ n)$ $\frac{i(1+i)^n}{(1+i)^n-1}$	现值系数 $(P/A,\ i,\ n)$ $\frac{(1+i)^n-1}{i(1+i)^n}$
1	(1.190 0)	(0.840 3)	(1.000 0)	(1.000 0)	(1.190 0)	(0.840 3)
2	(1.416 1)	(0.706 2)	(2.190 0)	(0.456 6)	(0.646 6)	(1.546 5)
3	(1.685 2)	(0.593 4)	(3.606 1)	(0.277 3)	(0.467 3)	(2.139 9)
4	(2.005 3)	(0.498 7)	(5.291 3)	(0.189 0)	(0.379 0)	(2.638 6)
5	(2.386 4)	(0.419 0)	(7.296 6)	(0.137 1)	(0.327 1)	(3.057 6)
6	(2.839 8)	(0.352 1)	(9.683 0)	(0.103 3)	(0.293 3)	(3.409 8)
7	(3.379 3)	(0.295 9)	(12.522 7)	(0.079 9)	(0.269 9)	(3.705 7)
8	(4.021 4)	(0.248 7)	(15.902 0)	(0.062 9)	(0.252 9)	(3.954 4)
9	(4.785 4)	(0.209 0)	(19.923 4)	(0.050 2)	(0.240 2)	(4.163 3)
10	(5.694 7)	(0.175 6)	(24.708 9)	(0.040 5)	(0.230 5)	(4.338 9)
11	(6.776 7)	(0.147 6)	(30.403 5)	(0.032 9)	(0.222 9)	(4.486 5)
12	(8.064 2)	(0.124 0)	(37.180 2)	(0.026 9)	(0.216 9)	(4.610 5)
13	(9.596 4)	(0.104 2)	(45.244 5)	(0.022 1)	(0.212 1)	(4.714 7)
14	(11.419 8)	(0.087 6)	(54.840 9)	(0.018 2)	(0.208 2)	(4.802 3)
15	(13.589 5)	(0.073 6)	(66.260 7)	(0.015 1)	(0.205 1)	(4.875 9)
16	(16.171 5)	(0.061 8)	(79.850 2)	(0.012 5)	(0.202 5)	(4.937 7)
17	(19.244 1)	(0.052 0)	(96.021 8)	(0.010 4)	(0.200 4)	(4.989 7)
18	(22.900 5)	(0.043 7)	(115.265 9)	(0.008 7)	(0.198 7)	(5.033 3)
19	(27.251 6)	(0.036 7)	(138.166 4)	(0.007 2)	(0.197 2)	(5.070 0)
20	(32.429 4)	(0.030 8)	(165.418 0)	(0.006 0)	(0.196 0)	(5.100 9)
21	(38.591 0)	(0.025 9)	(197.847 4)	(0.005 1)	(0.195 1)	(5.126 8)
22	(45.923 3)	(0.021 8)	(236.438 5)	(0.004 2)	(0.194 2)	(5.148 6)
23	(54.648 7)	(0.018 3)	(282.361 8)	(0.003 5)	(0.193 5)	(5.166 8)
24	(65.032 0)	(0.015 4)	(337.010 5)	(0.003 0)	(0.193 0)	(5.182 2)
25	(77.388 1)	(0.012 9)	(402.042 5)	(0.002 5)	(0.192 5)	(5.195 1)
26	(92.091 8)	(0.010 9)	(479.430 6)	(0.002 1)	(0.192 1)	(5.206 0)
27	(109.589 3)	(0.009 1)	(571.522 4)	(0.001 7)	(0.191 7)	(5.215 1)
28	(130.411 2)	(0.007 7)	(681.111 6)	(0.001 5)	(0.191 5)	(5.222 8)
29	(155.189 3)	(0.006 4)	(811.522 8)	(0.001 2)	(0.191 2)	(5.229 2)
30	(184.675 3)	(0.005 4)	(966.712 2)	(0.001 0)	(0.191 0)	(5.234 7)

表 20　复利系数表（20%）

年份 n	一次收付		等额系列			
	终值系数 $(F/P, i, n)$ $(1+i)^n$	现值系数 $(P/F, i, n)$ $\frac{1}{(1+i)^n}$	终值系数 $(F/A, i, n)$ $\frac{(1+i)^n-1}{i}$	偿债基金系数 $(A/F, i, n)$ $\frac{i}{(1+i)^n-1}$	资金回收系数 $(A/P, i, n)$ $\frac{i(1+i)^n}{(1+i)^n-1}$	现值系数 $(P/A, i, n)$ $\frac{(1+i)^n-1}{i(1+i)^n}$
1	(1.200 0)	(0.833 3)	(1.000 0)	(1.000 0)	(1.200 0)	(0.833 3)
2	(1.440 0)	(0.694 4)	(2.200 0)	(0.454 5)	(0.654 5)	(1.527 8)
3	(1.728 0)	(0.578 7)	(3.640 0)	(0.274 7)	(0.474 7)	(2.106 5)
4	(2.073 6)	(0.482 3)	(5.368 0)	(0.186 3)	(0.386 3)	(2.588 7)
5	(2.488 3)	(0.401 9)	(7.441 6)	(0.134 4)	(0.334 4)	(2.990 6)
6	(2.986 0)	(0.334 9)	(9.929 9)	(0.100 7)	(0.300 7)	(3.325 5)
7	(3.583 2)	(0.279 1)	(12.915 9)	(0.077 4)	(0.277 4)	(3.604 6)
8	(4.299 8)	(0.232 6)	(16.499 1)	(0.060 6)	(0.260 6)	(3.837 2)
9	(5.159 8)	(0.193 8)	(20.798 9)	(0.048 1)	(0.248 1)	(4.031 0)
10	(6.191 7)	(0.161 5)	(25.958 7)	(0.038 5)	(0.238 5)	(4.192 5)
11	(7.430 1)	(0.134 6)	(32.150 4)	(0.031 1)	(0.231 1)	(4.327 1)
12	(8.916 1)	(0.112 2)	(39.580 5)	(0.025 3)	(0.225 3)	(4.439 2)
13	(10.699 3)	(0.093 5)	(48.496 6)	(0.020 6)	(0.220 6)	(4.532 7)
14	(12.839 2)	(0.077 9)	(59.195 9)	(0.016 9)	(0.216 9)	(4.610 6)
15	(15.407 0)	(0.064 9)	(72.035 1)	(0.013 9)	(0.213 9)	(4.675 5)
16	(18.488 4)	(0.054 1)	(87.442 1)	(0.011 4)	(0.211 4)	(4.729 6)
17	(22.186 1)	(0.045 1)	(105.930 6)	(0.009 4)	(0.209 4)	(4.774 6)
18	(26.623 3)	(0.037 6)	(128.116 7)	(0.007 8)	(0.207 8)	(4.812 2)
19	(31.948 0)	(0.031 3)	(154.740 0)	(0.006 5)	(0.206 5)	(4.843 5)
20	(38.337 6)	(0.026 1)	(186.688 0)	(0.005 4)	(0.205 4)	(4.869 6)
21	(46.005 1)	(0.021 7)	(225.025 6)	(0.004 4)	(0.204 4)	(4.891 3)
22	(55.206 1)	(0.018 1)	(271.030 7)	(0.003 7)	(0.203 7)	(4.909 4)
23	(66.247 4)	(0.015 1)	(326.236 9)	(0.003 1)	(0.203 1)	(4.924 5)
24	(79.496 8)	(0.012 6)	(392.484 2)	(0.002 5)	(0.202 5)	(4.937 1)
25	(95.396 2)	(0.010 5)	(471.981 1)	(0.002 1)	(0.202 1)	(4.947 6)
26	(114.475 5)	(0.008 7)	(567.377 3)	(0.001 8)	(0.201 8)	(4.956 3)
27	(137.370 6)	(0.007 3)	(681.852 8)	(0.001 5)	(0.201 5)	(4.963 6)
28	(164.844 7)	(0.006 1)	(819.223 3)	(0.001 2)	(0.201 2)	(4.969 7)
29	(197.813 6)	(0.005 1)	(984.068 0)	(0.001 0)	(0.201 0)	(4.974 7)
30	(237.376 3)	(0.004 2)	(1 181.881 6)	(0.000 8)	(0.200 8)	(4.978 9)

表 21　复利系数表（21%）

年份 n	一次收付		等额系列			
	终值系数 $(F/P, i, n)$ $(1+i)^n$	现值系数 $(P/F, i, n)$ $\frac{1}{(1+i)^n}$	终值系数 $(F/A, i, n)$ $\frac{(1+i)^n-1}{i}$	偿债基金系数 $(A/F, i, n)$ $\frac{i}{(1+i)^n-1}$	资金回收系数 $(A/P, i, n)$ $\frac{i(1+i)^n}{(1+i)^n-1}$	现值系数 $(P/A, i, n)$ $\frac{(1+i)^n-1}{i(1+i)^n}$
1	(1.210 0)	(0.826 4)	(1.000 0)	(1.000 0)	(1.210 0)	(0.826 4)
2	(1.464 1)	(0.683 0)	(2.210 0)	(0.452 5)	(0.662 5)	(1.509 5)
3	(1.771 6)	(0.564 5)	(3.674 1)	(0.272 2)	(0.482 2)	(2.073 9)
4	(2.143 6)	(0.466 5)	(5.445 7)	(0.183 6)	(0.393 6)	(2.540 4)
5	(2.593 7)	(0.385 5)	(7.589 2)	(0.131 8)	(0.341 8)	(2.926 0)
6	(3.138 4)	(0.318 6)	(10.183 0)	(0.098 2)	(0.308 2)	(3.244 6)
7	(3.797 5)	(0.263 3)	(13.321 4)	(0.075 1)	(0.285 1)	(3.507 9)
8	(4.595 0)	(0.217 6)	(17.118 9)	(0.058 4)	(0.268 4)	(3.725 6)
9	(5.559 9)	(0.179 9)	(21.713 9)	(0.046 1)	(0.256 1)	(3.905 4)
10	(6.727 5)	(0.148 6)	(27.273 8)	(0.036 7)	(0.246 7)	(4.054 1)
11	(8.140 3)	(0.122 8)	(34.001 3)	(0.029 4)	(0.239 4)	(4.176 9)
12	(9.849 7)	(0.101 5)	(42.141 6)	(0.023 7)	(0.233 7)	(4.278 4)
13	(11.918 2)	(0.083 9)	(51.991 3)	(0.019 2)	(0.229 2)	(4.362 4)
14	(14.421 0)	(0.069 3)	(63.909 5)	(0.015 6)	(0.225 6)	(4.431 7)
15	(17.449 4)	(0.057 3)	(78.330 5)	(0.012 8)	(0.222 8)	(4.489 0)
16	(21.113 8)	(0.047 4)	(95.779 9)	(0.010 4)	(0.220 4)	(4.536 4)
17	(25.547 7)	(0.039 1)	(116.893 7)	(0.008 6)	(0.218 6)	(4.575 5)
18	(30.912 7)	(0.032 3)	(142.441 3)	(0.007 0)	(0.217 0)	(4.607 9)
19	(37.404 3)	(0.026 7)	(173.354 0)	(0.005 8)	(0.215 8)	(4.634 6)
20	(45.259 3)	(0.022 1)	(210.758 4)	(0.004 7)	(0.214 7)	(4.656 7)
21	(54.763 7)	(0.018 3)	(256.017 6)	(0.003 9)	(0.213 9)	(4.675 0)
22	(66.264 1)	(0.015 1)	(310.781 3)	(0.003 2)	(0.213 2)	(4.690 0)
23	(80.179 5)	(0.012 5)	(377.045 4)	(0.002 7)	(0.212 7)	(4.702 5)
24	(97.017 2)	(0.010 3)	(457.224 9)	(0.002 2)	(0.212 2)	(4.712 8)
25	(117.390 9)	(0.008 5)	(554.242 2)	(0.001 8)	(0.211 8)	(4.721 3)
26	(142.042 9)	(0.007 0)	(671.633 0)	(0.001 5)	(0.211 5)	(4.728 4)
27	(171.871 9)	(0.005 8)	(813.675 9)	(0.001 2)	(0.211 2)	(4.734 2)
28	(207.965 1)	(0.004 8)	(985.547 9)	(0.001 0)	(0.211 0)	(4.739 0)
29	(251.637 7)	(0.004 0)	(1 193.512 9)	(0.000 8)	(0.210 8)	(4.743 0)
30	(304.481 6)	(0.003 3)	(1 445.150 7)	(0.000 7)	(0.210 7)	(4.746 3)

表 22　复利系数表（22%）

年份 n	一次收付		等额系列			
	终值系数 $(F/P, i, n)$ $(1+i)^n$	现值系数 $(P/F, i, n)$ $\frac{1}{(1+i)^n}$	终值系数 $(F/A, i, n)$ $\frac{(1+i)^n-1}{i}$	偿债基金系数 $(A/F, i, n)$ $\frac{i}{(1+i)^n-1}$	资金回收系数 $(A/P, i, n)$ $\frac{i(1+i)^n}{(1+i)^n-1}$	现值系数 $(P/A, i, n)$ $\frac{(1+i)^n-1}{i(1+i)^n}$
1	(1.220 0)	(0.819 7)	(1.000 0)	(1.000 0)	(1.220 0)	(0.819 7)
2	(1.488 4)	(0.671 9)	(2.220 0)	(0.450 5)	(0.670 5)	(1.491 5)
3	(1.815 8)	(0.550 7)	(3.708 4)	(0.269 7)	(0.489 7)	(2.042 2)
4	(2.215 3)	(0.451 4)	(5.524 2)	(0.181 0)	(0.401 0)	(2.493 6)
5	(2.702 7)	(0.370 0)	(7.739 6)	(0.129 2)	(0.349 2)	(2.863 6)
6	(3.297 3)	(0.303 3)	(10.442 3)	(0.095 8)	(0.315 8)	(3.166 9)
7	(4.022 7)	(0.248 6)	(13.739 6)	(0.072 8)	(0.292 8)	(3.415 5)
8	(4.907 7)	(0.203 8)	(17.762 3)	(0.056 3)	(0.276 3)	(3.619 3)
9	(5.987 4)	(0.167 0)	(22.670 0)	(0.044 1)	(0.264 1)	(3.786 3)
10	(7.304 6)	(0.136 9)	(28.657 4)	(0.034 9)	(0.254 9)	(3.923 2)
11	(8.911 7)	(0.112 2)	(35.962 0)	(0.027 8)	(0.247 8)	(4.035 4)
12	(10.872 2)	(0.092 0)	(44.873 7)	(0.022 3)	(0.242 3)	(4.127 4)
13	(13.264 1)	(0.075 4)	(55.745 9)	(0.017 9)	(0.237 9)	(4.202 8)
14	(16.182 2)	(0.061 8)	(69.010 0)	(0.014 5)	(0.234 5)	(4.264 6)
15	(19.742 3)	(0.050 7)	(85.192 2)	(0.011 7)	(0.231 7)	(4.315 2)
16	(24.085 6)	(0.041 5)	(104.934 5)	(0.009 5)	(0.229 5)	(4.356 7)
17	(29.384 4)	(0.034 0)	(129.020 1)	(0.007 8)	(0.227 8)	(4.390 8)
18	(35.849 0)	(0.027 9)	(158.404 5)	(0.006 3)	(0.226 3)	(4.418 7)
19	(43.735 8)	(0.022 9)	(194.253 5)	(0.005 1)	(0.225 1)	(4.441 5)
20	(53.357 6)	(0.018 7)	(237.989 3)	(0.004 2)	(0.224 2)	(4.460 3)
21	(65.096 3)	(0.015 4)	(291.346 9)	(0.003 4)	(0.223 4)	(4.475 6)
22	(79.417 5)	(0.012 6)	(356.443 2)	(0.002 8)	(0.222 8)	(4.488 2)
23	(96.889 4)	(0.010 3)	(435.860 7)	(0.002 3)	(0.222 3)	(4.498 5)
24	(118.205 0)	(0.008 5)	(532.750 1)	(0.001 9)	(0.221 9)	(4.507 0)
25	(144.210 1)	(0.006 9)	(650.955 1)	(0.001 5)	(0.221 5)	(4.513 9)
26	(175.936 4)	(0.005 7)	(795.165 3)	(0.001 3)	(0.221 3)	(4.519 6)
27	(214.642 4)	(0.004 7)	(971.101 6)	(0.001 0)	(0.221 0)	(4.524 3)
28	(261.863 7)	(0.003 8)	(1 185.744 0)	(0.000 8)	(0.220 8)	(4.528 1)
29	(319.473 7)	(0.003 1)	(1 447.607 7)	(0.000 7)	(0.220 7)	(4.531 2)
30	(389.757 9)	(0.002 6)	(1 767.081 3)	(0.000 6)	(0.220 6)	(4.533 8)

表 23　复利系数表（23%）

年份 n	一次收付		等额系列			
	终值系数 $(F/P, i, n)$ $(1+i)^n$	现值系数 $(P/F, i, n)$ $\frac{1}{(1+i)^n}$	终值系数 $(F/A, i, n)$ $\frac{(1+i)^n-1}{i}$	偿债基金系数 $(A/F, i, n)$ $\frac{i}{(1+i)^n-1}$	资金回收系数 $(A/P, i, n)$ $\frac{i(1+i)^n}{(1+i)^n-1}$	现值系数 $(P/A, i, n)$ $\frac{(1+i)^n-1}{i(1+i)^n}$
1	(1.230 0)	(0.813 0)	(1.000 0)	(1.000 0)	(1.230 0)	(0.813 0)
2	(1.512 9)	(0.661 0)	(2.230 0)	(0.448 4)	(0.678 4)	(1.474 0)
3	(1.860 9)	(0.537 4)	(3.742 9)	(0.267 2)	(0.497 2)	(2.011 4)
4	(2.288 9)	(0.436 9)	(5.603 8)	(0.178 5)	(0.408 5)	(2.448 3)
5	(2.815 3)	(0.355 2)	(7.892 6)	(0.126 7)	(0.356 7)	(2.803 5)
6	(3.462 8)	(0.288 8)	(10.707 9)	(0.093 4)	(0.323 4)	(3.092 3)
7	(4.259 3)	(0.234 8)	(14.170 8)	(0.070 6)	(0.300 6)	(3.327 0)
8	(5.238 9)	(0.190 9)	(18.430 0)	(0.054 3)	(0.284 3)	(3.517 9)
9	(6.443 9)	(0.155 2)	(23.669 0)	(0.042 2)	(0.272 2)	(3.673 1)
10	(7.925 9)	(0.126 2)	(30.112 8)	(0.033 2)	(0.263 2)	(3.799 3)
11	(9.748 9)	(0.102 6)	(38.038 8)	(0.026 3)	(0.256 3)	(3.901 8)
12	(11.991 2)	(0.083 4)	(47.787 7)	(0.020 9)	(0.250 9)	(3.985 2)
13	(14.749 1)	(0.067 8)	(59.778 8)	(0.016 7)	(0.246 7)	(4.053 0)
14	(18.141 4)	(0.055 1)	(74.528 0)	(0.013 4)	(0.243 4)	(4.108 2)
15	(22.314 0)	(0.044 8)	(92.669 4)	(0.010 8)	(0.240 8)	(4.153 0)
16	(27.446 2)	(0.036 4)	(114.983 4)	(0.008 7)	(0.238 7)	(4.189 4)
17	(33.758 8)	(0.029 6)	(142.429 5)	(0.007 0)	(0.237 0)	(4.219 0)
18	(41.523 3)	(0.024 1)	(176.188 3)	(0.005 7)	(0.235 7)	(4.243 1)
19	(51.073 7)	(0.019 6)	(217.711 6)	(0.004 6)	(0.234 6)	(4.262 7)
20	(62.820 6)	(0.015 9)	(268.785 3)	(0.003 7)	(0.233 7)	(4.278 6)
21	(77.269 4)	(0.012 9)	(331.605 9)	(0.003 0)	(0.233 0)	(4.291 6)
22	(95.041 3)	(0.010 5)	(408.875 3)	(0.002 4)	(0.232 4)	(4.302 1)
23	(116.900 8)	(0.008 6)	(503.916 6)	(0.002 0)	(0.232 0)	(4.310 6)
24	(143.788 0)	(0.007 0)	(620.817 4)	(0.001 6)	(0.231 6)	(4.317 6)
25	(176.859 3)	(0.005 7)	(764.605 4)	(0.001 3)	(0.231 3)	(4.323 2)
26	(217.536 9)	(0.004 6)	(941.464 7)	(0.001 1)	(0.231 1)	(4.327 8)
27	(267.570 4)	(0.003 7)	(1 159.001 6)	(0.000 9)	(0.230 9)	(4.331 6)
28	(329.111 5)	(0.003 0)	(1 426.571 9)	(0.000 7)	(0.230 7)	(4.334 6)
29	(404.807 2)	(0.002 5)	(1 755.683 5)	(0.000 6)	(0.230 6)	(4.337 1)
30	(497.912 9)	(0.002 0)	(2 160.490 7)	(0.000 5)	(0.230 5)	(4.339 1)

表 24　复利系数表（24%）

年份 n	一次收付		等额系列			
	终值系数 $(F/P, i, n)$ $(1+i)^n$	现值系数 $(P/F, i, n)$ $\frac{1}{(1+i)^n}$	终值系数 $(F/A, i, n)$ $\frac{(1+i)^n-1}{i}$	偿债基金系数 $(A/F, i, n)$ $\frac{i}{(1+i)^n-1}$	资金回收系数 $(A/P, i, n)$ $\frac{i(1+i)^n}{(1+i)^n-1}$	现值系数 $(P/A, i, n)$ $\frac{(1+i)^n-1}{i(1+i)^n}$
1	(1.240 0)	(0.806 5)	(1.000 0)	(1.000 0)	(1.240 0)	(0.806 5)
2	(1.537 6)	(0.650 4)	(2.240 0)	(0.446 4)	(0.686 4)	(1.456 8)
3	(1.906 6)	(0.524 5)	(3.777 6)	(0.264 7)	(0.504 7)	(1.981 3)
4	(2.364 2)	(0.423 0)	(5.684 2)	(0.175 9)	(0.415 9)	(2.404 3)
5	(2.931 6)	(0.341 1)	(8.048 4)	(0.124 2)	(0.364 2)	(2.745 4)
6	(3.635 2)	(0.275 1)	(10.980 1)	(0.091 1)	(0.331 1)	(3.020 5)
7	(4.507 7)	(0.221 8)	(14.615 3)	(0.068 4)	(0.308 4)	(3.242 3)
8	(5.589 5)	(0.178 9)	(19.122 9)	(0.052 3)	(0.292 3)	(3.421 2)
9	(6.931 0)	(0.144 3)	(24.712 5)	(0.040 5)	(0.280 5)	(3.565 5)
10	(8.594 4)	(0.116 4)	(31.643 4)	(0.031 6)	(0.271 6)	(3.681 9)
11	(10.657 1)	(0.093 8)	(40.237 9)	(0.024 9)	(0.264 9)	(3.775 7)
12	(13.214 8)	(0.075 7)	(50.895 0)	(0.019 6)	(0.259 6)	(3.851 4)
13	(16.386 3)	(0.061 0)	(64.109 7)	(0.015 6)	(0.255 6)	(3.912 4)
14	(20.319 1)	(0.049 2)	(80.496 1)	(0.012 4)	(0.252 4)	(3.961 6)
15	(25.195 6)	(0.039 7)	(100.815 1)	(0.009 9)	(0.249 9)	(4.001 3)
16	(31.242 6)	(0.032 0)	(126.010 8)	(0.007 9)	(0.247 9)	(4.033 3)
17	(38.740 8)	(0.025 8)	(157.253 4)	(0.006 4)	(0.246 4)	(4.059 1)
18	(48.038 6)	(0.020 8)	(195.994 2)	(0.005 1)	(0.245 1)	(4.079 9)
19	(59.567 9)	(0.016 8)	(244.032 8)	(0.004 1)	(0.244 1)	(4.096 7)
20	(73.864 1)	(0.013 5)	(303.600 6)	(0.003 3)	(0.243 3)	(4.110 3)
21	(91.591 5)	(0.010 9)	(377.464 8)	(0.002 6)	(0.242 6)	(4.121 2)
22	(113.573 5)	(0.008 8)	(469.056 3)	(0.002 1)	(0.242 1)	(4.130 0)
23	(140.831 2)	(0.007 1)	(582.629 8)	(0.001 7)	(0.241 7)	(4.137 1)
24	(174.630 6)	(0.005 7)	(723.461 0)	(0.001 4)	(0.241 4)	(4.142 8)
25	(216.542 0)	(0.004 6)	(898.091 6)	(0.001 1)	(0.241 1)	(4.147 4)
26	(268.512 1)	(0.003 7)	(1 114.633 6)	(0.000 9)	(0.240 9)	(4.151 1)
27	(332.955 0)	(0.003 0)	(1 383.145 7)	(0.000 7)	(0.240 7)	(4.154 2)
28	(412.864 2)	(0.002 4)	(1 716.100 7)	(0.000 6)	(0.240 6)	(4.156 6)
29	(511.951 6)	(0.002 0)	(2 128.964 8)	(0.000 5)	(0.240 5)	(4.158 5)
30	(634.819 9)	(0.001 6)	(2 640.916 4)	(0.000 4)	(0.240 4)	(4.160 1)

表 25　复利系数表（25%）

年份 n	一次收付		等额系列			
	终值系数 $(F/P, i, n)$ $(1+i)^n$	现值系数 $(P/F, i, n)$ $\frac{1}{(1+i)^n}$	终值系数 $(F/A, i, n)$ $\frac{(1+i)^n-1}{i}$	偿债基金系数 $(A/F, i, n)$ $\frac{i}{(1+i)^n-1}$	资金回收系数 $(A/P, i, n)$ $\frac{i(1+i)^n}{(1+i)^n-1}$	现值系数 $(P/A, i, n)$ $\frac{(1+i)^n-1}{i(1+i)^n}$
1	(1.250 0)	(0.800 0)	(1.000 0)	(1.000 0)	(1.250 0)	(0.800 0)
2	(1.562 5)	(0.640 0)	(2.250 0)	(0.444 4)	(0.694 4)	(1.440 0)
3	(1.953 1)	(0.512 0)	(3.812 5)	(0.262 3)	(0.512 3)	(1.952 0)
4	(2.441 4)	(0.409 6)	(5.765 6)	(0.173 4)	(0.423 4)	(2.361 6)
5	(3.051 8)	(0.327 7)	(8.207 0)	(0.121 8)	(0.371 8)	(2.689 3)
6	(3.814 7)	(0.262 1)	(11.258 8)	(0.088 8)	(0.338 8)	(2.951 4)
7	(4.768 4)	(0.209 7)	(15.073 5)	(0.066 3)	(0.316 3)	(3.161 1)
8	(5.960 5)	(0.167 8)	(19.841 9)	(0.050 4)	(0.300 4)	(3.328 9)
9	(7.450 6)	(0.134 2)	(25.802 3)	(0.038 8)	(0.288 8)	(3.463 1)
10	(9.313 2)	(0.107 4)	(33.252 9)	(0.030 1)	(0.280 1)	(3.570 5)
11	(11.641 5)	(0.085 9)	(42.566 1)	(0.023 5)	(0.273 5)	(3.656 4)
12	(14.551 9)	(0.068 7)	(54.207 7)	(0.018 4)	(0.268 4)	(3.725 1)
13	(18.189 9)	(0.055 0)	(68.759 6)	(0.014 5)	(0.264 5)	(3.780 1)
14	(22.737 4)	(0.044 0)	(86.949 5)	(0.011 5)	(0.261 5)	(3.824 1)
15	(28.421 7)	(0.035 2)	(109.686 8)	(0.009 1)	(0.259 1)	(3.859 3)
16	(35.527 1)	(0.028 1)	(138.108 5)	(0.007 2)	(0.257 2)	(3.887 4)
17	(44.408 9)	(0.022 5)	(173.635 7)	(0.005 8)	(0.255 8)	(3.909 9)
18	(55.511 2)	(0.018 0)	(218.044 6)	(0.004 6)	(0.254 6)	(3.927 9)
19	(69.388 9)	(0.014 4)	(273.555 8)	(0.003 7)	(0.253 7)	(3.942 4)
20	(86.736 2)	(0.011 5)	(342.944 7)	(0.002 9)	(0.252 9)	(3.953 9)
21	(108.420 2)	(0.009 2)	(429.680 9)	(0.002 3)	(0.252 3)	(3.963 1)
22	(135.525 3)	(0.007 4)	(538.101 1)	(0.001 9)	(0.251 9)	(3.970 5)
23	(169.406 6)	(0.005 9)	(673.626 4)	(0.001 5)	(0.251 5)	(3.976 4)
24	(211.758 2)	(0.004 7)	(843.032 9)	(0.001 2)	(0.251 2)	(3.981 1)
25	(264.697 8)	(0.003 8)	(1 054.791 2)	(0.000 9)	(0.250 9)	(3.984 9)
26	(330.872 2)	(0.003 0)	(1 319.489 0)	(0.000 8)	(0.250 8)	(3.987 9)
27	(413.590 3)	(0.002 4)	(1 650.361 2)	(0.000 6)	(0.250 6)	(3.990 3)
28	(516.987 9)	(0.001 9)	(2 063.951 5)	(0.000 5)	(0.250 5)	(3.992 3)
29	(646.234 9)	(0.001 5)	(2 580.939 4)	(0.000 4)	(0.250 4)	(3.993 8)
30	(807.793 6)	(0.001 2)	(3 227.174 3)	(0.000 3)	(0.250 3)	(3.995 0)

表 26　复利系数表（26%）

年份 n	一次收付		等额系列			
	终值系数 $(F/P, i, n)$ $(1+i)^n$	现值系数 $(P/F, i, n)$ $\frac{1}{(1+i)^n}$	终值系数 $(F/A, i, n)$ $\frac{(1+i)^n-1}{i}$	偿债基金系数 $(A/F, i, n)$ $\frac{i}{(1+i)^n-1}$	资金回收系数 $(A/P, i, n)$ $\frac{i(1+i)^n}{(1+i)^n-1}$	现值系数 $(P/A, i, n)$ $\frac{(1+i)^n-1}{i(1+i)^n}$
1	(1.260 0)	(0.793 7)	(1.000 0)	(1.000 0)	(1.260 0)	(0.793 7)
2	(1.587 6)	(0.629 9)	(2.260 0)	(0.442 5)	(0.702 5)	(1.423 5)
3	(2.000 4)	(0.499 9)	(3.847 6)	(0.259 9)	(0.519 9)	(1.923 4)
4	(2.520 5)	(0.396 8)	(5.848 0)	(0.171 0)	(0.431 0)	(2.320 2)
5	(3.175 8)	(0.314 9)	(8.368 4)	(0.119 5)	(0.379 5)	(2.635 1)
6	(4.001 5)	(0.249 9)	(11.544 2)	(0.086 6)	(0.346 6)	(2.885 0)
7	(5.041 9)	(0.198 3)	(15.545 8)	(0.064 3)	(0.324 3)	(3.083 3)
8	(6.352 8)	(0.157 4)	(20.587 6)	(0.048 6)	(0.308 6)	(3.240 7)
9	(8.004 5)	(0.124 9)	(26.940 4)	(0.037 1)	(0.297 1)	(3.365 7)
10	(10.085 7)	(0.099 2)	(34.944 9)	(0.028 6)	(0.288 6)	(3.464 8)
11	(12.708 0)	(0.078 7)	(45.030 6)	(0.022 2)	(0.282 2)	(3.543 5)
12	(16.012 0)	(0.062 5)	(57.738 6)	(0.017 3)	(0.277 3)	(3.605 9)
13	(20.175 2)	(0.049 6)	(73.750 6)	(0.013 6)	(0.273 6)	(3.655 5)
14	(25.420 7)	(0.039 3)	(93.925 8)	(0.010 6)	(0.270 6)	(3.694 9)
15	(32.030 1)	(0.031 2)	(119.346 5)	(0.008 4)	(0.268 4)	(3.726 1)
16	(40.357 9)	(0.024 8)	(151.376 6)	(0.006 6)	(0.266 6)	(3.750 9)
17	(50.851 0)	(0.019 7)	(191.734 5)	(0.005 2)	(0.265 2)	(3.770 5)
18	(64.072 2)	(0.015 6)	(242.585 5)	(0.004 1)	(0.264 1)	(3.786 1)
19	(80.731 0)	(0.012 4)	(306.657 7)	(0.003 3)	(0.263 3)	(3.798 5)
20	(101.721 1)	(0.009 8)	(387.388 7)	(0.002 6)	(0.262 6)	(3.808 3)
21	(128.168 5)	(0.007 8)	(489.109 8)	(0.002 0)	(0.262 0)	(3.816 1)
22	(161.492 4)	(0.006 2)	(617.278 3)	(0.001 6)	(0.261 6)	(3.822 3)
23	(203.480 4)	(0.004 9)	(778.770 7)	(0.001 3)	(0.261 3)	(3.827 3)
24	(256.385 3)	(0.003 9)	(982.251 1)	(0.001 0)	(0.261 0)	(3.831 2)
25	(323.045 4)	(0.003 1)	(1 238.636 3)	(0.000 8)	(0.260 8)	(3.834 2)
26	(407.037 3)	(0.002 5)	(1 561.681 8)	(0.000 6)	(0.260 6)	(3.836 7)
27	(512.867 0)	(0.001 9)	(1 968.719 1)	(0.000 5)	(0.260 5)	(3.838 7)
28	(646.212 4)	(0.001 5)	(2 481.586 0)	(0.000 4)	(0.260 4)	(3.840 2)
29	(814.227 6)	(0.001 2)	(3 127.798 4)	(0.000 3)	(0.260 3)	(3.841 4)
30	(1 025.926 7)	(0.001 0)	(3 942.026 0)	(0.000 3)	(0.260 3)	(3.842 4)

表 27　复利系数表（27%）

年份 n	一次收付		等额系列			
	终值系数 $(F/P, i, n)$ $(1+i)^n$	现值系数 $(P/F, i, n)$ $\frac{1}{(1+i)^n}$	终值系数 $(F/A, i, n)$ $\frac{(1+i)^n-1}{i}$	偿债基金系数 $(A/F, i, n)$ $\frac{i}{(1+i)^n-1}$	资金回收系数 $(A/P, i, n)$ $\frac{i(1+i)^n}{(1+i)^n-1}$	现值系数 $(P/A, i, n)$ $\frac{(1+i)^n-1}{i(1+i)^n}$
1	(1.270 0)	(0.787 4)	(1.000 0)	(1.000 0)	(1.270 0)	(0.787 4)
2	(1.612 9)	(0.620 0)	(2.270 0)	(0.440 5)	(0.710 5)	(1.407 4)
3	(2.048 4)	(0.488 2)	(3.882 9)	(0.257 5)	(0.527 5)	(1.895 6)
4	(2.601 4)	(0.384 4)	(5.931 3)	(0.168 6)	(0.438 6)	(2.280 0)
5	(3.303 8)	(0.302 7)	(8.532 7)	(0.117 2)	(0.387 2)	(2.582 7)
6	(4.195 9)	(0.238 3)	(11.836 6)	(0.084 5)	(0.354 5)	(2.821 0)
7	(5.328 8)	(0.187 7)	(16.032 4)	(0.062 4)	(0.332 4)	(3.008 7)
8	(6.767 5)	(0.147 8)	(21.361 2)	(0.046 8)	(0.316 8)	(3.156 4)
9	(8.594 8)	(0.116 4)	(28.128 7)	(0.035 6)	(0.305 6)	(3.272 8)
10	(10.915 3)	(0.091 6)	(36.723 5)	(0.027 2)	(0.297 2)	(3.364 4)
11	(13.862 5)	(0.072 1)	(47.638 8)	(0.021 0)	(0.291 0)	(3.436 5)
12	(17.605 3)	(0.056 8)	(61.501 3)	(0.016 3)	(0.286 3)	(3.493 3)
13	(22.358 8)	(0.044 7)	(79.106 6)	(0.012 6)	(0.282 6)	(3.538 1)
14	(28.395 7)	(0.035 2)	(101.465 4)	(0.009 9)	(0.279 9)	(3.573 3)
15	(36.062 5)	(0.027 7)	(129.861 1)	(0.007 7)	(0.277 7)	(3.601 0)
16	(45.799 4)	(0.021 8)	(165.923 6)	(0.006 0)	(0.276 0)	(3.622 8)
17	(58.165 2)	(0.017 2)	(211.723 0)	(0.004 7)	(0.274 7)	(3.640 0)
18	(73.869 8)	(0.013 5)	(269.888 2)	(0.003 7)	(0.273 7)	(3.653 6)
19	(93.814 7)	(0.010 7)	(343.758 0)	(0.002 9)	(0.272 9)	(3.664 2)
20	(119.144 6)	(0.008 4)	(437.572 6)	(0.002 3)	(0.272 3)	(3.672 6)
21	(151.313 7)	(0.006 6)	(556.717 3)	(0.001 8)	(0.271 8)	(3.679 2)
22	(192.168 3)	(0.005 2)	(708.030 9)	(0.001 4)	(0.271 4)	(3.684 4)
23	(244.053 8)	(0.004 1)	(900.199 3)	(0.001 1)	(0.271 1)	(3.688 5)
24	(309.948 3)	(0.003 2)	(1 144.253 1)	(0.000 9)	(0.270 9)	(3.691 8)
25	(393.634 4)	(0.002 5)	(1 454.201 4)	(0.000 7)	(0.270 7)	(3.694 3)
26	(499.915 7)	(0.002 0)	(1 847.835 8)	(0.000 5)	(0.270 5)	(3.696 3)
27	(634.892 9)	(0.001 6)	(2 347.751 5)	(0.000 4)	(0.270 4)	(3.697 9)
28	(806.314 0)	(0.001 2)	(2 982.644 3)	(0.000 3)	(0.270 3)	(3.699 1)
29	(1 024.018 7)	(0.001 0)	(3 788.958 3)	(0.000 3)	(0.270 3)	(3.700 1)
30	(1 300.503 8)	(0.000 8)	(4 812.977 1)	(0.000 2)	(0.270 2)	(3.700 9)

表 28 复利系数表（28%）

年份 n	一次收付		等额系列			
	终值系数 $(F/P, i, n)$ $(1+i)^n$	现值系数 $(P/F, i, n)$ $\frac{1}{(1+i)^n}$	终值系数 $(F/A, i, n)$ $\frac{(1+i)^n-1}{i}$	偿债基金系数 $(A/F, i, n)$ $\frac{i}{(1+i)^n-1}$	资金回收系数 $(A/P, i, n)$ $\frac{i(1+i)^n}{(1+i)^n-1}$	现值系数 $(P/A, i, n)$ $\frac{(1+i)^n-1}{i(1+i)^n}$
1	(1.280 0)	(0.781 3)	(1.000 0)	(1.000 0)	(1.280 0)	(0.781 3)
2	(1.638 4)	(0.610 4)	(2.280 0)	(0.438 6)	(0.718 6)	(1.391 6)
3	(2.097 2)	(0.476 8)	(3.918 4)	(0.255 2)	(0.535 2)	(1.868 4)
4	(2.684 4)	(0.372 5)	(6.015 6)	(0.166 2)	(0.446 2)	(2.241 0)
5	(3.436 0)	(0.291 0)	(8.699 9)	(0.114 9)	(0.394 9)	(2.532 0)
6	(4.398 0)	(0.227 4)	(12.135 9)	(0.082 4)	(0.362 4)	(2.759 4)
7	(5.629 5)	(0.177 6)	(16.533 9)	(0.060 5)	(0.340 5)	(2.937 0)
8	(7.205 8)	(0.138 8)	(22.163 4)	(0.045 1)	(0.325 1)	(3.075 8)
9	(9.223 4)	(0.108 4)	(29.369 2)	(0.034 0)	(0.314 0)	(3.184 2)
10	(11.805 9)	(0.084 7)	(38.592 6)	(0.025 9)	(0.305 9)	(3.268 9)
11	(15.111 6)	(0.066 2)	(50.398 5)	(0.019 8)	(0.299 8)	(3.335 1)
12	(19.342 8)	(0.051 7)	(65.510 0)	(0.015 3)	(0.295 3)	(3.386 8)
13	(24.758 8)	(0.040 4)	(84.852 9)	(0.011 8)	(0.291 8)	(3.427 2)
14	(31.691 3)	(0.031 6)	(109.611 7)	(0.009 1)	(0.289 1)	(3.458 7)
15	(40.564 8)	(0.024 7)	(141.302 9)	(0.007 1)	(0.287 1)	(3.483 4)
16	(51.923 0)	(0.019 3)	(181.867 7)	(0.005 5)	(0.285 5)	(3.502 6)
17	(66.461 4)	(0.015 0)	(233.790 7)	(0.004 3)	(0.284 3)	(3.517 7)
18	(85.070 6)	(0.011 8)	(300.252 1)	(0.003 3)	(0.283 3)	(3.529 4)
19	(108.890 4)	(0.009 2)	(385.322 7)	(0.002 6)	(0.282 6)	(3.538 6)
20	(139.379 7)	(0.007 2)	(494.213 1)	(0.002 0)	(0.282 0)	(3.545 8)
21	(178.406 0)	(0.005 6)	(633.592 7)	(0.001 6)	(0.281 6)	(3.551 4)
22	(228.359 6)	(0.004 4)	(811.998 7)	(0.001 2)	(0.281 2)	(3.555 8)
23	(292.300 3)	(0.003 4)	(1 040.358 3)	(0.001 0)	(0.281 0)	(3.559 2)
24	(374.144 4)	(0.002 7)	(1 332.658 6)	(0.000 8)	(0.280 8)	(3.561 9)
25	(478.904 9)	(0.002 1)	(1 706.803 1)	(0.000 6)	(0.280 6)	(3.564 0)
26	(612.998 2)	(0.001 6)	(2 185.707 9)	(0.000 5)	(0.280 5)	(3.565 6)
27	(784.637 7)	(0.001 3)	(2 798.706 1)	(0.000 4)	(0.280 4)	(3.566 9)
28	(1 004.336 3)	(0.001 0)	(3 583.343 8)	(0.000 3)	(0.280 3)	(3.567 9)
29	(1 285.550 4)	(0.000 8)	(4 587.680 1)	(0.000 2)	(0.280 2)	(3.568 7)
30	(1 645.504 6)	(0.000 6)	(5 873.230 6)	(0.000 2)	(0.280 2)	(3.569 3)

表 29　复利系数表（29%）

年份 n	一次收付		等额系列			
	终值系数 $(F/P, i, n)$ $(1+i)^n$	现值系数 $(P/F, i, n)$ $\frac{1}{(1+i)^n}$	终值系数 $(F/A, i, n)$ $\frac{(1+i)^n-1}{i}$	偿债基金系数 $(A/F, i, n)$ $\frac{i}{(1+i)^n-1}$	资金回收系数 $(A/P, i, n)$ $\frac{i(1+i)^n}{(1+i)^n-1}$	现值系数 $(P/A, i, n)$ $\frac{(1+i)^n-1}{i(1+i)^n}$
1	(1.290 0)	(0.775 2)	(1.000 0)	(1.000 0)	(1.290 0)	(0.775 2)
2	(1.664 1)	(0.600 9)	(2.290 0)	(0.436 7)	(0.726 7)	(1.376 1)
3	(2.146 7)	(0.465 8)	(3.954 1)	(0.252 9)	(0.542 9)	(1.842 0)
4	(2.769 2)	(0.361 1)	(6.100 8)	(0.163 9)	(0.453 9)	(2.203 1)
5	(3.572 3)	(0.279 9)	(8.870 0)	(0.112 7)	(0.402 7)	(2.483 0)
6	(4.608 3)	(0.217 0)	(12.442 3)	(0.080 4)	(0.370 4)	(2.700 0)
7	(5.944 7)	(0.168 2)	(17.050 6)	(0.058 6)	(0.348 6)	(2.868 2)
8	(7.668 6)	(0.130 4)	(22.995 3)	(0.043 5)	(0.333 5)	(2.998 6)
9	(9.892 5)	(0.101 1)	(30.663 9)	(0.032 6)	(0.322 6)	(3.099 7)
10	(12.761 4)	(0.078 4)	(40.556 4)	(0.024 7)	(0.314 7)	(3.178 1)
11	(16.462 2)	(0.060 7)	(53.317 8)	(0.018 8)	(0.308 8)	(3.238 8)
12	(21.236 2)	(0.047 1)	(69.780 0)	(0.014 3)	(0.304 3)	(3.285 9)
13	(27.394 7)	(0.036 5)	(91.016 1)	(0.011 0)	(0.301 0)	(3.322 4)
14	(35.339 1)	(0.028 3)	(118.410 8)	(0.008 4)	(0.298 4)	(3.350 7)
15	(45.587 5)	(0.021 9)	(153.750 0)	(0.006 5)	(0.296 5)	(3.372 6)
16	(58.807 9)	(0.017 0)	(199.337 4)	(0.005 0)	(0.295 0)	(3.389 6)
17	(75.862 1)	(0.013 2)	(258.145 3)	(0.003 9)	(0.293 9)	(3.402 8)
18	(97.862 2)	(0.010 2)	(334.007 4)	(0.003 0)	(0.293 0)	(3.413 0)
19	(126.242 2)	(0.007 9)	(431.869 6)	(0.002 3)	(0.292 3)	(3.421 0)
20	(162.852 4)	(0.006 1)	(558.111 8)	(0.001 8)	(0.291 8)	(3.427 1)
21	(210.079 6)	(0.004 8)	(720.964 2)	(0.001 4)	(0.291 4)	(3.431 9)
22	(271.002 7)	(0.003 7)	(931.043 8)	(0.001 1)	(0.291 1)	(3.435 6)
23	(349.593 5)	(0.002 9)	(1 202.046 5)	(0.000 8)	(0.290 8)	(3.438 4)
24	(450.975 6)	(0.002 2)	(1 551.640 0)	(0.000 6)	(0.290 6)	(3.440 6)
25	(581.758 5)	(0.001 7)	(2 002.615 6)	(0.000 5)	(0.290 5)	(3.442 3)
26	(750.468 5)	(0.001 3)	(2 584.374 1)	(0.000 4)	(0.290 4)	(3.443 7)
27	(968.104 4)	(0.001 0)	(3 334.842 6)	(0.000 3)	(0.290 3)	(3.444 7)
28	(1 248.854 6)	(0.000 8)	(4 302.947 0)	(0.000 2)	(0.290 2)	(3.445 5)
29	(1 611.022 5)	(0.000 6)	(5 551.801 6)	(0.000 2)	(0.290 2)	(3.446 1)
30	(2 078.219 0)	(0.000 5)	(7 162.824 1)	(0.000 1)	(0.290 1)	(3.446 6)

表 30　复利系数表（30%）

年份 n	一次收付		等额系列			
	终值系数 $(F/P, i, n)$ $(1+i)^n$	现值系数 $(P/F, i, n)$ $\frac{1}{(1+i)^n}$	终值系数 $(F/A, i, n)$ $\frac{(1+i)^n-1}{i}$	偿债基金系数 $(A/F, i, n)$ $\frac{i}{(1+i)^n-1}$	资金回收系数 $(A/P, i, n)$ $\frac{i(1+i)^n}{(1+i)^n-1}$	现值系数 $(P/A, i, n)$ $\frac{(1+i)^n-1}{i(1+i)^n}$
1	(1.300 0)	(0.769 2)	(1.000 0)	(1.000 0)	(1.300 0)	(0.769 2)
2	(1.690 0)	(0.591 7)	(2.300 0)	(0.434 8)	(0.734 8)	(1.360 9)
3	(2.197 0)	(0.455 2)	(3.990 0)	(0.250 6)	(0.550 6)	(1.816 1)
4	(2.856 1)	(0.350 1)	(6.187 0)	(0.161 6)	(0.461 6)	(2.166 2)
5	(3.712 9)	(0.269 3)	(9.043 1)	(0.110 6)	(0.410 6)	(2.435 6)
6	(4.826 8)	(0.207 2)	(12.756 0)	(0.078 4)	(0.378 4)	(2.642 7)
7	(6.274 9)	(0.159 4)	(17.582 8)	(0.056 9)	(0.356 9)	(2.802 1)
8	(8.157 3)	(0.122 6)	(23.857 7)	(0.041 9)	(0.341 9)	(2.924 7)
9	(10.604 5)	(0.094 3)	(32.015 0)	(0.031 2)	(0.331 2)	(3.019 0)
10	(13.785 8)	(0.072 5)	(42.619 5)	(0.023 5)	(0.323 5)	(3.091 5)
11	(17.921 6)	(0.055 8)	(56.405 3)	(0.017 7)	(0.317 7)	(3.147 3)
12	(23.298 1)	(0.042 9)	(74.327 0)	(0.013 5)	(0.313 5)	(3.190 3)
13	(30.287 5)	(0.033 0)	(97.625 0)	(0.010 2)	(0.310 2)	(3.223 3)
14	(39.373 8)	(0.025 4)	(127.912 5)	(0.007 8)	(0.307 8)	(3.248 7)
15	(51.185 9)	(0.019 5)	(167.286 3)	(0.006 0)	(0.306 0)	(3.268 2)
16	(66.541 7)	(0.015 0)	(218.472 2)	(0.004 6)	(0.304 6)	(3.283 2)
17	(86.504 2)	(0.011 6)	(285.013 9)	(0.003 5)	(0.303 5)	(3.294 8)
18	(112.455 4)	(0.008 9)	(371.518 0)	(0.002 7)	(0.302 7)	(3.303 7)
19	(146.192 0)	(0.006 8)	(483.973 4)	(0.002 1)	(0.302 1)	(3.310 5)
20	(190.049 6)	(0.005 3)	(630.165 5)	(0.001 6)	(0.301 6)	(3.315 8)
21	(247.064 5)	(0.004 0)	(820.215 1)	(0.001 2)	(0.301 2)	(3.319 8)
22	(321.183 9)	(0.003 1)	(1 067.279 6)	(0.000 9)	(0.300 9)	(3.323 0)
23	(417.539 1)	(0.002 4)	(1 388.463 5)	(0.000 7)	(0.300 7)	(3.325 4)
24	(542.800 8)	(0.001 8)	(1 806.002 6)	(0.000 6)	(0.300 6)	(3.327 2)
25	(705.641 0)	(0.001 4)	(2 348.803 3)	(0.000 4)	(0.300 4)	(3.328 6)
26	(917.333 3)	(0.001 1)	(3 054.444 3)	(0.000 3)	(0.300 3)	(3.329 7)
27	(1 192.533 3)	(0.000 8)	(3 971.777 6)	(0.000 3)	(0.300 3)	(3.330 5)
28	(1 550.293 3)	(0.000 6)	(5 164.310 9)	(0.000 2)	(0.300 2)	(3.331 2)
29	(2 015.381 3)	(0.000 5)	(6 714.604 2)	(0.000 1)	(0.300 1)	(3.331 7)
30	(2 619.995 6)	(0.000 4)	(8 729.985 5)	(0.000 1)	(0.300 1)	(3.332 1)

参考文献

［1］孙怀玉，王子学，宋冀东．实用技术经济学［M］．北京：机械工业出版社，2003.

［2］张弘力，矫正中．常用财经词汇简释［M］．北京：经济管理出版社，2001.

［3］刘晓君，刘洪玉．工程经济学［M］．北京：中国建筑工业出版社，2003.

［4］时思，郝家龙，王佳宁．工程经济学［M］．北京：科学出版社，2005.

［5］赵玉霞，吴虹．工程成本会计［M］．北京：科学出版社，2004.

［6］于立君．工程经济学［M］．北京：机械工业出版社，2005.

［7］林晓言，王红梅．技术经济学教程［M］．北京：经济管理出版社，2005.

［8］吴添祖，冯勤，欧阳仲健．技术经济学［M］．北京：清华大学出版社，2005.

［9］朱建仪，苏淑欢．企业经济活动分析［M］．广州：中山大学出版社，2005.

［10］刘常英．建设工程造价管理［M］．北京：金盾出版社，2003.

［11］李南．工程经济学［M］．北京：科学出版社，2004.

［12］李湘然．工程经济学［M］．北京：中国建材出版社，2005.

［13］杜葵．工程经济学［M］．重庆：重庆大学出版社，2004.

［14］朱康全．技术经济学［M］．广州：暨南大学出版社，2001.

［15］姜伟新，张三力．投资项目后评价［M］．北京：中国石化出版社，2001.

［16］赵斌．工程技术经济［M］．北京：高等教育出版社，2003.

［17］周银河，严薇．建筑经济与企业管理［M］．武汉：武汉大学出版社，2001.

［18］杨庆丰，侯聪霞．建筑工程经济［M］．北京：北京大学出版社，2009.

［19］武献华．工程经济学［M］．北京：科学出版社，2010.

［20］渠晓伟．建筑工程经济［M］．北京：机械工业出版社，2009.